Serie Historia y Ciencias Sociales

Editor General: Greg Dawes

Editor a cargo de la serie: Carlos Aguirre

El movimiento obrero y las izquierdas en América Latina

Experiencias de lucha, inserción y organización

Volumen II

Hernán Camarero
Instituto Ravignani – CONICET / Universidad de Buenos Aires

y

Martín Mangiantini
Instituto Ravignani – CONICET / Universidad de Buenos Aires

Editorial
A *Contra corriente*

Raleigh, NC

© 2018 Hernán Camarero y Martín Mangiantini

Reservados todos los derechos de esta edición para:
© 2018, Editorial *A Contracorriente*

All rights reserved for this edition for:
© 2018, Editorial *A Contracorriente*

ISBN: 978-1-945234-14-9

Ninguna parte de este libro, incluido el diseño de la cubierta, puede reproducirse sin permiso del editor.

No part of this book, including the cover, may be reproduced without expressed permission from the editor.

Library of Congress Control Number: 2017907338

Library of Congress Cataloging-in-Publication Data: pending

ISBN-10: 0-9909191-7-X (Vol. I)
ISBN-13: 978-0-9909191-7-9 (Vol. I)

ISBN-10: 1-945234-14-8 (Vol. II)
ISBN-13: 978-1-945234-14-9 (Vol. II)

Corrección y edición por María Rodríguez y Diana Torres
Diseño de interior por Diana Torres
Diseño de tapa por SotHer

Imagen de cubierta "Obreros de la construcción" (1921), s/a; disponible en Memoria Chilena, colección de la Biblioteca Nacional de Chile; dominio público.

Esta obra se publica con el auspicio del Departamento de Lenguas y Literaturas Extranjeras de la Universidad Estatal de Carolina del Norte.

This work is published under the auspices of the DEPARTMENT OF FOREIGN LANGUAGES AND LITERATURES at NORTH CAROLINA STATE UNIVERSITY.

Distributed by the University of North Carolina Press, www.uncpress.org

Contenido

Comunismo, peronismo y movimiento obrero en la Argentina
durante la primera mitad del siglo XX
Un abordaje histórico-sociológico

Hernán Camarero
Instituto Ravignani CONICET / Universidad de Buenos Aires

Los años 1880-1945 conforman un largo período en la historia del movimiento obrero argentino, constituido a partir de cuatro grandes tradiciones ideológico-políticas. El anarquismo fue la primera expresión, de perfil contestatario y espontaneísta, de los sectores laborales más explotados, que se mostró incapacitada para galvanizar a los trabajadores como opción clasista y, sobre todo, para proyectarlos al plano de la acción política. El socialismo rechazó el movimientismo e insistió en la necesidad de un partido propio de la clase obrera, pero lo hizo bajo una estrategia reformista, que priorizaba la táctica electoral, alejaba al partido de la lucha de clases y escindía la intervención política de la labor gremial. El sindicalismo revolucionario, inicialmente, había expresado un intento de superación del parlamentarismo del Partido Socialista (PS), postulando la lucha sindical como el mejor reaseguro del combate por la transformación social, pero pronto fue adoptando un perfil de apoliticismo reformista, neutralidad ideológica y pragmatismo corporativo, aún más moderado que la vieja organización liderada por Juan B. Justo. Finalmente, el Partido Comunista (PC) se había proyectado desde los años veinte y treinta como una vigorosa corriente política, recuperando el anterior impulso combativo del anarquismo, pero ahora erigido bajo una dinámica clasista. Con la implantación molecular de sus células de empresa y sus agrupaciones gremiales y, más tarde, con la constitución y dirección de los principales sindicatos industriales y de las huelgas fabriles, el PC se convirtió en un impulsor clave de la movilización de los trabajadores. En el transcurso de esos años, el partido logró agrupar a miles de militantes. Asimismo, constituyó múltiples instituciones socioculturales en el seno de la clase obrera: bibliotecas, escuelas, clubes deportivos, agrupaciones femeninas, infantiles y juveniles, asociaciones de inmigrantes, ligas antiimperialistas y antifascistas, entre otras. Esta ascendente presencia política, social y cultural fue la más alta que el PC consiguió en su historia.

Fueron varios los estadios por los que transcurrió el movimiento que dio vida al comunismo. Su fermento originario puede encontrarse entre los años 1912-1917, cuando actuó como ala izquierda del PS; luego, operó como una organización socialista disidente y revolucionaria de carácter probolchevique (el PS Internacional, existente entre 1918 y 1920); finalmente, desde ese último año, ya adoptó el nombre de Partido Comunista, adherente a la Comintern o Internacional Comunista (IC). Todo ese trayecto fue recorrido bajo el liderazgo del tipógrafo José F. Penelón y, más tarde, de la dupla conformada por Victorio Codovilla y Rodolfo Ghioldi. El PSI-PC se presentó como expresión de los nuevos tiempos abiertos por la Revolución de Octubre en Rusia y el ascenso revolucionario europeo de postguerra. No obstante, en su primera etapa, esta corriente fue una expresión marginal en el movimiento obrero. Fue desde mediados de los años veinte cuando su gravitación se fue haciendo cada vez más marcada en el mundo de los trabajadores, al tiempo que intentó diseñar una base programática local para su accionar. Sin poder escapar de las tendencias generales del proceso mundial, el partido fue consustanciándose con los intereses de la naciente burocracia soviética y asumiendo todos los presupuestos teóricos, políticos y organizativos del estalinismo. Ello impregnó a su estrategia, la cual, sobre todo a partir de 1935, se fue haciendo conjugable con la conciliación de clases, dada la línea del Frente Popular impulsada por la Comintern.

La llegada de Juan D. Perón a la escena política y, más concretamente, al poder, entre 1943-1946, acabó evidenciando los límites de las izquierdas, en especial, de las dos más importantes y que aparecían encarnando el perfil más orgánico, bajo la forma partido: el PS y el PC. El anarquismo se hallaba ya reducido a su mínima expresión y el sindicalismo había casi desaparecido como tendencia específica, tornándose más bien en una concepción y una práctica cada vez más extendida en el activismo gremial. En el caso del PC, el desenlace tuvo un contenido dramático. Treinta años después de su aparición más embrionaria, cuando estaba alcanzando su máxima incidencia en la sociedad, dirigiendo la mayoría de los gremios industriales y adquiriendo una fuerza indiscutible en la conducción de la Confederación General del Trabajo (CGT), se produjeron una serie de acontecimientos que trastocaron esta evolución histórica e introdujeron un giro inesperado. A partir del sólido vínculo que empezó a unir a Perón con los asalariados, la empresa política comunista acabó naufragando con bastante rapidez. Sobrevino el eclipse y un fuerte decrecimiento de la influencia del PC entre los trabajadores. En definitiva, la llegada del peronismo operó como un punto de inflexión inevitable en la historia de las izquierdas en la Argentina. Ahora bien, ¿cómo sopesar los factores internos y los externos? ¿Cuánto incidió la propia estrategia partidaria de frentepopulismo antifascista, que disolvió las prácticas combativas y clasistas del plano sindical en un colaboracionismo de clases en el aspecto político-programático? ¿Cómo calibrar el avasallante triunfo de un proyecto nacional-populista burgués encarnado por Perón, que desplazó a las izquierdas del movimiento obrero, conduciendo a éste a otro tipo de integración social y política heterónoma, de escala e intensidad increíblemente vasta?

En las páginas que siguen nos proponemos una reflexión en clave histórico-sociológica de los modos en que se procesó este triple cruce entre el comunismo, el movimiento obrero y la posterior emergencia del peronismo. Queremos brindar una explicación global sobre el ascenso y ocaso del PC en el mundo de los trabajadores.[1] Nuestras consideraciones están basadas en un exhaustivo relevamiento de las fuentes primarias disponibles, sobre todo, a partir de nuevos archivos (como los provenientes de la ex URSS), que incluyen miles de materiales públicos e internos, antes inhallables o inexplorados. Y, al mismo tiempo, suponen un balance crítico de los aportes que la historiografía ha realizado sobre el tema.[2] En particular, buscamos indagar aquí: las condiciones sociales que hicieron posible aquel proceso; los rasgos específicos del comunismo como corriente del movimiento obrero; la manera en que operaron las distintas formas de organización e intervención militante, las tácticas políticas y las estrategias globales adoptadas por el partido; y, por último, el modo como afectó la irrupción del peronismo en 1943-1945. Apostamos al criterio que nos parece más adecuado para abordar la historia de la izquierda y el movimiento obrero: determinar cómo ambos coadyuvaron en sus propias constituciones sociales, políticas, ideológicas y culturales. Este enfoque, que introduce el análisis clasista en el estudio de las estructuras políticas y la dimensión subjetiva y política en el examen de la clase, por otra parte, es el más fértil para estudiar las características y evolución de un partido. Al fin y al cabo, como sostenía Gramsci (1984, 30-31): la historia de un partido "no podrá ser menos que la historia de un determinado grupo social" y, por ello, "escribir la historia de un partido no significa otra cosa que escribir la historia general de un país desde un punto de vista monográfico, para subrayar un aspecto característico".

¿Cómo y bajo que contextos se insertó el PC en el movimiento obrero industrial?

En la Argentina de entreguerras se produjo un cambio histórico-sociológico de indudable trascendencia. Como producto de la industrialización sustitutiva, se verificó una presencia cada vez más gravitante de obreros en los centros urbanos (especialmente, la Capital Federal y el conurbano bonaerense), con un gran monto de reivindicaciones insatisfechas, pues las tendencias al aumento del poder adquisitivo del salario y al descenso de los índices de desocupación de la segunda mitad de los años veinte, se revirtieron tras la crisis de 1930, y los índices sólo volvieron a mejorar, desde mediados de esa década, exclusivamente en lo que hace a la baja del desempleo. Fueron años de intensa acumulación del Capital, con incremento de la explotación laboral y escasas iniciativas redistributivas. Esta industrialización impuso cambios en las orientaciones del movimiento obrero, con inserción débil en estos nuevos sectores laborales.

El crecimiento de un proletariado industrial nuevo, numerosos y concentrado (por ejemplo, en el rubro de la construcción, de la carne, de la metalurgia, de la madera, del vestido y textil), mayoritariamente semicalificado o sin calificación, en donde la situación laboral era ostensiblemente más precaria, dejaba un vacío de representación. En particular, las tareas de organización de los obreros en estos espacios se presentaban plagadas de dificultades, originadas en la hostilidad de los empresarios y del Estado. Esos trabajadores se enfrentaban a formidables escollos para agremiarse y hacer avanzar sus demandas en territorios poco explorados por la militancia. Para abrirse paso a través de esos obstáculos, se requerían cualidades políticas que no todas las corrientes del movimiento obrero estaban en posibilidad de exhibir. Allí había disponibilidad y oportunidad para el despliegue de una específica acción sindical y política. En este escenario, estaba casi todo por hacer y los comunistas demostraron mayor iniciativa, habilidad y capacidad para acometer los desafíos, sobre todo, si realizamos una comparación con los anarquistas, socialistas y sindicalistas. Usando una imagen metafórica: el PC se concebía a sí mismo capaz de abrir senderos o "picadas" en una selva, es decir, apto para habilitar caminos no pavimentados y alternativos a los reconocidos.

Durante esos años el PC impulsó distintas estrategias generales, en el marco de su progresiva conversión al estalinismo, desde la ultraizquierdista línea de *clase contra clase* hasta la conciliadora y reformista política del Frente Popular. En definitiva, ellas incapacitaron al partido para convertirse en una alternativa de dirección revolucionaria de la clase obrera argentina. Pero lo cierto es que, en los hechos, dicho partido no dejó de ser la principal corriente en promover prácticas combativas y clasistas en el ámbito industrial. Los comunistas recrearon parcialmente una experiencia confrontacionista como la que anteriormente había sostenido un anarquismo que ahora se mostraba cada vez más exangüe. Las corrientes ácratas habían logrado un fuerte ascendiente en el período embrionario del movimiento obrero, en el que muchos de sus integrantes todavía resistían a la lógica del trabajo industrial y pugnaban por encontrar márgenes de libertad. A partir de los años veinte, esa situación varió: el disciplinamiento se hizo inapelable en una sociedad urbana en creciente industrialización, en la que comenzaban a imponerse nuevas formas de explotación que, merced a cambios tecnológicos y un mercado de trabajo cada vez más competitivo, cercenaban la autonomía a los obreros y liquidaban los oficios artesanales. Estaba surgiendo una clase obrera moderna, carente aún de una legislación laboral sistemática. Los incentivos estaban dados para la generalización de un más maduro sindicalismo industrial por rama. La negativa de la FORA V Congreso a aceptar esta realidad y a reconvertirse en esa dirección, para preferir, en cambio, seguir como entidad federativa de sociedades de resistencia y gremios por oficio anarquistas, fue condenando a esa corriente a la irrelevancia. Cuando, desde el espacio libertario, surgieron proyectos que intentaron remediar ese déficit, por ejemplo, los de la Federación Anarco Comunista Argentina y el grupo Spartacus, ya era tarde: el PC había ganado las posiciones centrales en el sindicalismo industrial, desde una posición claramente obrerista.

La penetración comunista, en cambio, fue mucho más limitada en otra importante sección del universo laboral. Entre los asalariados del transporte, los servicios y algunos pocos manufactureros tradicionalmente organizados, con muchos trabajadores calificados (marítimos, ferroviarios, tranviarios, municipales, empleados de comercio y del Estado, telefónicos y gráficos, entre otros), la hegemonía era disputada por socialistas y sindicalistas, tendencias que desde mucho tiempo atrás venían negociando con los poderes públicos y ya habían obtenido (o estaban en vísperas de hacerlo) conquistas efectivas para los trabajadores. Los sindicalistas confiaban en sus acercamientos directos con el Estado; los socialistas apostaban a potenciar su fuerza con su bancada parlamentaria, desde la cual apoyaron los reclamos laborales, en especial, los provenientes de sus gremios afines. En ambos casos, se privilegiaba la administración de organizaciones existentes, que gozaban de poder de presión y estaban en proceso de complejización e institucionalización, más aún, en varios casos, de burocratización. En el caso de los ferroviarios, incluso, ya habían dado lugar al surgimiento de una suerte de elite obrera. En suma, aquellos eran territorios ocupados y relativamente adversos, en donde los comunistas no encontraron oportunidades para incidir de modo preponderante.

Si las condiciones parecían propicias para el despliegue de una experiencia clasista de organización y movilización en el ámbito obrero fabril, cabe examinar cuales fueron las técnicas de implantación, las formas de trabajo y las modalidades de intervención de los comunistas en dicho espacio, que les otorgaron ventajas decisivas para afrontar esta labor hasta comienzos de la década de 1940. Esto exige recordar una precisión respecto a la temporalidad histórica que antes habíamos señalado. En el período formativo de esta corriente, entre 1912 y 1925 (como fracción de izquierda del socialismo, como partido socialista revolucionario, y, por último, como partido comunista durante su primer lustro), la posición ocupada por ella en el mundo del trabajo fue marginal. Se trataba de un partido que había logrado establecer ciertos vínculos con el mundo proletario, pero de un modo asistemático y poco profundo, sin presencia orgánica en los sitios de trabajo, con escasa incidencia en las estructuras sindicales y sin mucha experiencia en la dirección de los conflictos y organismos nacionales del movimiento obrero.

Hay una pregunta que no había sido respondida con precisión en ningún estudio histórico: ¿cuándo fue que la inserción obrera de los comunistas conoció un salto cuantitativo y cualitativo? Nuestra hipótesis es que ello ocurrió desde 1925, cuando el PC adoptó la orientación de la "proletarización" y la "bolchevización". Esto significó un cambio en su estructura: la reubicación de todos los militantes en clandestinas células obreras (sobre todos, las de "empresa o taller"), que significaron una novedosa forma de organización de base antipatronal. Ellas pasaron a ser la entidad fundamental de un partido que viró hacia una actividad combativa y eminentemente ilegal. Al mismo tiempo, esta última se fue haciendo más jerárquica, centralizada y monolítica, en sintonía con los postulados de una Comintern que iniciaba su proceso de burocratización. Lo cierto es que, a diferencia de la década anterior, desde ese entonces y hasta 1943, el PC mutó en una formación política integrada mayoritariamente por obreros industriales, que buscó poseer y conservar ese carácter. Si el comunismo devino en una corriente especialmente apta para insertarse en este proletariado, fue porque se mostró como un actor muy bien dotado en decisión, escala de valores y repertorios organizacionales. Los comunistas contaron con recursos infrecuentes: un firme compromiso y un temple único para la intervención en la lucha social y una ideología redentora y finalista (una peculiar manera de concebir al "marxismo-leninismo"), que podía pertrecharlos con sólidas certezas doctrinales. Al mismo tiempo, las células y otros organismos de base, así como los grandes sindicatos únicos por rama, resultaron muy aptos para la penetración en los ámbitos fabriles y para el agrupamiento de los obreros de dicho sector. En no pocos territorios industriales, los comunistas actuaron sobre tierra casi yerma y se convirtieron en la única voz que convocaba a los trabajadores a la lucha por sus reivindicaciones; en otros, debieron dirimir fuerzas con distintas tendencias. En ambos casos, la implantación fue posible gracias a esa estructura partidaria celular y blindada, verdadera máquina de reclutamiento, acción y organización, que el PC pudo instalar en una parte del universo laboral.

Una línea combativa y confrontacionista fue desplegada por las organizaciones sindicales dirigidas o influenciadas por el PC en esos años, la cual se expresó en violentos conflictos durante el segundo gobierno de Yrigoyen, la dictadura uriburista y las presidencias de Justo, Ortiz y Castillo. Sólo para ejemplificar esto, apuntemos la seguidilla de duras y estridentes huelgas: la de la localidad cordobesa de San Francisco, de 1929; las del ramo de la madera, en 1929, 1930, 1934 y 1935; las de los frigoríficos, desde 1932 en adelante; la de los petroleros de Comodoro Rivadavia, ese mismo año; la masiva y extraordinaria de los trabajadores de la construcción de 1935-1936 (combinada con huelga general); y la innumerable cantidad de paros entre los metalúrgicos, textiles y del vestido, entre otros, que el PC impulsó en los años siguientes.[3] El costo de esa resistencia no fue menor: el PC sufrió una sistemática persecución por parte de la Sección Especial de Represión del Comunismo y cientos de sus adeptos fueron encarcelados, deportados (merced a la aplicación de la Ley de Residencia) y/o sufrieron sistemáticas torturas, entre ellos, buena parte de los miembros del Comité Central. El partido no sólo fue declarado ilegal sino que hubo un proyecto en el Senado de la Nación para convertir esa persecución en ley.

El PC y el nuevo sindicalismo de masas

Si se analiza el legado y el aporte específico que el PC dejó al movimiento sindical de entreguerras, debe indagarse, sobre todo, a partir del período que se abre desde mediados de la década de 1930, cuando el partido completó su implantación, logró el control de importantes organizaciones gremiales y encontró un lugar en la conducción de la CGT (consiguiendo una destacada cantidad de cargos en el Comité Central Confederal de dicha entidad y, en 1942, su vicepresidencia, en manos del albañil Pedro Chiarante).[4] El PC impuso a sus cuadros como secretarios generales de los seis sindicatos claves del sector industrial: la poderosa Federación Obrera Nacional de la Construcción (FONC), la Federación Obrera de la Industria de la Carne (y su extensión, la Federación Obrera de la Alimentación), el Sindicato Obrero de la Industria Metalúrgica, la Unión Obrera Textil, la Federación Obrera del Vestido y, posteriormente, el Sindicato Único de Obreros de la Madera. La gran mayoría de ellos eran miembros del propio Comité Central del PC en 1943, una situación que históricamente no se había dado ni se volvería a repetir en otro partido de la izquierda argentina. Esas y otras organizaciones sindicales dirigidas por el PC superaban los cien mil afiliados/cotizantes hacia principios de los años cuarenta.

Los militantes del PC generalizaron (y en algunos casos, introdujeron), una serie de características novedosas en el sindicalismo único por rama industrial. Una de ellas fue la creación y expansión de los Comités de Empresa y las Comisiones Internas de fábrica, que irradiaron los tentáculos del gremio hasta los sitios de trabajo y canalizaron las demandas a través de una instancia de movilización y organización de base.[5] Otra fue el creciente pragmatismo y flexibilidad táctica que comenzó a postular el partido con respecto a la negociación con el Estado, en particular, con un Departamento Nacional del Trabajo (DNT) que expandía su voluntad intervencionista. Al mismo tiempo, los comunistas se orientaron hacia un tipo de sindicato que situaba su horizonte en la conformación de una "organización de masas" y en su fortalecimiento sobre "sólidas bases orgánicas". Se pretendía un sindicato más "moderno", en el que se combinaran diversas funciones, tanto las referidas a las de la lucha reivindicativa (mejores salarios y condiciones laborales, indemnizaciones por despido, vacaciones pagas, entre otras), como las del mutualismo, la salud, la educación y la recreación. Como parte de estas nuevas misiones, estuvo la negociación de cada vez más ambiciosos convenios colectivos con las entidades patronales, a partir de comisiones paritarias reguladas bajo el marco del DNT.

Este proceso descripto implicó la mayor institucionalización y centralización de las estructuras gremiales, un fenómeno que condujo al intento de crear los sindicatos únicos por rama a nivel regional, los cuales debían aparecer subordinados a la federación nacional de industria. Se trataba de un esquema con estructuras de primero y segundo grado, que alcanzó a plasmarse con claridad en la FONC, arquetipo del nuevo modelo de organización propuesto por los comunistas.[6] Esta armazón más compleja, polifuncional y pragmática se trazó, por otra parte, objetivos alejados de los tradicionales tópicos de la acción directa, que prefiguraban principios ideológicos afines a cierto colaboracionismo de clases: buscaban "liquidar la anarquía existente en la industria", "disminuir la posibilidad de conflictos", "fomentar la industria nacional" y "garantizar y expandir la legislación obrera". Así mismo, si bien en este período sería dificultoso sostener la existencia de un genuina burocracia sindical dentro de esta estructura montada por los comunistas, como así tampoco en la vinculada a socialistas y sindicalistas (entre otras cuestiones, porque entendemos que el fenómeno de plena coagulación de la burocracia como capa se verificó con la irrupción del estatismo burgués peronista), es indudable que ciertos fenómenos de burocratización estaban despuntado en estos espacios.

Sería equívoco ubicar a este naciente y "sofisticado" sindicalismo de masas como algo inédito. En buena medida, este modelo, articulador de nuevos objetivos, prácticas e instituciones, estaba germinando en el movimiento obrero desde antes que los comunistas se hicieran fuertes en la dirección sindical. Pero estaba casi limitado al sector transporte y servicios. Los militantes del PC se sirvieron del mismo, lo adoptaron y lo extendieron en el área de la producción manufacturera y de la construcción. Así, generalizando experiencias y concepciones que luego fueron desarrolladas a un mayor nivel y potenciadas por el Estado peronista, que a su vez introdujo elementos novedosos, se fue completando el definitivo pasaje de un sindicalismo de minorías a otro de masas.[7] Las conclusiones en este punto son evidentes: todo análisis del surgimiento del sindicalismo industrial maduro en la Argentina, esbozado en sus trazos gruesos en la década anterior al triunfo peronista, debe contemplar prioritariamente la intervención del comunismo, el actor político que orientó esta etapa inicial en el ámbito fabril. A los elementos de ruptura que aportó el peronismo, hay que atender a estos elementos de continuidad con experiencias previas.

Clase contra clase *y Frente Popular: cómo afectaron las estrategias de la IC*

Más allá del debate acerca de si las líneas eran "correctas" o no desde un punto de vista político, un asunto a esclarecer es el de la influencia que tuvo la cambiante estrategia de la IC en cuanto a la eficacia de la inserción del PC en el movimiento obrero. Debe partirse de una constatación, que no ha sido claramente advertida en la historiografía: la presencia del comunismo entre los trabajadores progresó mientras la organización actuó bajo diversos lineamientos, sucesivamente: los del Frente Único (1921-1928), los de *clase contra clase* (1928-1935) y los del Frente Popular (1935 en adelante). Es decir, ella siguió una curva de ascenso más o menos constante, que parece independizarse de estos virajes y, en parte, de las variaciones del contexto socioeconómico y político del país. No puede hacerse abstracción de estos elementos, pero tampoco resultaría acertado negar que para comprender la implantación laboral del PC debe prestarse suma atención a las relativas autonomía y continuidad de sus prácticas de intervención militante y a los rasgos antes analizados de su cultura política obrerista. Las estrategias se modificaron e impusieron nuevas caracterizaciones políticas, pero sus militantes continuaron desarrollando una serie de rutinas de movilización y organización de la clase trabajadora que permanecieron más o menos inalterables. Aunque, en última instancia, el peso de aquellas estrategias operó como factor decisivo, y sus alteraciones no fueron inocuas para explicar los avances y retrocesos de la influencia obrera del comunismo. Por lo tanto, ellas deben ser examinadas con cuidado.

Es inexacto el señalamiento de Aricó (1979), del cual se abastecieron ciertas periodizaciones sobre el nivel de presencia de la izquierda en el movimiento obrero, cuando sostiene que el inicio de cierta conquista de las masas por el PC se produjo hacia principios de los años treinta, momento a partir del cual habrían comenzado a cosecharse los frutos de la política sectaria pero al mismo tiempo muy combativa de *clase contra clase* (propia del llamado "tercer período" de la IC). En nuestros trabajos, creemos haber demostrado que esta penetración fue previa al establecimiento de dicha estrategia, pues se inició hacia 1925, y, al mismo tiempo, que los resultados de aquella no fueron unívocamente beneficiosos para la eficaz labor de inserción en el movimiento obrero (Camarero, 2011). Si bien el incremento de la orientación confrontacionista ayudó en cierto sentido a esta última, tuvo contrapartidas notables: colocó a los comunistas en posiciones aventureras que llevaron a varias derrotas en huelgas lanzadas por cuenta y orden del partido, sin medir si la oportunidad era adecuada y si la correlación de fuerzas era favorable para tomar estas decisiones; además, los ubicó por fuera de la principal organización gremial del país (la CGT), al constituir una agrupación sectaria y aislada, el Comité de Unidad Sindical Clasista (CUSC).

Por otra parte, el gran viraje de 1935, que condujo a la aplicación de la estrategia del Frente Popular antifascista, produjo otros efectos contraproducentes en el papel de los comunistas en el movimiento obrero, pero de un orden distinto: se fueron supeditando, desde la retórica y desde la práctica, las reivindicaciones de los trabajadores a una política de acuerdo con la burguesía "aliada" y "democrática". Los comunistas, mientras se hacían fuertes en los sindicatos industriales y canalizaban las demandas laborales, en el terreno político, en cambio, propiciaban todo tipo de convenios con expresiones pretendidamente "progresistas" del campo patronal. Hicieron lo imposible para establecer una gran alianza opositora al gobierno conservador junto a la UCR, el PDP y el PS, levantando con ahínco la candidatura de Marcelo T. de Alvear a la presidencia en 1937. Esta línea fue anestesiada en el bienio 1939-1941, cuando perduró el tratado de no agresión nazi-soviético Ribbentrop-Mólotov y por ende se estableció la táctica del "neutralismo". Pero desde junio de ese último año, con la invasión alemana a la URSS, el frentepopulismo volvió con vigor y encontró al PC como el más entusiasta impulsor de lo que años después derivó en la Unión Democrática.

Identifiquemos las razones profundas que explicaban estas derivas estratégicas del PC. Ellas remitían a un desvarío programático del partido, originado en la hipoteca teórica, ideológica y política que éste tenía con el estalinismo. En este sentido, no ayudó en mucho identificar la existencia de supuestas "estrategias" propias y objetivas de la clase obrera, en buena medida, intangibles e incomprobables en un plano de análisis histórico-concreto e inciertas desde el punto de vista teórico. Las estrategias que sí pueden evaluarse son las que explícita y materialmente aparecen formuladas en el escenario de la lucha de clases, provenientes de las direcciones sindicales y políticas que aparecen en juego. ¿Sobre qué bases programáticas se sostenían las del PC? ¿Cuáles eran los fundamentos del frentepopulismo que cada vez más incómodamente mezclaba clasismo y combatividad en la lucha sindical con tendencias a la conciliación de clases en el terreno político?

Desde fines de la década de 1920 (más exactamente a partir del VIII Congreso, realizado en 1928), el PC radiografió la estructura socioeconómica del país en términos de un capitalismo deformado por el imperialismo, el latifundio y los resabios semifeudales. De allí derivó su caracterización de que el país requería de una revolución: "democrático-burguesa, agraria y antiimperialista"; en el futuro indeterminado, sobrevendría el horizonte socialista. Paradójicamente (o no) esta definición se postuló como parte de la política sectaria y ultraizquierdista de "clase contra clase"; aún se concebía que la burguesía nacional cumpliría un papel contrarrevolucionario, por lo cual estaría en manos de la clase obrera y de sus aliados campesinos el destino de aquella revolución. Este planteo etapista se afianzó e incorporó nuevos rasgos con la adopción del llamado al Frente Popular (1935), fundamentado plenamente en el IX Congreso de 1938 y profundizado en el X Congreso de 1941. La paradoja es que el autodenominado "partido de la clase obrera" terminaba definiendo como problema principal del país no al capitalismo, sino al insuficiente desarrollo del mismo. Según su análisis, la industria vernácula había quedado constreñida en límites estrechos y el sector rural estaba sometido a un régimen de explotación ineficiente y caduco, todo distorsionado por la perniciosa influencia del capital monopolista y los terratenientes. En esos marcos, la burguesía nacional aparecía frágil e imposibilitada de asegurar un camino de independencia y progreso, pero dado que presentaba contradicciones con el imperialismo, ocupaba un lugar clave en la interpelación comunista. La contradicción entre la clase obrera y los capitalistas quedaba relegada a un segundo plano y subalternizada en toda la orientación estratégica del partido. Ahora se sostendría que el proletariado poseía aliados naturales en el campo de una fantasmal burguesía nacional desvinculada del capital extranjero y la oligarquía agraria.

A todo ello, el PC agregó una lucha contra el fascismo y por la democracia, sin ningún tipo de especificación del carácter de clase de esos fenómenos, lo cual terminó reforzando un programa reformista y de conciliación con fracciones de la burguesía. En ello, empalmó con el PS. De este modo, hacia comienzos de los años cuarenta, la mayor parte de la izquierda no expresaba una hegemonía política genuinamente socialista en las masas populares; incluso, convertía en precario su predominio sindical entre los trabajadores. El socialismo alcanzaba sus mayores bancadas parlamentarias y confiaba en mantener la lealtad (lo que finalmente no se verificó) entre sus muchos dirigentes en gremios como el de los municipales, empleados de comercio o ferroviarios, mientras el comunismo consolidaba su poderío en el sindicalismo industrial y ganaba espacios dentro de la CGT. Sin embargo, ambos partidos se unificaban en torno a un proyecto aliancista con fuerzas sociales y políticas tradicionales, detrás de un programa republicanista y antifascista de difícil conjugación con las demandas efectivas de una clase obrera en ascenso numérico y movilizacional.[8]

El amplio y difuminado espacio del sindicalismo, que volvía a hacerse del control de la CGT, de la mano de José Domenech y sus ferroviarios, tenía problemas de otra índole. Muchos de sus principales cuadros, con carnet de afiliados al PS, en la práctica estaban emancipados de todo disciplinamiento partidario, lo cual revelaba muy bien las dificultades que siempre acarreó el socialismo de Juan B. Justo para articular la lucha sindical con la política. Así, el tradicional pragmatismo economicista, corporativismo y apoliticismo de estos dirigentes gremiales, lo distanció definitivamente de las izquierdas partidarias, pero no para superar las limitaciones de aquellas, sino para montar un proyecto también regresivo, el de consolidarla como corriente en disponibilidad para aportar base al otro proyecto burgués emergente en 1943-1944, el del peronismo. Es respecto a este asunto donde obras como las de Miguel Murmis-Juan Carlos Portantiero (1971) o Hugo del Campo (1983) no pudieron capturar completamente el dilema planteado: estos autores pusieron el énfasis en el proyecto de autonomía sindical que aquellos cuadros gremiales estaban representando en la escena histórica, pero sin sopesar adecuadamente la experiencia de heteronomía política a la que los conducía, es decir, su posterior disolución-derrota en un nuevo movimiento político policlasista burgués.

Explorando la derrota comunista y el triunfo del populismo peronista

El golpe del 4 de junio de 1943, que instauró una dictadura militar, declaró de inmediato el estado de sitio y recurrió a las detenciones masivas, los confinamientos y la tortura de centenares de cuadros sindicales y políticos. Los efectos sobre la izquierda fueron inmediatos. La tónica de quienes impusieron el nuevo gobierno de facto era abiertamente anticomunista. El PC, otra vez, sufrió los efectos de la represión, y de inmediato caracterizó al nuevo régimen como expresión de los sectores más reaccionarios y fascistas del país. La organización fue ilegalizada y debió actuar en la total clandestinidad. Sus periódicos (*La Hora, Orientación* y otros), fueron clausurados y saqueadas sus instalaciones. Los gremios que orientaba fueron hostigados y sus locales cerrados, debiendo actuar desde entonces en forma encubierta, mientras que la CGT N° 2 en la que éstos se insertaban fue disuelta. Centenares de cuadros obreros del PC, y sus principales dirigentes sindicales, como José Peter (industria frigorífica), Pedro Chiarante (construcción) y Vicente Marischi (madera), entre muchos otros, fueron confinados en las prisiones de Villa Devoto, Neuquén, La Plata y hasta en un campo de concentración montado en la isla Martín García. En tanto, los últimos reductos anarquistas con inserción entre los trabajadores, no tanto la vieja FORA V° en casi virtual extinción, sino la FACA y el grupo Spartacus, también fueron arrasados por la persecución, contribuyendo a llenar las cárceles. El PS conoció niveles de represión más bajos, pero también su actividad fue desarticulada y *La Vanguardia* fue prohibida: sin Parlamento y sin elecciones, su acción se estrechaba seriamente. Sólo las expresiones más adaptadas a la tradición sindicalista del corporativismo y la neutralidad ideológica (según la cual el movimiento obrero no debía actuar en política), parecieron experimentar consecuencias más insignificantes en la nueva situación.

Pero junto con la represión se desarrolló otro proceso clave: la acción de acercamiento hacia sectores del movimiento obrero desplegada por el coronel Perón, primero al frente del Departamento Nacional del Trabajo, luego a cargo de la Secretaría de Trabajo y Previsión (STyP). Su objetivo era conjurar la presencia de la izquierda. El contexto ayudaba al despliegue de esas concesiones, pues en aquellos años últimos de la guerra mundial, y sobre todo de la inmediata posguerra, existía una situación fiscal muy favorable para políticas de corte social. Perón advirtió al poder económico, social y político sobre el peligro que representaba la gravitante presencia comunista en los ámbitos laborales y acerca de la necesidad de erradicarlo. En función de ello, promovió la intervención estatal en la vida de las empresas, imponiendo la negociación colectiva, alterando las normas laborales y reparando "viejos agravios" por decreto (aumentos salariales, nuevas leyes sociales, generalización del sistema jubilatorio). Apelando a un discurso que retomaba aspectos de la doctrina social de la Iglesia, invitó a los empresarios a apoyar esta apertura laboral, intentando convencerlos de que sacrificando algo de su poder o beneficio se evitaba una agudización de la lucha de clases. Fue ganando ascendencia entre las filas obreras y enhebrando relaciones con diversas conducciones sindicales. Muchos cuadros gremiales fueron tentados por la convocatoria del coronel. Varios procedían de las filas de la izquierda, sobre todo, del socialismo y del sindicalismo (dos vías de consagrar la separación o la exclusión entre lo sindical y lo político, y de entregar a los dirigentes obreros a la posibilidad de la cooptación estatal). Entre los comunistas, dicho ofrecimiento encontró un apoyo casi nulo, pues el partido siempre mantuvo un mayor control de sus militantes, quienes tendían a no escindir las lealtades sindicales de las partidarias. El encargado de la STyP alentó la creación de "sindicatos paralelos" en las ramas donde más presencia comunista existía, con el objetivo de incrementar su base de apoyo en el movimiento obrero y provocar un vacío o una competencia al PC.

Si bien en el planteo de Perón aparecen reminiscencias de la retórica del fascismo social europeo en su lucha anticomunista, de ningún modo puede establecerse que, hacia 1943-1944, sus proyectos fueran los de instaurar un régimen corporativista. Dichos planteos habían ganado ascendencia en algunos de sus camaradas pero en aquél parecía existir plena conciencia, a partir de las derrotas de los ejércitos nazi-fascistas, de que no había lugar para este tipo de alternativas. De hecho, el coronel apareció dispuesto a lanzarse a una lucha electoral que se presentaba como inminente. Las muertes, entre 1942-1943, de los dos líderes naturales de la transición a una democracia burguesa "ampliada", Alvear y Justo, le dejaron un camino más despejado para que gradualmente fuera instalando su figura, preparada para afrontar los nuevos retos de la "sociedad industrial de masas". Con ese fin, inició contactos con políticos conservadores y radicales, para contar con maquinaria electoral, al tiempo que sumó el apoyo de los dirigentes sindicales. Esta última vinculación fue posible dada la añeja y bien arraigada concepción sindicalista existente en el movimiento obrero argentino que acostumbraba a privilegiar una estrategia "pragmática", habituada a la negociación con el Estado.

Esta inicial apuesta política de Perón, se topó con el fracaso. La mayor parte de los sectores patronales recibieron hostilmente sus planes de apertura laboral. Los empresarios parecieron sentirse amenazados, no tanto por un movimiento obrero combativo o por una revolución social inminente (sin dirección, pues el PC ya no la proponía, dada su estrategia frentepopulista y de conciliación política de clases); su mayor temor en ese momento era la propia gestión del coronel, quien en nombre de la armonía social alentaba la movilización de las masas, otorgaba indebidas concesiones y quería detentar todo el poder político. Además, la tarea de reclutamiento entre los partidos tradicionales llevada a cabo por el encargado de la STyP sólo alcanzó un magro resultado: su figura no dejaba de aparecer como la expresión de un régimen y un proyecto vinculados a los que estaban siendo sepultados con el fin de la guerra. La derrota se plasmó en octubre de 1945, cuando la oposición socio-política impuso la rendición incondicional del militar "díscolo". Fue entonces cuando Perón convocó a los sindicatos a manifestarse en defensa de su gestión. El llamado anuló las posibilidades de un compromiso y agudizó la polarización política, decidiendo a los militares a ceder a las presiones de la oposición burguesa "republicana". En las primeras filas de ella se había ubicado buena parte de la izquierda, tanto el PS como el PC. La nueva coyuntura se desarrolló rápidamente: el 9 de octubre Perón fue despojado de todos sus cargos y el 12 de ese mismo mes fue encarcelado.

El 17 de octubre la marcha de los trabajadores hacia la Plaza de Mayo forzó a una definición política distinta. Se trató de una movilización de masas impulsada desde abajo, gracias a la labor de agitación y propaganda de los cuadros sindicales, pero al mismo tiempo alentada por sectores de la burocracia estatal y policial. La manifestación acabó por convertirse en un punto de inflexión pues, al bloquear la estrategia de la oposición, redefinió el campo de las alternativas existentes. El acontecimiento logró algo inédito y difícilmente previsto por los adversarios del coronel, y entre ellos, casi toda la izquierda: retornarlo de la prisión, rescatarlo de su ostracismo y depositarle en sus manos otra oportunidad para ensayar un nuevo intento político.

La escasa capacidad de comunistas y socialistas para comprender la nueva realidad fue evidente. Ambos partidos caracterizaron la política social de Perón como demagógica, oportunista y al servicio de justificar una política fascista en el movimiento obrero. Las nuevas organizaciones gremiales que surgieron y la reorientación hacia el laborismo de varios dirigentes sindicales fueron juzgadas por el PC y el PS de realidades de efímero porvenir e imposibles de eclipsar su influencia en el movimiento obrero. Ambos partidos denunciaron al coronel como el continuador más pérfido del régimen de 1943 y de las dictaduras totalitarias del Eje que estaban siendo derrotadas con el fin de la conflagración mundial. Los dos grandes partidos de la izquierda hacían este ataque olvidando que muchas de las conquistas laborales eran sentidas demandas de la clase obrera; incluso, rechazaron de hecho su aplicación, con lo cual quedaron desprestigiados frente a los trabajadores. No le dieron a esa denuncia un carácter socialista o de clase, explicando que detrás de esas medidas se hallaba una parte de la burocracia estatal, de la clase capitalista e incluso del imperialismo (Inglaterra), intentando recuperar o ganar influencia económica y en búsqueda de una maniobra de cooptación y de integración social. Más aún, propusieron ubicar al movimiento obrero y la izquierda en el otro bando en que se habían dividido las clases dominantes, el de la oposición republicano-liberal, que reunía no sólo a las entidades empresariales mayoritarias (UIA, Sociedad Rural, Bolsa de Comercio), sino al propio imperialismo norteamericano. La línea del antifascismo en el contexto de la guerra colocó a algunos sindicatos comunistas en contra de las huelgas reclamadas desde las bases, como ocurrió en 1945 en el gremio de la carne (que organizaba a los trabajadores de los frigoríficos que abastecían a los países aliados). Además de reñido con el principio de la independencia de los trabajadores, el planteo de la izquierda tradicional resultó un error definitivo en la evaluación de la dinámica política. La multiplicación de los sindicatos paralelos, la orientación de otros ya constituidos hacia un acuerdo con el coronel, la irrupción popular inesperada del 17 de octubre y la creación del Partido Laborista por parte de la *vieja guardia* sindical dispuesta a realizar un acuerdo con Perón, son algunos de los hitos de un proceso que nos señala el éxito de la estrategia peronista por ganar la adhesión de los trabajadores y la derrota de la izquierda tradicional por impedir este intento.

Para los comunistas, el procesamiento de la derrota electoral de 1945-1946 no fue fácil. En términos de sufragios, no sólo perdió la Unión Democrática que el PC conformó junto a diversas fuerzas, sino que las propias listas legislativas del partido sólo recibieron unos 150.000 votos (10 veces menos que la triunfante coalición peronista), lo cual también demostró la falta de una maquinaria y tradición electoral en una organización condenada en los 15 años anteriores a la casi ilegalidad/clandestinidad. El partido metabolizó con cierta rapidez los cambios de la nueva situación, realizando, en agosto de 1946, su XI Congreso Nacional, en donde caracterizó las perspectivas abiertas con el flamante gobierno justicialista. La línea pasó a ser la de unir a todas las fuerzas democráticas y antiimperialistas en un Frente de Liberación Nacional y Social, al tiempo que postulaba la unidad combativa entre los sectores obreros y populares peronistas y no peronistas para superar la "demagogia social" del régimen y los límites del Plan Quinquenal. El PC decidió disolver los gremios que controlaba e ingresar a los sindicatos de la CGT peronista. Electoralmente, el partido retuvo cierto espacio: en los comicios legislativos de 1948 se acercó al 3% de los votos; pero en los presidenciales de 1951 sufrió una baja a casi el 1%.[9]

La forma organizativa del partido ya estaba definitivamente implantada: el sector dirigente aparecía consolidado en torno a las figuras centrales de Victorio Codovilla y, en segundo orden, Rodolfo Ghioldi, con Gerónimo Arnedo Álvarez ocupando formalmente el cargo de secretario general. A pesar de la relativamente fuerte homogeneidad interna de la conducción, parecen haber existido algunos matices entre sus dirigentes: un antiperonismo más acendrado en Ghioldi y más cauteloso en Codovilla, y un dirigente de creciente desarrollo, Juan José Real, que llevó esa afinidad hasta el extremo y acabó expulsado en 1953. Por otra parte, es evidente que ocurrió un cambio en el contenido social y en las prácticas del PC durante estos años: un partido que perdió parte de su composición obrera (aunque manteniendo muchos nichos de inserción laboral) y en donde comenzaron a tener preeminencia los sectores medios. Creció la militancia en el movimiento estudiantil y juvenil, en los barrios, sociedades de fomento y comisiones populares contra la carestía, en el ámbito intelectual, artístico y cultural o en las asociaciones de mujeres (UMA) y de derechos humanos (LADH). El aparato partidario se expandió de manera notable, convirtiéndose en una compleja maquinaria que incluía una gran cantidad de locales, propiedades, empresas de servicios sociales, bancos y cooperativas, editoriales y órganos de prensa, todo sostenido por varios miles de afiliados, militantes, simpatizantes y cuadros rentados (Gilbert, 1994 y 2009). Una estructura que, incluso, lograba sortear la recurrente represión, ya que en varios momentos durante el régimen peronista se desplegaron medidas de persecución u hostigamiento hacia el partido, en el contexto de profundización de la Guerra Fría a nivel mundial. Fenómeno que se evocaba con fuerza en el país, debido, entre otras cosas, a las campañas realizadas por los comunistas en apoyo a la URSS, las nacientes "democracias populares", la triunfante revolución china de 1949 y Corea del Norte.

Conclusiones

¿Cómo explicar las razones del ocaso comunista en el movimiento obrero y la conversión mayoritaria de este último al peronismo? Resulta imperioso atender a dos elementos cruciales e interrelacionados. Uno, el ya analizado de la estrategia frentepopulista del PC, que dilapidó una tradición sindical combativa y clasista, detrás de un proyecto y un programa de colaboración de clases, lo cual acabó desarmando ideológicamente al movimiento obrero y lesionando seriamente su autonomía política. El otro no puede ser sino el que conduzca a apreciar adecuadamente el carácter extraordinario con que irrumpió en la Argentina el fenómeno populista y nacionalista burgués (bajo una cultura "obrerista" y a la vez "antiizquierdista"). La clave para resolver lo que aparece como una anomalía histórica es el desacople entre dos fenómenos contrapuestos: por un lado, el crecimiento rápido y exponencial de la alianza entre un sector mayoritario del gremialismo (celoso en defender la autonomía sindical pero impotente para resistir una tendencia a la heteronomía política) y la elite militar-estatal encabezada por Perón; por el otro, el importante desarrollo que venían experimentando los comunistas en el mundo del trabajo, que era más lento, gradual, incompleto y cada vez más dilapidado por una estrategia política que potencialmente lo distraía de las reivindicaciones de los trabajadores. Además de comenzar a agotarse parcialmente en su propia dinámica por limitaciones de estrategia política e ir feneciendo de "muerte natural", la influencia del comunismo en el movimiento obrero fue obturada y reprimida por la decisiva acción de un movimiento populista emergente. Hubo una perfecta articulación entre causas endógenas (las características de la orientación partidaria antes descripta) y exógenas (la notable vitalidad de la interpelación y acción del nacional-populismo, con su estatismo redistribucionista). Un modo de comprobar la necesidad de conjugar ambas dimensiones es apelar al estudio comparativo con otros casos latinoamericanos próximos, como los de Chile, Uruguay y Brasil. Estos países en los años veinte y los treinta tuvieron partidos comunistas con un nivel de arraigo en la clase obrera no mayor que en la Argentina, pero que pudieron incrementar o mantener en las décadas siguientes, a pesar de que estuvieron embarcados bajo la misma línea del Frente Popular que distinguió al PC de Ghioldi y Codovilla. ¿No es acaso sugerente el hecho que en estos países no existió un fenómeno populista y nacionalista burgués de la magnitud, la complejidad y la consistencia como ocurrió en la Argentina?

Es evidente que si reorientamos el análisis en esta dirección, ello acaba cuestionando las interpretaciones que tendieron a abordar este proceso histórico de manera unilateral. Los señalamientos sobre el peso que la orientación del Frente Popular tuvo en el sentido de impedir la hegemonía obrera comunista hacia comienzos de los años cuarenta, convirtiéndose en una suerte de "derrota autoinfligida", han frecuentemente desatendido el significado del "bloqueo populista". Por otra parte, es bastante obvio que si el PC fue perdiendo sus posiciones en el movimiento obrero desde 1943-44 no fue por algún tipo de esencialismo "antinacional" o "antipopular", característico de esa organización (y de toda la izquierda socialista y marxista), tal como se sostuvo desde el ensayismo nacional-populista de izquierda (Puiggrós, 1956; Ramos, 1962; Galasso, 2007). Tampoco, por un cambio en la composición social de los trabajadores, que habría ido erosionando la influencia de los viejos partidos de clase y los habría tornado incapaces de organizar a la "nueva clase obrera", como se desprende de los estudios sociológicos de Gino Germani (1962); de hecho, el comunismo fue la corriente que mejor logró expandirse entre el joven proletariado formado como producto del crecimiento industrial de los años treinta.

Por otra parte, nuestra argumentación también supone una visión crítica de interpretaciones como las ya señaladas de Aricó. Es cierto que, como él advirtió, la orientación del Frente Popular llevó al PC a tomar distancia de las reivindicaciones obreras mínimas en aras de un deseable acuerdo con sectores de la burguesía dispuestos a formar un bloque aliado antifascista; allí se habrían demostrado los límites de la penetración comunista, pues resultó evidente que el PC no logró convencer a la mayoría de los trabajadores de las ventajas de tal política. Es decir, su influencia sindical no pudo traducirla a un nivel político-ideológico y alcanzar así una auténtica posición hegemónica entre los trabajadores (aunque hasta 1943 parecía la corriente en mejores condiciones de lograr tal objetivo). El defecto del análisis de Aricó, y de otros que elaboraron en la misma línea, es que se coloca todo el peso explicativo del eclipse comunista en las causas endógenas (las apuestas estratégicas del estalinismo), sin sopesar el contexto general y el papel de las otras estrategias puestas en juego, en particular la del emergente sector "nacional-populista" de la burguesía, con sus políticas de represión, cooptación e integración del movimiento obrero.

Si ponderamos en su real dimensión el desarrollo que venía experimentando el PC, es posible establecer que la irrupción del peronismo desde 1943-1944 y la adhesión mayoritaria que concitó entre los trabajadores no se presentó ni como la única e inevitable alternativa histórica ni como la consecuencia "lógica" y "natural" de las transformaciones económicas, sociales y políticas acaecidas desde la década de 1930. En todo caso, el peronismo fue la opción que se tornó triunfante en aquellas circunstancias, y la que logró recoger los frutos de un sindicalismo industrial y "moderno" al que tanto había contribuido a erigir precisamente el PC y otras corrientes de izquierda. En un ejercicio contrafáctico, sobre una Argentina con un 17 de octubre frustrado, es decir, sin un triunfo del peronismo ¿es posible conjeturar que se hubiera asistido a una continuidad o incluso profundización de la presencia comunista en los medios obreros, entre otras razones, por el inevitable aumento cuantitativo de las clases trabajadoras, el acrecentamiento de los problemas provenientes del mundo del trabajo y el peso que tenían las ideologías y tradiciones de izquierda? (Torre, 1999). La pregunta es pertinente si le añadimos como otro factor inevitable de análisis el de la estrategia política que guiaba al PC, un partido ya completamente ganado por la rigidez monolítica, matrizado por la indigencia teórica-política del estalinismo y sometido a los dictados de la burocracia soviética. Los hechos, en todo caso, fueron ineluctables: hacia mediados de los años cuarenta periclitó la que hasta el día de hoy fue la más importante experiencia de inserción de un partido de izquierda en la clase trabajadora argentina. De su estudio pueden extraerse enseñanzas valiosas, tanto desde el punto de vista historiográfico como político.

Notas

1   En este texto complementamos y redefinimos cuestiones planteadas en otras contribuciones nuestras: Camarero, 2007 y 2008.

2   Para un análisis integral sobre la historiografía del comunismo argentino: Campione (1996); Cernadas, Pittaluga y Tarcus (1998); Camarero (2001 y 2013). El carácter falsario y manipulador de la historia oficial estalinista del PC queda bien retratado en: *Esbozo de historia del Partido Comunista de la Argentina* (1947).

3   La intervención del PC en esas huelgas, entre otros, en: Iscaro (1958); Peter (1968); Durruty (1969); Korzeniewicz (1993); Iñigo Carrera (2000); Lobato (2001); Camarero (2007); Ceruso (2012).

4   Para una visión general de la historia del movimiento sindical en la época: Matsushita (1983); Tamarin (1985); Godio (1989); Torre (1990); Di Tella (2003); Horowitz (2004).

5   Ceruso (2015) ha profundizando específicamente en este aspecto.

6   Ver Camarero (2012).

7   En estudio clásico que analizó en el movimiento obrero francés el pasaje del "sindicalismo de minorías" (impulsado por obreros calificados, orgullosos de su artesanía, y basado en organizaciones descentralizadas y apolíticas) al "sindicalismo de masas", es Collinet (1955). Lo que en la Argentina se identificó como propio del período peronista, aquél ya lo veía como característico de la era de dominio comunista sobre el movimiento obrero.

8   Hay que examinar hasta que límites el PC se alejó de las necesidades de los trabajadores, y si, en especial, en la coyuntura 1941-1943, le dio explícitamente la espalda a las luchas de éstos. Se ha aludido la práctica de "tregua laboral" de los comunistas, con la entrada de la URSS a la guerra y con el acuerdo con los aliados y la "burguesía progresista". No obstante, es necesario abordar con cuidado el tema: fuera del conocido caso del gremio de la carne, donde el PC impulsó esa línea en 1943, escasean las evidencias de "tregua laboral". En verdad, en esos años, los gremios comunistas encabezaron las mayores huelgas en el sector industrial.

9   Sobre el PC en la década peronista: Altamirano (2011); Penella-Fonticelli (2007); Amaral (2008); Jáuregui (2012); Staltari (2014)

Referencias

Altamirano, Carlos. (2011). *Peronismo y cultura de izquierda*. Buenos Aires: Siglo XXI.

Aricó, José. (1979). Los comunistas en los años treinta. *Controversia*, 2-3 [Suplemento 1] 5-7.

Camarero, Hernán. (2001). El Partido Comunista argentino en el mundo del trabajo, 1925-1943. Reflexiones historiográficas e hipótesis exploratorias. *Ciclos en la historia, la economía y la sociedad*, *11*(22), 137-155.

Camarero, Hernán. (2007). *A la conquista de la clase obrera. Los comunistas y el mundo del trabajo en la Argentina, 1920-1935*. Buenos Aires: Siglo XXI.

Camarero, Hernán. (2008). *Comunismo y movimiento obrero en la Argentina, 1914-1943*. (Tesis doctoral). Facultad de Filosofía y Letras, Universidad de Buenos Aires.

Camarero, Hernán. (2011). El *tercer período* de la Comintern en versión criolla. Avatares de una orientación combativa y sectaria del Partido Comunista hacia el movimiento obrero argentino. *A Contracorriente. A Journal on Social History and Literature in Latin America*, *8*(3), 203-232.

Camarero, Hernán. (2012). Alcances del sindicalismo único por rama antes del peronismo: la experiencia de la Federación Obrera Nacional de la Construcción (FONC), 1936-1943. *Estudios del Trabajo*, 43-44 y113-139.

Camarero, Hernán. (2013). Antiguas controversias, nuevos enfoques: clase obrera, sindicalismo y comunismo en la Argentina durante la primera mitad del siglo XX. Un estado de la cuestión. *PolHis*, *6*(11), 129-146.

Campione, Daniel. (1996). Los comunistas argentinos. Bases para la reconstrucción de su historia. *Periferias. Revista de Ciencias Sociales*, *1*(1), 103-115.

Cernadas, Jorge, Roberto Pittaluga y Horacio Tarcus. (1998). La historiografía sobre el Partido Comunista de la Argentina. Un estado de la cuestión. *El Rodaballo. Revista de política y cultura*, *4* (8), 30-39.

Ceruso, Diego. (2012). Partidos, sindicatos y organización en el lugar de trabajo. La huelga de los obreros de la carne de Avellaneda en 1932, *Trabajo y Sociedad. Sociología del trabajo, estudios culturales, narrativas sociológicas y literarias*, *16*, (19), 263-280.

Ceruso, Diego. (2015). *La izquierda en la fábrica. La militancia obrera industrial en el lugar de trabajo, 1916-1943*. Buenos Aires: Imago Mundi.

Collinet, Michel. (1955). *El espíritu del sindicalismo*. Buenos Aires: Ediciones Populares Argentina.

Del Campo, Hugo. (1983). *Sindicalismo y peronismo. Los comienzos de un vínculo perdurable*. Buenos Aires: CLACSO.

Di Tella, Torcuato S. (2003). *Perón y los sindicatos. El inicio de una relación conflictiva*. Buenos Aires: Ariel.

Durruty, Celia. (1969). *Clase obrera y peronismo*. Buenos Aires: Pasado y Presente.

Galasso, Norberto. (2007). *Aportes críticos a la historia de la izquierda argentina. Socialismo, peronismo e izquierda nacional* (Vol. 1). Buenos Aires: Nuevos Tiempos.

Germani, Gino. (1962). *Política y sociedad en una época de transición. De la sociedad tradicional a la sociedad de masas*, Buenos Aires: Paidós.

Gilbert, Isidoro. (1994). *El oro de Moscú. La historia secreta de las relaciones argentino-soviéticas*. Buenos Aires: Planeta.

Gilbert, Isidoro. (2009). *La Fede. Alistándose para la revolución. La Federación Juvenil Comunista, 1921-2005*. Buenos Aires: Sudamericana.

Godio, Julio. (1989). *El movimiento obrero argentino (1930-1943). Socialismo, comunismo y nacionalismo obrero*. Buenos Aires: Legasa.

Gramsci, Antonio. (1984). *Notas sobre Maquiavelo, sobre política y sobre el Estado moderno*. Buenos Aires: Nueva Visión.

Horowitz, Joel. (2004). *Los sindicatos, el Estado y el surgimiento de Perón, 1930-1946*. Buenos Aires: Eduntref.

Iñigo Carrera, Nicolás. (2000). *La estrategia de la clase obrera, 1936*. Buenos Aires: La Rosa Blindada-PIMSA.

Iscaro, Rubens. (1958). *Origen y desarrollo del movimiento sindical argentino*. Buenos Aires: Anteo.

Iscaro, Rubens. (1973). *Historia del movimiento sindical*. Buenos Aires: Fundamentos.

Jáuregui, Aníbal. (2012). El peronismo en los debates del Partido Comunista Argentino: 1945-1953. *A Contracorriente. A Journal on Social History and Literature in Latin America*, *9* (3), 22-40.

Korzeniewicz, Roberto P. (1993). Las vísperas del peronismo. Los conflictos laborales entre 1930 y 1943. *Desarrollo Económico. Revista de ciencias sociales, 33* (131), 323-354.

Lobato, Mirta Zaida. (2001). *La vida en las fábricas. Trabajo, protesta y política en una comunidad obrera, Berisso (1904-1970)*. Buenos Aires: Prometeo Libros /Entrepasados.

Matsushita, Hiroshi. (1983). *Movimiento obrero argentino, 1930-1945. Sus proyecciones en los orígenes del peronismo*. Buenos Aires: Siglo Veinte.

Murmis, Miguel y Portantiero, Juan Carlos. (1971). *Estudios sobre los orígenes del peronismo*. Buenos Aires: Siglo XXI.

Partido Comunista, Comisión del Comité Central. (1947). *Esbozo de historia del Partido Comunista de la Argentina (Origen y desarrollo del Partido Comunista y del movimiento obrero y popular argentino)*. Buenos Aires: Anteo.

Penella, Claudio y Fonticelli, Marcelo. (2007). *La prensa de izquierda y el peronismo (1943-1949). Socialistas y comunistas frente a Perón*. La Plata, Argentina: EDULP.

Peter, José. (1968). *Crónicas proletarias*. Buenos Aires: Esfera.

Puiggrós, Rodolfo. (1956). *Historia crítica de los partidos políticos argentinos*. Buenos Aires: Argumentos.

Ramos, Jorge Abelardo. (1962). *El Partido Comunista en la política argentina*. Buenos Aires: Coyoacán.

Staltari, Silvana. (2014). El Partido Comunista frente al peronismo: estrategia y tácticas políticas, 1945-1955. *Archivos de historia del movimiento obrero y la izquierda, 3*(5), 11-30.

Tamarin, David. (1985). *The Argentine Labor Movement, 1930-1945. A Study in the Origins of Peronism*. Albuquerque, NM: University of New Mexico Press.

Torre, Juan Carlos. (1990). *La vieja guardia sindical y Perón. Sobre los orígenes del peronismo*. Buenos Aires: Sudamericana.

Torre, Juan Carlos. (1999). La Argentina sin el peronismo. ¿Qué hubiera ocurrido si hubiese fracasado el 17 de octubre?. En Niall Ferguson (Dir.). *Historia virtual. ¿Qué hubiera pasado si...?* (pp. 271-312). Madrid: Taurus..

Obreros e intelectuales en Colombia: El caso del Partido Socialista Democrático

Luz Ángela Núñez Espinel
Universidad La Gran Colombia

A mediados de la década de 1940, el Partido Comunista Colombiano (PCC) cambió su orientación político-ideológica y se transformó en el Partido Socialista Democrático (PSD). En esta coyuntura se presentó una situación novedosa en la historia del socialismo (y comunismo) criollo debido a la afiliación de un número importante de intelectuales y estudiantes al PSD quienes le imprimieron una dinámica cultural inédita a la izquierda nacional. Podría afirmarse que los intelectuales marxistas buscaron superar el modelo del "compromiso" social de denuncia o solidaridad, que se ejercía a través de la actividad intelectual, y convocaron a la militancia activa como dirigentes políticos y sociales. Revisando principalmente fuentes primarias, este artículo analiza la actividad política y cultural de los intelectuales durante el periodo de cambio de orientación del PCC y la experiencia de la Universidad Obrera, como ejemplo concreto del compromiso de los intelectuales con proyecto emancipador que pretendía formar la vanguardia del proletariado.

Del Partido Comunista al Partido Socialista Democrático

A mediados de la década de 1940, el PCC era una organización pequeña incapaz de erosionar el férreo modelo bipartidista que dominaba el sistema político colombiano (Palacios, 1995, pp. 165-170). Sin embargo, este partido de izquierda tenía influencia en los sindicatos, lideraba el movimiento antifascista y era el defensor más obstinado del presidente Alfonso López Pumarejo, frente a los ataques de la derecha de los dos partidos tradicionales.

En las elecciones para diputados y representantes de marzo de 1943 logró resultados favorables si se les compara con las votaciones anteriores, pero en términos reales su participación era bastante modesta. Gilberto Vieira obtuvo una curul como Representante a la Cámara por Cundinamarca y Augusto Durán, Jorge Regueros Peralta y Lino Gil Jaramillo fueron elegidos como senadores suplentes, pero solamente Durán llegó a ejercer durante un tiempo (Medina, 1980, pp. 414-417).

La participación parlamentaria de Vieira y Durán consolidó su posición como máximos dirigentes del comunismo criollo y fueron ellos quienes lideraron la transformación del Partido Comunista en Partido Socialista Democrático en 1944.[1] Este cambio ha sido interpretado como resultado de la influencia "desviacionista" del browderismo en el país. Otros autores han señalado que dicha política había sido auspiciada desde Moscú al proclamar la colaboración de clases mediante la táctica de los Frentes Populares y al disolver la Internacional Comunista en 1943 (Medina, 1980, pp. 439-453 y Caballero, 1988, pp. 195-213). Las dos posiciones tienen parte de razón, pero no deben ser vistas como antagónicas, sino complementarias.

Los Frentes Populares habían surgido como una estrategia ante el ascenso del fascismo, pero Earl Browder(secretario del Partido Comunista de Estados Unidos desde 1930)había llevado mucho más allá la propuesta de colaboración de los comunistas con los sectores progresistas de la sociedad, hasta declarar caduca la lucha de clases y promover el apoyo a la libre empresa. Basándose en un análisis de los Acuerdos de Teherán, suscrito por Churchill, Roosevelt y Stalin, Browder sostenía que el apoyo a la burguesía y la política de unidad nacional se justificaban porque esta clase era generalmente favorable al "Espíritu de Teherán" y jugaría un papel clave en la posguerra, ya que sólo mediante la ampliación de la industria se podría superar la economía de guerra, sin generar desempleo masivo y mejorando las condiciones de los trabajadores. Concluía también que la libre empresa era casi un dogma religioso en la cultura estadounidense, por lo que los comunistas no debían oponerse sino defenderla, por el papel positivo que podría tener en el crecimiento económico y como freno a las tendencias monopólicas. Ello significaba revisar la teoría del imperialismo propuesta por Lenin (parte del corpus doctrinario comunista) y el abandono a la lucha inmediata por el socialismo. Igualmente, analizaba la cultura política estadounidense como naturalmente bipartidista, en la que el Partido Comunista no lograría mayor influencia, y por ello propuso su disolución y su conversión en una asociación, lo que efectivamente ocurrió en 1944 (Browder, 1942, p. 944).

Las declaraciones y los textos de Browder fueron ampliamente citados y difundidos en Colombia en el *Diario Popular* y la revista *Guía del Socialismo,* y Ediciones Sociales editó *Teherán nuestro camino* en 1944. A finales de marzo de ese año se reunió el IX pleno del Partido Comunista, donde se vio en forma clara la acogida del "Espíritu de Teherán" y la afinidad del partido con las tesis de Browder. En las conclusiones del pleno, Durán propuso que se discutiera la posibilidad de cambiar el nombre del partido, cosa que efectivamente ocurrió unos meses después.[2]

El browderismo fue proscrito en 1946 como una desviación del marxismo-leninismo y su influencia en algunos países latinoamericanos se explicó por las debilidades ideológicas de los partidos comunistas. Sin negar que esta caracterización describía acertadamente al Partido Comunista Colombiano, se debe anotar que esta fue una explicación hecha a posteriori y que en su momento Browder gozaba de gran legitimidad en las más altas instancias del comunismo internacional y prestigiosos comunistas latinoamericanos se pronunciaron a su favor, como fue el caso de Vicente Lombardo Toledano y Pablo Neruda.

Aunque la influencia de Browder era patente, creemos que el cambio en el PCC no puede entenderse como un caso de influencia acrítica o como una expresión del sometimiento de los comunistas criollos. Por un lado, Browder mismo era la prueba de que en Estados Unidos parte de la población (el movimiento obrero al menos) lucharía porque la Carta del Atlántico y el Acuerdo de Teherán se llevaran a la práctica. Por otro lado, el análisis "marxista" que Browder hizo del Acuerdo se refería principalmente a la situación y a la cultura política de los Estados Unidos, pero era relativamente fácil extender la justificación de la colaboración de clases y la política de unidad nacional al contexto colombiano. Esta era una salida adecuada para un sector de los comunistas porque les permitía mantenerse dentro del marxismo y les daba argumentos más sólidos para sustentar su decisión de defender a ultranza al gobierno liberal de López.[3]

En agosto de 1944 se realizó el II Congreso del Partido Comunista, donde se adoptó el nombre de Partido Socialista Democrático. Al evento fueron invitados delegados de la Confederación de Trabajadores de Colombia (CTC), de la organización socialista denominada Liga de Acción Política (LAP) y del Partido Liberal. Pero el cambio fue más allá de la simple denominación, en la simbólica fecha del 7 de agosto, día de la independencia, se aprobaron programa y estatutos nuevos. En estos documentos ya no se presentaba exclusivamente como el partido de la clase obrera sino de todos los hombres y mujeres del pueblo. Aunque la perspectiva socialista no se abandonaba, se situaba en un futuro indeterminado y condicionado a la superación de una serie de fases históricas. En consecuencia, su programa político a corto plazo no era anticapitalista en sentido estricto, sino que buscaba cumplir la fase de "liberación nacional".

El programa se asentaba en cuatro pilares fundamentales: el reconocimiento de la soberanía y autodeterminación de los pueblos siguiendo los principios de la Carta del Atlántico y la conferencia de Teherán, cooperación internacional y lucha contra el imperialismo; la transformación del campo mediante la liquidación del latifundio y la promulgación de políticas de crédito y bienestar social para mejorar el nivel de vida de los campesinos y ensanchar el mercado interno; la industrialización del país a vasta escala, tarea que debía ser emprendida por el gobierno y con ayuda del capital extranjero, junto con la creación de un sistema de seguridad social y el desarrollo de un movimiento obrero unificado e independiente; y la ampliación de la democracia, que incluía reconocimiento de derechos políticos de la mujer y la juventud, políticas contra la discriminación racial, libertad religiosa, democratización de la universidad y apoyo del estado a maestros, artistas y científicos.[4]

En las directrices había un esfuerzo consciente por "nacionalizar" al nuevo partido.[5] Una estrategia fue enfatizar su relación con la tradición de movilización popular del país y establecer una línea de continuidad entre los movimientos anticoloniales y radicales del siglo XIX con el PDS. Uno de los elementos que generaba mayor resistencia entre la población era el carácter ateo y antirreligioso del comunismo, aspecto que era magnificado por sectores del clero y el conservatismo. Para tratar de contrarrestar esta situación en los estatutos del programa se aclaró que la profesión de creencias religiosas no era obstáculo para ingresar al partido, aunque éste seguía una ideología marxista-leninista-estalinista.[6]

Otra estrategia fue la ampliación de la representación del partido para abarcar un sector más amplio que el del proletariado y acercarse a la realidad nacional. Ejemplo de ello es el escudo del partido, conformado por un martillo y un machete cruzados sobre un libro abierto, en medio de una estrella de cinco puntas. La hoz se había cambiado por un machete para lograr una mayor identificación con el campesinado colombiano y a la clásica alianza de obreros y campesinos, se sumaban los intelectuales.[7]

El PSD y los intelectuales

Los cambios en el PSD fueron recibidos de manera positiva por las izquierdas. Las afiliaciones no crecieron de manera significativa, pero durante un breve tiempo éste se convirtió en un polo de atracción para intelectuales y estudiantes, quienes imprimieron un nuevo dinamismo a la organización. Los nuevos afiliados provenían principalmente de la LAP y de un sector de liberales socialistas dirigidos por el abogado y catedrático universitario Diego Montaña Cuéllar. En efecto, el cambio de orientación del PCC fue una de las causas de la disolución de la LAP y parte de sus militantes se encaminó hacia el renovado PSD, donde esperaban superar el estigma de cenáculo intelectual que había acompañado a la Liga y acercarse verdaderamente a las masas populares con una ideología revolucionaria (Núñez, 2014, pp. 265-269). Este propósito guiaba también a los liberales socialistas, cuyo máximo dirigente, Diego Montaña Cuéllar, no vaciló en renunciar al Partido Liberal, a nombre del cual ostentaba cargos de relativa importancia: era presidente del Concejo de Bogotá, ocupaba una curul en la Cámara de Representantes y hacía parte de la Dirección Nacional del Liberalismo (Cifuentes, 2010, p. 74).

Montaña Cuéllar y los máximos dirigentes de la LAP que optaron por entrar al partido socialista (los abogados Juan Francisco Mújica y Carlos H. Pareja, y el médico y rector de la Escuela Normal Superior, José Francisco Socarrás) hacían parte de un tipo de intelectual emergente que pretendía superar el modelo del "compromiso" que se ejercía mediante la denuncia o la solidaridad con una causa, para convertirse en dirigentes de la revolución, tanto en lo político como en lo intelectual. Por ello, no es gratuito que estos personajes hubieran desarrollado de manera paralela diferentes militancias por la construcción de un partido socialista, por la renovación de la universidad y como asesores sindicales.

En estas semanas otros representantes de las artes y las letras también se afiliaron: Marcos Ospina (pintor), Joaquín González (pintor y caricaturista), Julio Abril (escultor), Edmundo Clavijo (fotógrafo), Luis Cabal (literato) y Arquímedes Palau (profesor de la Universidad del Cauca).[8] Muchos otros artistas, intelectuales y estudiantes que no fueron registrados por la prensa se incorporaron en este periodo, pero apenas podemos rastrear algunos nombres porque rápidamente se destacaron como militantes: Jaime Jaramillo Uribe, Darío Mesa, Raúl Alameda Ospina y Manuel Zapata Olivella.[9]

Los dirigentes del antiguo PCC miraban con reserva a los recién llegados al Partido Socialista, por su origen "intelectual" y sus costumbres pequeñoburguesas. En este partido los intelectuales eran al mismo tiempo bienvenidos pero incómodos, por su resistencia a la disciplina y a la ortodoxia. ¿Qué significó la llegada de estos nuevos miembros al PSD? Es difícil hacer un balance porque se trató de una experiencia de corta duración e inédita hasta ese momento en la historia colombiana. Aunque su incorporación no significó un aumento notable en los afiliados del partido, si se configuró un nuevo tipo de militante, del que antes apenas se podrían mencionar un par de casos, como Luis Vidales en la primera época, Lino Gil o Rafael Baquero. Siguiendo el modelo del intelectual militante, se trataron de cubrir diferentes espacios de actuación del partido, sin restringirse a la creación intelectual. Pero ello no significó que los intelectuales "se tomaran" el partido, porque muchos sectores "obreristas" los miraban con desconfianza y dudaban de su sinceridad revolucionaria.

Uno de los efectos inmediatos fue la reactivación y renovación de la vida intelectual del PSD. Particularmente, quienes provenían de la Liga de Acción Política traspasaron su experiencia de creación de grupos de estudio y organización de ciclos de conferencias. No era que los comunistas no hubieran tenido estas actividades en mente, sino que el número de cuadros capacitados era escaso y debían atender varios frentes de trabajo. Por la vinculación de afiliados intelectuales y estudiantes, la secretaría de Cundinamarca del Partido fue la más beneficiada, pues pudo fortalecer y crear grupos de lectura y círculos de estudio. Los primeros tenían el objetivo de dar a los afiliados "una elemental educación sobre el programa y estatutos del partido y sobre los distintos materiales suministrados por la secretaria nacional de organización" y algunos de ellos trataron de conformar bibliotecas populares.[10]

Los círculos de estudio buscaban mejorar el nivel ideológico de los militantes. Allí se estudiaba la literatura básica del comunismo de la época, historia del Partido Comunista Soviético e historia de Colombia, para lo cual se fijaba de antemano una lectura y semanalmente se iba avanzando en su discusión. Por ejemplo, en la casa de Juan Francisco Mújica funcionaba un grupo de estudio que había iniciado labores con la lectura del *Manifiesto del Partido Comunista* y luego había seguido con *La historia del Partido Comunista de la URSS*. Allí se reunían, alrededor de una mesa con símbolos masónicos, Mújica y un grupo de estudiantes universitarios. En este grupo se formaron importantes cuadros como Raúl Alameda Ospina y Manuel Zapata Olivella, pero su labor no logró trascender al análisis teórico del marxismo.[11]

También se vio la impronta de los intelectuales en las publicaciones del PSD: *Diario Popular, Guía del Socialismo* y en la recién creada Ediciones Sociales. En el *Diario Popular* se organizó un suplemento cultural a cargo de Jaime Jaramillo Uribe, quien se había destacado como dirigente estudiantil de la Escuela Normal Superior, de donde había egresado hacía poco, y en ese momento era profesor de sociología en la misma institución. Además de la divulgación cultural entre los lectores del periódico, este suplemento interpelaba directamente al quehacer de los intelectuales, a quienes llamaba a conectarse con el pueblo.[12] La sección pretendía delinear el camino a seguir por intelectuales y artistas. Se ocupaba de las diversas formas en que los intelectuales se habían vinculado a la lucha antifascista en Europa, alentaba el americanismo en el arte y la literatura y fustigaba a los autores que no retrataban fielmente la vida del pueblo en sus creaciones. En el ámbito de la cultura nacional, criticaba el atraso de las artes en el país y exigía que la universidad no se ocupara solamente de las materias sino también de la problemática social. En síntesis, este suplemento promovía la figura del intelectual militante que no solamente se comprometía con su quehacer intelectual, sino que militaba al lado del pueblo.

En Septiembre de 1944 se creó el Centro de Estudios Económicos, bajo la dirección de Rafael Baquero. Además de intelectuales del PSD también se vincularon algunos provenientes de la izquierda liberal. Este centro se dedicó al estudio de los problemas económicos del país, como la inflación, los salarios, la falta de industrialización, etc. y publicó algunas de las investigaciones realizadas en la página económica del *Diario Popular* y en libros de divulgación auspiciados por el PSD.

Con gran entusiasmo los estudiantes se volcaron a actividades de agitación, educación y asesoría a sindicatos y trabajadores. Pero no todos eran neófitos en este campo, algunos traían experiencias previas de trabajo con la CTC y contaban con reconocimiento en ciertos grupos de trabajadores, como Diego Montaña Cuéllar, Carlos H. Pareja y José Francisco Socarrás. Aún así, la pertenencia al partido los acercó a sectores obreros de influencia comunista, siendo el caso más paradigmático el de Barrancabermeja, donde Montaña Cuéllar y Pareja se vincularon como asesores sindicales por invitación de líderes comunistas de los trabajadores petroleros. En este caso se dio una particular combinación de conocimiento sobre derecho laboral, investigación sobre el tema del petróleo y movilización obrera. En un corto plazo, Montaña Cuéllar se convirtió en el más reconocido dirigente del sector, fue el conductor legal de las huelgas de 1946 y 1948 y jugó un papel clave en las negociaciones entre el gobierno conservador y los insurrectos que establecieron una comuna popular en el puerto petrolero tras el asesinato de Gaitán, en abril de 1948 (Vega, Núñez y Pereira, 2009, pp. 327-335).

Como balance, se puede valorar positivamente el impulso dado por los intelectuales a las actividades culturales y educativas del partido. También impactaron de manera favorable los medios de comunicación del PSD y aportaron desde sus áreas de investigación al análisis de la situación del país. Se realizaron interesantes experimentos de colaboración entre intelectuales y obreros, algunos de corta duración como la Universidad Obrero, y otros de mayor impacto político y social, como el trabajo con los obreros petroleros para la reversión de la Concesión de Mares. Su presencia en el PSD no significó un fortalecimiento del conocimiento sobre marxismo y mucho menos una aproximación original a esta ideología, en lo que influyó el eclecticismo ideológico de los intelectuales y la diversidad de frentes de acción en que se desempeñaban, por no mencionar la escasa permeabilidad del partido a este tipo de debates.

¿Obreros versus intelectuales?

Los resultados de las elecciones de marzo de 1945 fueron positivos si se les compara con participaciones anteriores. El PSD obtuvo 29.696 votos, lo que significó cuatro curules en la Cámara (Gilberto Vieira, Augusto Durán, Pedro J. Abella y José Francisco Socarrás) y nueve en las asambleas departamentales. Pero no dejaban de ser resultados modestos si tenemos en cuenta que los votos socialistas representaban apenas el 3.16% del total y en el liberalismo (que había obtenido la mayoría) se consolidó el ala de derecha representada por el santísimo (Base de datos políticos, 1999).

Durante la contienda electoral y aún después de los comicios, el PSD mantuvo su campaña de apoyo irrestricto al presidente López, esperando que el mandatario recuperara la iniciativa política y dirigiera un proyecto popular de unidad nacional. Esta movilización no logró el resultado deseado y, por el contrario, tras las elecciones de marzo, López tomó mayor distancia de los socialistas (Palacios, 1995, pp. 155-159 y Medina, 1980, pp. 428-432).

El siguiente reto para los socialistas fueron las elecciones municipales de octubre de 1945 en las cuales los resultados tuvieron un sabor agridulce. Si bien el PSD aumentó el número de curules a nivel nacional, redujo su votación en Bogotá y la tendencia mostraba mayor crecimiento de los electores conservadores y gaitanistas. Pero lo que resultaba más sintomático era que en el balance de los comicios hecho por las directivas nacionales del PSD salían a flote tensiones internas, al acusar principalmente a los intelectuales del partido de haberse pronunciado a favor de Jorge Eliécer Gaitán confundiendo al electorado.[13]

De allí en adelante la brecha no dejaría de crecer, aunque la división entre obreristas e intelectuales no era tan evidente (ni la única) como lo quería presentar Augusto Durán. De manera esquemática podríamos decir que había un reclamo ante la "liberalización" del partido y se exigía su fortalecimiento en lo ideológico y en lo organizativo.[14] También había descontento por la línea, adoptada de manera unilateral por las directivas, de apoyar la candidatura presidencial del liberal oficialista Gabriel Turbay y no la de Jorge Eliécer Gaitán. Los primeros querían volver a un partido de clase y los segundos creían que el PSD debía apoyar a los sectores populares progresistas que adherían a Gaitán; sin embargo, para muchos no eran opciones antagónicas, pues la lucha entre pueblo y oligarquía se asimilaba a la lucha de clases (Green, 2013, pp. 397-404). Además de estos problemas de fondo, había descontento con la dirección de Augusto Durán a quien acusaban de usar métodos autoritarios, promover un estilo personalista y caudillista y ocultar documentos que rebatían las posiciones de Browder.

Como resultado de estas divisiones el PSD perdió dinamismo y el número de militantes descendió dramáticamente. Uno de los sectores que se alejó fue el de los intelectuales, que en buena parte optó por adherirse al gaitanismo. Parte del estudiantado tomó una actitud de confrontación directa con las directivas del PSD, lo que le valió la expulsión a algunos de sus dirigentes. Aunque la base social de Durán era obrerista, éste sector no dio muestras de sumisión o conformismo. Para muchos sectores de trabajadores las tesis browderistas sobre el imperialismo eran difíciles de "tragar", por lo que hicieron resistencia abierta o encubierta a estas ideas y en la práctica optaron por combinar su adhesión al socialismo con el apoyo a Gaitán. Esto fue más fácil para los simpatizantes y para los militantes a nivel local, pero aquellos que desafiaron abiertamente a la dirección nacional del PSD generalmente terminaron marginados o expulsados.

Uno de los aspectos más cuestionables fue el manejo que la dirección nacional dio a las críticas. No solamente fue refractario a ellas y optó por exigir a ultranza acatamiento a sus decisiones en nombre de la unidad del partido, sino que se enfrascó en un proceso autodestructivo de expulsiones y cuando se vio precisada a hacer rectificaciones, las impuso desde arriba, desconociendo la legitimidad y razón de quienes las habían reclamado previamente. Debido a las tensiones internas entre 1945 y 1947 se hicieron tres congresos nacionales en los que se debatió la línea política de la organización; evidenciándose la confrontación contra el revisionismo encabezado por Durán y las tensiones entre obreristas e intelectuales.

El III Congreso del PSD fue convocado para diciembre de 1945 con el objetivo de estudiar la situación política y los problemas de la posguerra, pero los temas del browderismo y de las pugnas internas ocuparon un lugar central del evento.[15] Allí, la dirección nacional del PSD hizo una rectificación parcial de la línea browderista pero al mismo tiempo castigó a quienes venían cuestionándola. Se pronunció sobre militantes en diversas regiones del país (principalmente Cundinamarca y Valle) acusados de faccionalismo por haber criticado la conducción del partido y de manera más directa a Durán. En muchos casos también se les culpaba de descuidar sus obligaciones en el partido y ser seguidores de Gaitán. Como resultado de ello se ratificó la expulsión de varios dirigentes de Bogotá e Ibagué y se hicieron exigencias de "autocríticas" y llamados de atención a dirigentes nacionales, como Álvaro Sanclemente y Jorge Regueros Peralta.[16]

En este mar de acusaciones volvió a relucir la rivalidad entre obreros e intelectuales. Concretamente, se acusó a Gabriel Vélez y Pascual Moreno de crear de manera artificial un conflicto, "[aprovechando] todas las oportunidades para enfrentar a los obreros los nombres que ellos consideraban intelectuales". Se mencionó a Regueros Peralta (del sector de los intelectuales) como uno de los que "seguramente de buena fe" había caído en esa posición. Este hecho no puede pasar desapercibido, aunque era mucho más complejo de lo que evidenció en ese momento. En los documentos del congreso se decía que los acusados pretendían hacer aparecer como líderes de las facciones a Vieira (de los intelectuales) y a Durán (de los obreros).[17] No tenemos datos que nos permitan afirmar que los intelectuales pretendieran afirmarse como grupo dentro del partido y los que eran abiertamente críticos de la dirigencia buscaron siempre el respaldo de los obreros, pero era evidente que Durán no perdía oportunidad de criticarlos y exigirles sometimiento.

El motivo principal del conflicto era la resistencia expresa o tácita de algunos líderes intelectuales de apoyar la candidatura de Turbay, a lo que habría que sumarle el debilitamiento de la posición de Durán ante la rectificación del PC de Estados Unidos y la expulsión de Browder. El rechazo a Turbay no era solamente de los intelectuales, pero algunos de ellos tenían liderazgo y constantemente expresaban sus ideas de manera pública, por lo que eran particularmente incómodos. Los argumentos para rechazar a Turbay eran poderosos: Gaitán impulsaba una política popular y las masas estaban con él, mientras que aquél era un candidato de la oligarquía y abiertamente anticomunista. Por su parte, Durán consideraba que se debía respaldar la unidad del liberalismo apoyando a su candidato oficial y llamaba a no criticar su pasado. En varias intervenciones y artículos recordó que el partido se basaba en el centralismo democrático y quien no lo acatara quebrantaba la disciplina que debía caracterizar a los militantes del partido:

> [E]n el Partido Socialista Democrático no existen diferencias entre intelectuales y obreros. Nuestro partido es monolítico. Es un todo ideológico y orgánico. Por eso es el partido del proletariado y sus filas, así como sus directivas deben estar nutridas fundamentalmente de obreros asalariados

y campesinos pobres. Pero no rechazamos a los intelectuales por el único hecho de ser intelectuales. Los recibimos con la única condición de que no sean ellos quienes vengan a imponernos su línea política, sino que deben someterse a la línea proletaria, a la línea política de la clase obrera, que no admite vacilaciones ni imposiciones pequeño-burguesas.[18]

No hubo una rebelión abierta y los intelectuales trataron se seguir la disciplina del partido, por lo menos durante un tiempo. Por ejemplo Diego Montaña Cuéllar (reconocido simpatizante de Gaitán) aceptó llevar la representación del PSD ante la dirección nacional de la campaña turbayista y viajó a Barrancabermeja a finales de abril de 1945 para hacer proselitismo su favor.[19] Pero en los meses siguientes, buena parte de los intelectuales se retiraron(de manera silenciosa la mayoría de las veces) para dedicarse a sus actividades intelectuales o profesionales, o para seguir militando al lado de Gaitán. Aunque la dirigencia del PSD trató de mantener el control del partido, fue impotente para contener esta tendencia. Cuando tímidamente trató de cambiar su posición frente al gaitanismo ya era demasiado tarde y los llamados de Durán para que se sometieran al programa del partido, carecían de cualquier autoridad moral tras el errático manejo del browderismo.[20]

Cada día era más difícil apoyar las tesis browderistas, tanto por la oposición interna como por los cambios que se estaban dando en la política internacional tras el fin de la II Guerra Mundial y el retroceso de esta línea incluso en los Estados Unidos. Como mencionamos previamente, en el III Congreso del PSD sus dirigentes efectuaron una rectificación parcial del browderismo, pero las razones con las que se escudaban por haber caído en ese error eran tan débiles que contribuían a menoscabar su autoridad en parte de la militancia. En primer lugar, reconocían que habían seguido las ideas de Browder pero minimizaban las críticas o los debates teóricos que ellas suscitaban porque se trataba de un líder reconocido de la III Internacional con gran influencia política en todo el continente y porque tenían tanto trabajo que no disponían de tiempo "para el estudio y la discusión de principios". Esto era prácticamente el reconocimiento de que la máxima dirigencia del comunismo colombiano había seguido a Browder por su prestigio pero no habían tenido tiempo de estudiar a fondo sus ideas. A renglón seguido hacían una crítica al browderismo, en la cual, de manera contradictoria, afirmaban que sus "errores" no habían tenido mucha influencia en Colombia porque todos los dirigentes y militantes tenían "un concepto firme y maduro sobre el carácter de la revolución en un país semicolonial, como es todavía nuestra patria".[21]

En ese momento no se reconoció ninguna responsabilidad política por parte de la Dirección Nacional del PSD pero sí se castigó a quienes habían cuestionado la política que ellos mismos estaban reconociendo como errada. Precisamente, esta táctica permitió a los duranistas mantener la mayoría de los cargos de dirección. La pervivencia de tesis como la Unidad Nacional y la alianza con el sector oficialista del liberalismo restaron muchas simpatías al partido. Además, la actitud de la dirección difícilmente iba a calmar los ánimos por lo que el debate continuó aunque esto no se reconociera abiertamente. A mediados de febrero de 1946, se anunció de manera lacónica la expulsión de Browder del Partido Comunista estadounidense y varios días más tarde el inicio de una fase de lucha internacional contra el browderismo.[22]

La difícil situación interna del PSD se evidenció en la convocatoria para realizar un nuevo congreso a mediados de 1946, no solamente por el debate sobre el browderismo sino porque los liberales habían perdido las elecciones. En estas condiciones, la política de unidad nacional que tanto había defendido al PSD era inviable y Gaitán había demostrado que su liderazgo popular era incontestable (Palacios, 1995, pp. 194-198; Green, 2013, pp. 97-404). El objetivo principal del congreso era tratar de superar la crisis interna del partido y presentar una línea política que le permitiera hacer frente a la nueva situación. Ello significaba, nuevamente, un llamado a la autocrítica y a la rectificación.[23]

En su informe político al IV congreso del PSD, Augusto Durán enterró definitivamente las esperanzas que se habían fundado en la Carta del Atlántico y el Acuerdo de Teherán y retomó la idea que el proletariado, en alianza con el campesinado, la pequeña burguesía urbana y los intelectuales revolucionarios, debía dirigir la revolución democrático-burguesa. De manera tímida se reconocían algunos de los problemas señalados por la militancia pero, inmediatamente, se reafirmaba la línea del partido. Por ejemplo, al tiempo que se llamaba a "romper el sectarismo" frente a las masas gaitanistas, se ratificaba la política que había seguido el partido de no apoyar a Gaitán. Igualmente, se reconocía que la crítica sobre la falta de democracia interna en el partido tenía fundamento, pero a renglón seguido se argumentaba que ese había sido un pretexto para el faccionalismo y se llamaba a aplicar las medidas necesarias para "barrer esa corruptela sin miramiento de ningún género".[24] Aunque en la historia del Partido Comunista se considera que este Congreso fue un avance importante en la rectificación ideológica y política del partido, la crisis persistió hasta mediados de 1947 y el grupo de Durán conservó la mayoría en el Comité Central (*Treinta años*, 1960, p. 57).

En la práctica se fueron perfilando tres tendencias: la duranista u obrerista con mayor influencia en la costa Atlántica, Santander y en menor medida en Bogotá; el grupo de Vieira, quien paulatinamente se fue desligando ideológicamente de Durán y buscaba que se llevaran a la práctica las rectificaciones hechas en el III y IV Congreso; y un sector mucho más pequeño, liderado por Montaña Cuéllar, que exigía con impaciencia la reconstrucción marxista del partido y criticaba a toda la dirigencia por su errada conducción y el escaso nivel teórico del partido.

En su momento, Montaña Cuéllar solicitó autorización para redactar un material sobre sus críticas a la conducción del partido. La petición fue aceptada pero el texto fue rechazado por la dirección y no se permitió su libre discusión, situación que desencadenó la ruptura. Montaña Cuéllar y un pequeño grupo de dirigentes comunistas, entre los que estaban Arturo Guillén (uno de los fundadores del PCC), Hernando Hurtado, Carlos Canal Irving, y Pepe Gutiérrez fundaron el Movimiento por la Restauración del Comunismo. Desde las páginas de la revista *La Verdad* presentaron sus puntos de vista y atacaron directamente la conducción política e ideológica de Durán. Este grupo, aunque reducido, gozaba de prestigio ante los dirigentes medios del partido y tenía base social en los sindicatos de la construcción y del petróleo (Montaña, 1996, p. 298). Su objetivo inmediato era la reunión de un congreso del partido donde se discutieran sus posiciones, pero ante las negativas de la dirigencia se retiró del PSD en marzo de 1947 y no logró pervivir mucho tiempo. Montaña Cuéllar redactó un manifiesto en el que culpada del desastre sufrido en las elecciones "a la política directorista y disociadora que durante los últimos meses han venido adelantando los señores Gilberto Vieira y Augusto Durán", y acusaba a este último de perseguir a los intelectuales y a los dirigentes obreros que no se habían plegado a su autoridad.[25]

La salida del Movimiento por la Reorganización no puso fin a la crisis del PSD. Esta se prolongó hasta julio de 1947 cuando en el V Congreso del partido se derrotó a la línea duranista y se aprobaron nuevos estatutos para la recuperación leninista del partido, lo que significaba, entre otras, el rescate del nombre de Partido Comunista. La resolución política aprobada en el congreso reconoció de manera explícita que había sido un error no apoyar a Gaitán e impuso como tarea inmediata el restablecimiento de la democracia interna. Todos estos eran aspectos reclamados por los críticos durante los dos años anteriores, pero la rectificación no era suficiente para superar el retroceso que había vivido el partido. En las elecciones de marzo de 1947 el PSD apenas alcanzó 11.577 votos; es decir, casi la tercera parte de los que había obtenido en 1945. El *Diario Popular* dejó de circular en junio de 1946 y muchos comités del partido perdieron adeptos o se disolvieron (Medina, 1980, pp. 517 y 529).

Los intelectuales también se batieron en retirada. El V Congreso acordó eliminar la práctica "duranista" de discriminar a los militantes que no fueran obreros, pero para ese entonces buena parte de los intelectuales que se habían afiliado durante la reorganización del partido, tres años atrás, habían desertado. Aunque la desconfianza del partido frente a los intelectuales no fue la razón principal de la defección, si impidió mayor coordinación del trabajo con los mandos medios y altos del partido. Valga la pena aclarar, que la desconfianza hacia los intelectuales no se resolvió por decreto y por diferentes razones continuó siendo una característica del partido.

La participación de los intelectuales en el PSD tuvo muchas caras y por lo tanto el balance no puede reducirse a un solo aspecto. El partido como espacio de formación ideológica y política no cumplió las expectativas de muchos de los estudiantes e intelectuales que llegaban a sus filas buscando una teoría revolucionaria que les permitiera la comprensión y la transformación de la realidad nacional. Los militantes no encontraban la posibilidad de lograr una formación consistente en el marxismo ni el espacio para la libre discusión. En cuanto a lo primero, el nivel del partido era muy bajo y los imperativos de la militancia restringían las posibilidades de estudio del marxismo de manera profunda. En general, el partido no proporcionó una educación política a los recién llegados sino que éstos, con su formación previa, trataron de elevar el nivel de los militantes. En muchos casos, la discusión de las ideas se obviaba con el argumento de que los intelectuales seguían una ideología pequeño-burguesa y los disidentes eran fáciles candidatos a la expulsión (Montaña, 1996, p. 291; Jaramillo, 2007: pp. 107-110).

La utopía de la Universidad Obrera

Otra faceta del compromiso político de los intelectuales de izquierda fue la experiencia de la Universidad Obrera como un intento de formar los cuadros dirigentes del proletariado colombiano con una perspectiva de clase. En cierta medida, era una continuación del movimiento de universidades populares creadas por intelectuales, estudiantes y obreros en las décadas de 1910 y 1920 en América Latina y se inspiraba directamente en el proyecto más contemporáneo de la Universidad Obrera Mexicana, fundada en 1936 por el dirigente sindical Vicente Lombardo Toledano (Melgar Bao, 1999, pp. 41-57; Torres, 2009, pp. 204-208). La experiencia colombiana fue breve y azarosa por las dificultades económicas y políticas que debió sortear, pero representó la utopía de la educación como medio para la liberación nacional y del trabajo mancomunado entre obreros e intelectuales.

La Universidad Obrera de Colombia retomaba un viejo proyecto de los intelectuales socialistas que databa de mediados de la década del treinta. Obtuvo personería jurídica en diciembre de 1944 e inició labores el segundo semestre de 1945, con la colaboración de profesores de la Universidad Nacional, dirigentes sindicales y estudiantes de la Escuela Normal Superior.[26] Como expresión de la alianza obrero-intelectual fue dinamizada en un primer momento por el dirigente de la Confederación de Cundinamarca Manuel Marulanda Vélez y por el político e intelectual Diego Montaña Cuéllar. A partir de 1946, y hasta su desaparición hacia 1951, el liderazgo obrero fue asumido por Fedepetrol aunque la CTC apoyó el proyecto todo el tiempo.[27]

La Universidad Obrera se fundamentaba en la corriente de "Educación Libre", que en lo pedagógico defendía como principio supremo la libertad de cátedra y en su funcionamiento se basaba en los conceptos de autonomía y de independencia frente al Estado lo que implicaba el reto del autosostenimiento (Torres, 2009, pp. 204-208). En su concepción retomaba elementos de la Extensión Universitaria y de las universidades populares, pero con un claro sentido de clase, que era lo que le daba su identidad "obrera". Era una institución independiente, sin presencia del Estado en sus órganos de gobierno donde sí tenían representación los profesores (mediante la figura de fundadores), los estudiantes y las confederaciones sindicales.[28] Esta era una diferencia sustancial con su inspiradora directa, la Universidad Obrera Mexicana, que tenía apoyo y financiación estatal desde los tiempos de Lázaro Cárdenas.

A mediados de siglo, la Universidad Obrera era transgresora de la cultura conservadora y católica dominante al plantearse como una institución mixta, laica y difusora de teorías materialistas, pero se ceñía estrictamente a las disposiciones legales en materia educativa y seguía el espíritu de universidad liberal puesto en práctica en la Universidad Nacional y en la Escuela Normal Superior. En un momento en que la táctica política de socialistas y comunistas aconsejaba la colaboración con los partidos y las clases sociales progresistas, la cooperación del Estado y los industriales era bienvenida siempre y cuando no socavara los principios de clase y de autonomía de la institución. Por ello, no aparecía como una contradicción pedir colaboración económica a los industriales y, en 1947, solicitar apoyo a los ministerios de Higiene y de Minas para el nombramiento de docentes.

En lo económico se seguía el principio del autosostenimiento con aportes de los sindicatos y trabajo voluntario de sus colaboradores, pero se proyectó que los recursos provendrían de aportes o becas contraídas por empresarios e industriales. Esta decisión se explica por la debilidad económica de las confederaciones sindicales colombianas y por la creencia en que la burguesía y los industriales nacionales apoyarían a la institución, por compartir sus objetivos nacionalistas de industrialización y fortalecimiento de la clase obrera. Los hechos demostraron lo erróneo de esta suposición. Sí hubo algunos aportes de empresas y particulares en sus inicios, pero la mayor "contribución" provenía de una empresa extranjera, la Tropical Oil Company, que no participaba por voluntad propia, sino porque los obreros habían impuesto a la compañía, mediante convención colectiva, la obligación de costear 15 becas de $50 mensuales.[29]

En septiembre de 1945, la universidad inició labores bajo la dirección general de Diego Montaña Cuéllar, Arturo Araque como encargado de la sección de alfabetización y Renato Arango en la secretaría general.[30] Los cursos de alfabetización estaban a cargo de estudiantes de la Escuela Normal Superior, pero la sección de perfeccionamiento y los seminarios de investigación tenían una planta docente de altísimo nivel, como se puede comprobar al repasar el listado de profesores para el primer semestre de 1946.

Parte de los profesores eran reconocidos dirigentes políticos y sindicales, como José Russo, Nelson Robles o Rafael Baquero, mientras que muchos otros eran también catedráticos de la Universidad Nacional. La presencia de dirigentes populares, como Russo (quien tenía una trayectoria destacada desde la época del PSR) o Robles (dirigente del sector petrolero y fundador del Fedepetrol), podía entenderse como un reconocimiento a la formación política adquirida mediante la experiencia y no en las universidades.

La Universidad Obrera implementó el sistema de cursos y seminarios de investigación en su nivel más avanzado pero, siguiendo el espíritu reformista de Córdoba, docencia e investigación sólo tenían sentido si hacían parte de un proyecto político. Para 1946, presentó dos niveles de estudio: el de alfabetización (lectura, escritura, aritmética elemental, nociones de historia, geografía, ciencias, instrucción cívica, principios de cooperativismo y sindicalismo) y el de perfeccionamiento (economía e investigaciones, sociología e historia del movimiento obrero, elementos de filosofía general, problemas colombianos, interpretación de la historia de Colombia, matemáticas aplicadas al derecho social y principios de cooperativismo y sindicalismo). Se anunciaron además seminarios de investigación de problemas colombianos y de la América Latina, una escuela de periodistas obreros, y un curso de servicio social para formar visitadoras sociales.[31]

Este plan de estudio buscaba dotar a los trabajadores de herramientas para la comprensión de la realidad desde un punto materialista y para su organización como clase mediante sindicatos o cooperativas. Pero también evidencia la pretensión de familiarizar a los alumnos con ciertos elementos de la "cultura universal", como literatura, arte y ciencias, y de integrarlos a la ciudadanía (educación cívica). En consecuencia, podría decirse que la Universidad Obrera es un ejemplo más de que el objetivo de cimentar una cultura obrera tenía tanto de contracultura (en el sentido de crear instituciones, tradiciones e identidades propias), como de integración y democratización de una cultura mayor que les había sido negada.

Aunque la universidad defendía el principio de la coeducación, el programa de visitadoras sociales estaba dirigido explícitamente a las mujeres, con el objetivo de integrarlas a la educación y fomentar su participación en la vida social y política. No obstante, en este, como en otros casos, pareciera que la función pública de la mujer debía ser una extensión del rol doméstico que tradicionalmente se le había asignado de cuidadora de la familia, integrando como elemento novedoso el énfasis social favorable a los trabajadores.[32] Pese a la expectativa que suscitó el inicio de este curso en 1945 no hay evidencia de que hubiera tenido continuidad en los años siguientes. Dada la ausencia de fuentes sobre el funcionamiento cotidiano de la institución, no es posible determinar si ello ocurrió por una escasa respuesta de las potenciales alumnas o por el retiro de la docente encargada de la materia, una hermana de Montaña Cuéllar, puesto que su nombre no aparece en el listado de maestros de 1946.

El programa académico de 1947 permite deducir que se buscó redefinir el perfil mediante cursos intensivos de especialización y se restó importancia al objetivo de la alfabetización (dejando apenas algunas clases supletorias). También es evidente el impacto de la crisis del PSD, que significó la expulsión de Manuel Marulanda Vélez y el retiro de Diego Montaña Cuéllar y de otros intelectuales de ese partido. Montaña Cuéllar siguió liderando la universidad con el apoyo creciente de Fedepetrol y con la colaboración de la CTC, pero la Confederación de Trabajadores de Cundinamarca al parecer desistió de seguir en el proyecto. La ruptura con el PSD implicó el retiro de los colaboradores afiliados a ese partido, con excepciones como la de Juan Francisco Mújica, y otros fundadores que salieron del país, como José Francisco Socarrás. Pese a esta situación se mantuvo un grupo notable de colaboradores, entre ellos, Carlos H Pareja, R. Pacheco Osorio, Alfredo Vásquez Carrizosa, Juan Francisco Mújica, Rafael Vásquez, Diego Montaña Cuéllar y Carlos Aguirre.[33]

En el plan de 1947 aparece con claridad un programa de extensión universitaria dentro de la Universidad Obrera, de creación de una revista, una editorial y una emisora radial, que al parecer no llegó a concretarse por dificultades económicas y políticas. Este programa muestra la conciencia de los directivos sobre el perfil de los estudiantes y la necesidad de llegar a los obreros que estaban fuera de Bogotá o no podían seguir los cursos de manera presencial. La Universidad Obrera Mexicana (referente de la colombiana) tenía editorial y boletín, pero no llegó a plantearse la realización de cursos radiales, como era la idea de la colombiana. La utilización de la radio con fines de educación popular fue implementada en ese mismo año por la emisora católica Radio Sutatenza.

La Universidad Obrera de Colombia seguía el espíritu iluminista y civilizatorio que había inspirado a las universidades populares desde hacía medio siglo, basado en la doble creencia de que la educación era el medio por excelencia para la elevación material y moral de pueblo, y que solamente educando personas críticas podría lograrse un cambio político. En un discurso de inauguración de la universidad, Montaña Cuéllar sostenía:

> Sin ilustrar a las masas es imposible su bienestar económico, como sin ello es imposible una vida política basada en la razón e irrealizable en la cooperación de intereses. Sin liquidar el analfabetismo no se puede hablar de democracia política [...] Por esto y porque el contenido de la política debe ser la protección de los intereses económicos, la cultura popular es hoy una cuestión política. Semejante modo de entender el problema no se aviene, es cierto, con la concepción tradicional de la educación popular.[34]

El punto clave en esta propuesta era la comprensión de la educación como un problema político. Por ello, afirmaba Montaña Cuéllar que se apartaba de la concepción tradicional del tema como caridad, desde el punto de vista de la Iglesia, o como necesidad de mantener el orden social, desde el punto de vista más conservador. A la vez se situaba en una perspectiva diferente a la de los gobiernos liberales (aunque compartían sus objetivos) de educar para la ciudadanía y el progreso económico. En este caso, el énfasis en la educación popular como problema político se resolvía desde una perspectiva clasista. La Universidad Obrera de Colombia, aunque mantenía la matriz de progreso y civilización, enfatizaba en una concepción de clase encuadrada en las ideas vanguardistas de sus dirigentes. Nuevamente encontramos un razonamiento cercano al *¿Qué hacer?* de Lenin sobre el origen externo de la conciencia obrera entre los trabajadores y que la ideología no surge de manera espontánea, como lo expresara Renato Arango, Secretario General de la Universidad:

> La clase obrera tiene una línea política acertada, pero esto no es suficiente

mientras no exista un equipo de cuadros obreros capaz de hacerse responsable de ella e interpretar el movimiento social y político del país. La universidad obrera busca contribuir a crear cuadros obreros en todos los órdenes de la actividad político social.[35]

Si la educación era un problema político, la universidad no podía ser neutral, pero tampoco sectaria o partidista. En sus estatutos, la Universidad Obrera se definía como "una institución de enseñanza e investigación al servicio de los trabajadores del país, dentro de las normas constitucionales y de la ley", incluyendo dentro de la denominación de trabajadores a los sectores populares, obreros, indígenas y campesinos (art. 1°). Para argumentar su derecho a la intervención temas políticos reproducía textualmente un artículo de los estatutos de la Universidad Nacional donde se afirmaba que "La Universidad es ajena a la política partidista, pero como es una institución de educación e investigación se ocupa de todos los temas relacionados con la vida social y política del pueblo de Colombia" (art. 3°). Pero en su artículo 4°excluía de su cuerpo de colaboradores a las "personas de ideologías nazistas, fascistas, falangistas o cualquier tendencia reaccionaria".[36]

Es importante recordar que la división política fundamental en este período se dio entre fascistas y antifascistas y que la política de clase en realidad remitía a una alianza de los sectores populares, las clases medias y la burguesía nacional bajo una lectura particular del marxismo. En consecuencia, la exclusión de estas personas se justificaba por el encuadramiento de la Universidad Obrera en el campo democrático antifascista y porque se consideraba que dichas ideologías eran contrarias a los intereses de los trabajadores y no científicas. En este caso, la noción de Educación Libre se equiparaba a educación científica. Alfredo Vásquez Carrizosa, por ejemplo, fue profesor de la Universidad Obrera pese a su filiación conservadora, pero sus fundadores y directivos reconocían las calidades académicas e intelectuales de su trabajo. Igualmente, la división fascismo-antifascismo explicaba los matices que tomaban las nociones de independencia y autonomía, al permitir la colaboración del Estado o los industriales, y la invitación a liberales progresistas en el evento de inauguración, como Armando Solano, Alfonso López y Darío Echandía.

Uno de los mayores obstáculos para sacar adelante el proyecto de la Universidad Obrera, tal como lo habían soñado sus fundadores, era la falta de recursos, pero también debió sortear dificultades políticas por crisis y divisiones en las izquierdas. Como ocurrió con otros proyectos similares en América Latina, su cierre no obedeció a problemáticas internas sino a la persecución política que se desató desde finales de la década de 1940 contra los sindicalistas y los dirigentes de izquierda, como Diego Montaña Cuéllar y los miembros de las juntas directivas de sindicatos como la USO y Fedepetrol, que habían sido protagonistas de la Universidad Obrera. Esa persecución se sintió en forma directa en las regiones de El Catatumbo y Barrancabermeja, donde trabajadores y dirigentes sindicales fueron amenazados, algunos se vieron obligados a huir y refugiarse en Venezuela, y otros fueron asesinados, como el líder comunista y obrero Aurelio Rodríguez en el año de 1951.[37] Aunque su existencia fue breve la Universidad Obrera logró tener impacto en la formación de cuadros obreros del sector petrolero, contribuyendo a la construcción del horizonte político y simbólico de este grupo subalterno, el cual se integró a su memoria colectiva y sus utopías sociales. Fue notable la influencia de la Universidad entre dirigentes de las dos regiones mencionadas, como Pastor Rincón, quien durante cerca de veinticinco años fue un importante activista y militante del Partido Comunista en El Catatumbo.[38]

Conclusiones

El PCC no se caracterizó por la presencia de intelectuales en sus filas, pero, en la década de 1940, acontecimientos de diferente orden hicieron posible que esta realidad fuera diferente durante un breve periodo. A nivel internacional, el cambio de línea política auspiciado desde Moscú, al proclamar la colaboración de clases mediante la táctica de los Frentes Populares y al disolver la Internacional Comunista en 1943, facilitó la "nacionalización" de los partidos comunistas locales. En el caso colombiano, además, la influencia del browderismo legitimó aún más la colaboración de clase y la cercanía de los comunistas con el liberalismo. Al margen de la polémica histórica sobre si esta fue la "línea correcta", la adopción del nombre de Partido Socialista Democrático y la consiguiente actualización de su programa ideológico-político, sirvieron como polo de atracción para un sector de intelectuales y estudiantes que venían del socialismo y del liberalismo de izquierda.

A nivel interno, los límites evidenciados por las organizaciones socialistas de corte intelectual confrontaron a sus dirigentes sobre la necesidad de compenetrarse con el proletariado y consideraron que dicho camino estaba allanado en el PSD. En este sentido, es posible identificar un tipo de intelectual específico, el *intelectual militante*, que no solamente presta su capital simbólico a causas progresistas—como el movimiento antifascista—, sino que decide fundirse con el pueblo, considerado como el motor de la revolución. Lo específico de este tipo de *intelectual militante* radica en que su intervención política no oculta sino que potencializa al máximo su condición de hombres de letras, poseedor de un saber especializado. En otras palabras no se trata de "proletarizarse", sino poner su conocimiento y capacidad de liderazgo al servicio del pueblo, en la asesoría sindical, la imprenta, la escuela o la universidad obrera.

Más allá de la retórica partidista, persistió la animadversión de ciertos cuadros del PSD hacia los intelectuales, bajo el argumento de practicar el divisionismo y no someterse a la disciplina de la organización. Las fuentes consultadas no evidencian acciones faccionalistas o divisionistas, pero sí que los intelectuales eran personajes incomodos por su capacidad de cuestionar. Fieles a su condición, se erigieron como conciencia crítica y no aceptaron de manera pasiva la errática conducción del partido. Adicionalmente, la coyuntura de ascenso popular del gaitanismo hizo más conflictiva esta relación, pues el grueso de los intelectuales apoyaba a Gaitán en contra de la directriz partidaria de adherir al candidato oficialista Gabriel Turbay.

Sin embargo, el paso por el PSD fue fértil para los intelectuales en el establecimiento de relaciones y el emprendimiento de proyectos con sindicatos y organizaciones. Es decir, que el objetivo de llegar al proletariado se cumplió parcialmente, pero no facilitado por los altos dirigentes del partido, sino—en la mayoría de los casos— gracias a líderes sindicales regionales y locales. Debe destacarse, como lo atestigua el caso de la Universidad Obrera, que estas relaciones se prolongaron más allá de la permanencia de los intelectuales en el PSD y configuraron ejemplos reales de trabajo colaborativo entre obreros e intelectuales.

Voz, Bogotá, 1980.

Notas

1   Gilberto Vieira (1911-2000), se vinculó al PCC en 1930, cuando todavía era estudiante de derecho y desde ese momento se fue perfilando como un importante dirigente comunista. Fue elegido secretario general del partido en el V Congreso de 1947 y ocupó este cargo hasta 1991. Augusto Durán (1901-¿?), dirigente sindical, militó en el PSR y a partir de 1933 en el PCC, hasta su expulsión en 1947 (Jeifets, Jeifets y Huber, 2004, pp. 100).

2   "Augusto Durán en los Estados Unidos; intervienen en el Congreso Comunista", *Diario Popular,* 23 de mayo, 1944, 1, 3.

3   Sobre la compleja relación entre comunismo y liberalismo en este período: Pécaut (1987) y Molina (2006).

4   "Liberación nacional, liquidación del latifundio, industrialización del país, ampliación de la democracia", *Diario Popular,* 19 de agosto de 1944, p. 3.

5   Esta no fue una situación particular del comunismo colombiano, sino una tendencia general del período (Natoli, 2010, pp. 95).

6   "Estatutos del Partido Socialista Democrático" (art. 10), *Diario Popular*, 19 de agosto de 1944, p. 4.

7   "El emblema del Partido Socialista" y "Estatutos del Partido Socialista Democrático", *Diario Popular*, 19 de agosto de 1944, pp. 3 y 4.

8   "Los intelectuales y el socialismo democrático", *Diario Popular*, 13 de septiembre, 1944, 2; "Diego Montaña Cuéllar ingresa al socialismo", *Diario Popular*, 18 de septiembre, 1944, 1 y 8;"Distinguido profesor ingresa al Partido Socialista Democrático", *Diario Popular*, 27 de septiembre, 1944, 3.

9   "Álvaro Pio Valencia ingresa al socialismo", *Diario Popular*, 12 de septiembre, 1944, 1, "Los intelectuales y el socialismo democrático", *Diario Popular*, 13 de septiembre, 1944, 2.

10   "Partido Socialista Democrático. Secretaría de educación", *Diario Popular*, 18 de noviembre de 1945, p. 8.

11   "Partido Socialista Democrático. Secretaría de educación", *Diario Popular*, 18 de noviembre, 1945 p. 8 y Entrevista a Raúl Alameda Ospina, 22 de febrero de 2011.

12   "Invitación a crear", *Diario Popular*, 16 de septiembre de 1944, p. 3.

13   "Un análisis realistas del resultado electoral", *Diario Popular*, 9 de octubre de 1945, 2.

14   Liberalización hace referencia tanto a la adopción de la ideología liberal como la relajación de la disciplina y de las formas organizativas que habían caracterizado al PCC. Ejemplo de ello fue la decisión de convertir al PSD en un partido de masas, mediante la asimilación automática de todos votantes de las elecciones de marzo de 1945 como militantes. Esto significaba el abandono de la concepción de partido de cuadros y desconocía los estatutos de la organización. "Con treinta mil afiliados cuenta el partido Socialista Democrático", *Diario Popular*, 8 de abril de 1945, pp. 1, 8.

15   "III Congreso Socialista", *Diario Popular*, 9 de noviembre de 1945, pp. 1, 4.

16   "La depuración fortalece al partido del proletariado", *Diario Popular*, 24 de diciembre de 1945, pp. 3-5.

17   "La depuración fortalece al partido del proletariado", *Diario Popular*, 24 de diciembre de 1945,pp. 3-5.

18   Augusto Durán, "Los intelectuales y el Partido", *Diario Popular*, 21 de abril de 1946, p.2.

19   "La Dirección Nacional del Debate incluye a un Dirigente Socialista", *Diario Popular*, 24 de abril de, 1946, p.1 y "Gran Manifestación esta tarde en Barrancabermeja", *Diario Popular*, 27 de abril de 1946, p.1.

20   En el documento en que Durán hacía una autocrítica de su desviación browderista, dedicó un espacio a los intelectuales, a quienes dijo "A los intelectuales honrados que vienen a nosotros sólo tenemos que exigirles que se sometan a nuestro programa y a nuestros estatutos y vigilar estrictamente la observancia de estas condiciones. Por lo demás, todo intelectual honestos deberá saber que éste es el partido de la clase obrera en primer lugar, y que es la teoría del proletariado la que debe primar en nuestras filas". Estas palabras debían sonar cuando menos chocantes en boca de quien reconocía haber permitido la desviación del partido

de la línea proletaria. "Informe Político de Augusto Durán al IV Congreso del Partido Socialista Democrático", *Diario Popular*, 28 de junio de 1946, pp. 3-4 y 6.

21 Los errores de Browder y su reflejo en Colombia", *Diario Popular*, 2 de diciembre de 1945 pp. 2-5.

22 "Browder fue expulsado del Partido Comunista de los Estados Unidos", *Diario Popular*, 15 de febrero de 1944, pp. 1 y 4. "Borwder es un desertor", *Diario Popular*, 22 de febrero de 1946, pp. 1, 3.

23 Jorge Regueros Peralta, "El congreso socialista", *Diario Popular*, 25 de junio de 1946, p. 2.

24 "Informe Político de Augusto Durán al IV Congreso del Partido Socialista Democrático", *Diario Popular*, 28 de junio de 1946, pp. 3-4 y 6.

25 "Montaña Cuéllar se retira del Partido Socialista Democrático", *Diario Popular*, 28 de marzo de 1947, pp. 1 y 6. "Diego Montaña Cuéllar expulsado del comunismo", *Jornada*, 29 de marzo de 1947, pp. 1, 12

26 "La Universidad Obrera inicia tareas el lunes", *Diario Popular*, 19 de septiembre de 1945, p. 1.

27 Federación obrera, creada en 1945, que congregaba a todos los sindicatos de la industria petrolera.

28 "Estatutos de la Universidad Obrera", *Diario Popular*, 14 de agosto de 1944, p. 3.

29 "La Universidad Obrera, institución al servicio de la cultura popular", *Diario Popular*, 6 de abril de 1946, p. 4.

30 "La Universidad Obrera inicia tareas el lunes", *Diario Popular*, 19 de septiembre de 1945, p. 1.

31 Diego Montaña Cuéllar, "La Universidad Obrera forjará los conductores de nuestro pueblo", Discurso pronunciado en la inauguración de la Universidad Obrera, *Diario Popular*, 9 de septiembre de 1945, p. 7.

32 "La Universidad Obrera impulsa la liberación de la mujer trabajadora", *Diario Popular*, 13 de septiembre de 1945, pp. 1, 4.

33 Francisco Ramírez Rosero, "Los dirigentes sindicales deben ser capacitados teóricamente", (entrevista a Diego MontañaCuéllar) *Jornada*, 15 de abril de 1947, pp. 2, 6.

34 Diego Montaña Cuéllar, "La Universidad Obrera forjará los conductores de nuestro pueblo", Discurso pronunciado en la inauguración de la Universidad Obrera, *Diario Popular*, 9 de septiembre de 1945, p. 7.

35 Renato Arango, "La Universidad Obrera forja los constructores del pueblo", *Diario Popular*, 23 de agosto, 1945, pp. 1, 2.

36 "Estatutos de la Universidad Obrera", *Diario Popular*, 14 de agosto de 1944, p. 1.

37 "Aurelio Rodríguez", *Voz de la Democracia*, junio 18 de 1959; "Veteranos militantes", *Voz*, junio 26 de 1980.

38 Entrevista a Pastor Rincón, en Héctor López, *Notas sobre la historia de Tibú*, copia a máquina, s. f.

Bibliografía

Base de datos políticos de las Américas. (1999). Colombia: Elecciones Legislativas 1931-1990 (Cámara de Diputados). Georgetown University y Organización de Estados Americanos. En línea.

Browder, Earl (1942), *Victoria y postguerra,* Buenos Aires: Claridad.

Browder, Earl. (1944). *Teherán nuestro camino para la guerra y la paz.* Bogotá: Ediciones Sociales.

Caballero, Manuel. (1988). *La internacional comunista y la revolución latinoamericana.* Caracas: Editorial Nueva Sociedad.

Cifuentes, María Teresa. (2010). *Diego Montaña Cuéllar: un luchador del siglo XX.* Medellín: La Carreta.

Green, John. (2013). *Gaitanismo, liberalismo de izquierda y movilización popular.* Medellín: Banco de la República / Universidad Eafit.

Jaramillo, Jaime. (2007). *Memorias intelectuales.* Bogotá: Taurus.

Jeifets, Lazar, Jeifets, Víctor y Huber, Peter. (2004). *La internacional comunista y América Latina, 1919-1943. Diccionario biográfico.* Moscú y Ginebra: Instituto latinoamericano de la Academia de Ciencias.

Medina, Medófilo. (1980). *Historia del Partido Comunista de Colombia.* 1. Bogotá: CEIS.

Melgar Bao, Ricardo. (1999). "Las Universidades Populares en América Latina 1910-1925". *Estudios, (*11-12), 41-57. Córdoba.

Molina, Gerardo. (2006). *Las ideas liberales en Colombia.* Bogotá: Universidad Libre.

Montaña Cuéllar, Diego. (1996). *Memorias.* Bogotá: Universidad Nacional de Colombia.

Natoli, Claudio. (2010). El movimiento comunista y el fascismo en la Europa de Entreguerras. En Alejandro Andreassi y José Luis Martín Ramos (Coords.), *De un octubre a otro. Revolución y fascismo en el periodo de entreguerras, 1917-1934,* 73-110. Barcelona: El Viejo Topo.

Núñez, Luz Angela. (2014). *Marxistas, liberales y antifascistas. Configuración de una generación intelectual de izquierda en Colombia (1930-1951)* (Tesis de Doctorado). Departamento de Historia, Universidad de los Andes, Bogotá.

Palacios, Marco. (1995). *Entre la legitimidad y la violencia. Colombia 1875-1994.* Bogotá: Norma.

Partido Comunista de Colombia. (1960). *Treinta años de lucha del Partido Comunista de Colombia.* (1960). Bogotá: Ediciones Los Comuneros.

Pécaut, Daniel. (1987). *Orden y violencia: Colombia 1930-1954.* Bogotá: Cerec – Siglo XXI.

Torres Aguilar, Morelos. (2009). Extensión universitaria y universidades populares: el modelo de educación libre en la Universidad Popular Mexicana (1912-1920). *Revista Historia de la Educación Latinoamericana, 12,* 204-208. Tunja.

Vega, Renán, Núñez, Luz Angela y Pereira, Alexander. (2009). *Petróleo y protesta obrera Vol.1. En tiempos de la Tropical.* Bogotá: Corporación Aury Sará Marrugo.

Fuentes hemerográficas

Diario Popular, Bogotá, 1942-1946.
Jornada, Bogotá, 1947.
Voz de la Democracia, Bogotá, 1959.

Izquierda, nacionalismo y movimiento obrero en Bolivia
(1946-1971)

Juan Luis Hernández
Universidad de Buenos Aires

El objetivo de este artículo es analizar la intervención de la izquierda
y el nacionalismo en el movimiento obrero boliviano. Nuestra hipótesis fundamental es que, a diferencia de lo sucedido en otros países latinoamericanos,
donde la construcción de hegemonía al interior del movimiento obrero por
parte de una tendencia política (el nacionalismo en México o la izquierda
en Chile) excluyó o dificultó en extremo la intervención de otras tradiciones
ideológicas, en Bolivia se produjo una alternancia en el predominio de la izquierda y el nacionalismo durante el período 1946 a 1986.[1]

Nuestro punto de partida es el año mil novecientos cuarenta y seis. El
21 de julio un cruento golpe de estado terminó con el gobierno nacionalista
de Gualberto Villarroel, sostenido por la RADEPA y el Movimiento Nacionalista Revolucionario (MNR). El presidente y varios de sus colaboradores
fueron asesinados y sus cuerpos sin vida colgados en los faroles de la Plaza
Murillo. Fue el inicio del sexenio, uno de los períodos más álgidos de las
luchas sociales en Bolivia, en los prolegómenos de la Revolución de 1952.[2]

El levantamiento contó con la activa participación del Partido de la
Izquierda Revolucionaria (PIR, formado por los comunistas stalinistas), que
caracterizó los sucesos como el inicio de la "revolución democrática". El Partido Obrero Revolucionario (POR, trotskista) lo calificó de "levantamiento
contrarrevolucionario" hegemonizado por la *rosca* oligárquica. En 1947, se
impuso en las elecciones la fórmula Enrique Hertzog – Mamerto Urriolagoitía. Alfredo Mendizábal, histórico dirigente comunista, ingresó al gabinete

como Ministro de Trabajo. Mientras el PIR revestía en las filas del oficialismo, el MNR y el POR militaban en la oposición al gobierno.

En este contexto, la Federación Sindical Trabajadores Mineros de Bolivia (FSTMB) convocó un Congreso Extraordinario en la localidad de Pulacayo, Departamento de Potosí, en noviembre de 1946. Reunidos para analizar la dramática situación, los mineros aprobaron las famosas Tesis de Pulacayo, sobre la base de una propuesta programática presentada por la delegación de Llallagua, redactada por Guillermo Lora. Este documento estaba destinado a tener una extraordinaria importancia en la historia del proletariado minero boliviano, no exenta de apasionadas controversias.

Unos meses antes, en abril, Walter Guevara Arze, uno de los dirigentes de mayor formación teórica del MNR, publicó el folleto "Teoría, medios y fines de la Revolución Nacional", dirigido a los ciudadanos de la provincia de Ayopaya, Departamento de Cochabamba. La Tesis de Ayopaya apuntaba a dotar de una orientación estratégica a la propuesta del MNR: contribuyó a delimitar su perfil político, rearmar teóricamente a sus militantes y diferenciar la corriente de las distintas expresiones de la izquierda, oficiando de "respuesta indirecta" (por ser anterior en el tiempo) a la Tesis de Pulacayo.[3]

Antecedentes y contenidos políticos-ideológicos

En la posguerra del Chaco surgieron los partidos políticos que influirán en los principales acontecimientos de las siguientes décadas, entre ellos el POR y el MNR.[4]

El POR fue fundado en 1935 en un congreso realizado en la ciudad argentina de Córdoba, siendo sus dirigentes más importantes Tristán Marof y Jaime Aguirre Gainsborg. Marof era un intelectual crítico muy prestigioso y Aguirre Gainsborg un dirigente estudiantil y militante comunista de izquierda. Bajo el impulso de este último, el POR adhirió en 1938 a la Cuarta Internacional fundada por León Trotsky, lo que motivó la ruptura con Marof. Ese mismo año falleció Aguirre Gainsborg en un accidente callejero, por lo cual el partido se vio privado de sus dos dirigentes más relevantes. A partir de 1940, una nueva generación de militantes decidió orientar sus esfuerzos hacia los campamentos mineros.

Los inicios del MNR se ubican hacia 1940, cuando un grupo de políticos y parlamentarios (Víctor Paz Estenssoro, Germán Monroy Block, Hernán Siles Suazo, José Cuadros Quiroga, Walter Guevara Arze) confluyeron con los intelectuales que trabajaban en el diario "La Calle" (Carlos Montenegro, Augusto Céspedes, Armando Arce). El 7 junio de 1942 el grupo publicó su primer programa, el cual mantiene claros resabios xenófobos y filo-nazis. (Hernández y Salcito, 2007, pp. 26-29). La masacre de Catavi, en diciembre de 1942, episodio clave en la historia del movimiento obrero boliviano, marcó el inicio del acercamiento del MNR a los sectores populares. El MNR participó en forma intermitente en el gobierno de Villarroel, habiéndose alejado meses antes de su caída.

En la década del 40 se constituyó la matriz político-organizativa-ideológica del proletariado minero, columna vertebral del movimiento obrero boliviano en los siguientes 40 años. En diciembre de 1942, se produjo la masacre de Catavi, punto culminante de una huelga de varios meses en las minas de Patiño: una marcha de mineros encabezada por sus mujeres *(palliris)* fue masacrada por el ejército. El trágico desenlace implicó un retroceso del PIR por su actitud conciliadora (el estaño era un metal estratégico para los aliados en la segunda guerra mundial), y un avance importante para el MNR, a partir de una vigorosa denuncia e interpelación parlamentaria impulsada por Víctor Paz Estenssoro. En 1944, los mineros concretaron la fundación de la Federación Sindical de Trabajadores Mineros de Bolivia (FSTMB), alcanzando la unidad nacional de los sindicatos de base, en cuya conducción apareció el histórico dirigente Juan Lechín. Finalmente, entre el 5 y el 12 de noviembre de 1946 se reunió el Primer Congreso Extraordinario de la FSTMB en Pulacayo, con la asistencia de 44 sindicatos mineros. Las Tesis aprobadas fueron la plataforma política y teórica de los mineros en las siguientes cuatro décadas.

Las Tesis de Pulacayo es un documento organizado en once acápites, agrupados temáticamente en una estructura tripartita. Los primeros seis acápites contienen los principios estratégicos fundamentales del movimiento minero, el séptimo define una plataforma de reivindicaciones transitorias mientras que, del octavo al undécimo, se desgranan reflexiones tácticas sobre la situación política.

La primera parte es una declaración de principios, donde se discute, centralmente, que tipo de revolución necesita Bolivia. Proclaman que los trabajadores del subsuelo no ignoran ni pretenden pasar por alto la "etapa demoburguesa", lo que resaltan es que una revolución democrática burguesa sólo podía triunfar convirtiéndose en una fase de la revolución proletaria:

> Mienten aquellos que nos señalan como propugnadores de una inmediata revolución socialista en Bolivia, bien sabemos que para ello no existen condiciones objetivas. Dejamos claramente sentado que la revolución será democrático-burguesa por sus objetivos y sólo un episodio de la revolución proletaria por la clase social que la acaudillará. (Hernández y Salcito, 2007,

pp. 51-52)

Las Tesis proclaman que Bolivia es un país capitalista atrasado integrado a la economía mundial. Aunque el capitalismo era la forma económica predominante, subsistían el latifundio y otras formas económicas precapitalistas. La característica fundamental del país era la ausencia de una burguesía nacional capaz de liquidar la gran propiedad terrateniente y disolver las relaciones sociales precapitalistas, concretar la unificación nacional y liberar la nación de la opresión imperialista. Por lo tanto, la satisfacción de las tareas democráticas y antiimperialistas postergadas no podía ser concretada por sectores progresistas de la burguesía o por gobiernos de unidad nacional. Requería la concreción de un proceso de transformación social dirigido por los trabajadores que avanzarían sobre el régimen de la propiedad privada. Esta dinámica definía el carácter permanente de la revolución obrera en Bolivia, burguesa por sus contenidos y proletaria por la clase social que la dirigirá. Las Tesis se pronuncian por la independencia del movimiento obrero del Estado y los partidos políticos, condenan toda participación obrera en el gobierno y toda forma de colaboración de clases, y proclaman como principios rectores de la Federación Minera la lucha de clases y los métodos de acción directa. Alerta sobre los "ministros obreros", advirtiendo que su inclusión en los gobiernos burgueses no cambia el carácter de éstos.

La segunda parte delimita una plataforma de consignas inmediatas muy radicalizadas: salario básico vital y escala móvil de salarios, semana de 40 horas y escala móvil de horas de trabajo, ocupación de las minas ante los intentos de boicot patronal, contratos colectivos de trabajo, independencia sindical, control obrero de la producción y el trabajo en las minas, apertura de los libros contables, armamento de los trabajadores (piquetes de autodefensa contra la represión y las masacres), bolsa pro-huelga, y supresión del trabajo a "contrato".

En la tercera parte, las Tesis se definen por la "acción directa de masas" como medio para conquistar el poder. Proponen aprovechar la inminente convocatoria electoral para llevar un bloque obrero al Parlamento, cuyo accionar debía estar subordinado a las necesidades de la acción de masas. Se pronuncian contra "todo intento colaboracionista en las filas obreras", rechazan los "frentes populares" y la "unidad nacional". El documento reclama la formación de una Central Obrera Nacional, y dedica su último párrafo a la colaboración revolucionaria de mineros y campesinos, a la que define como tarea central de la FSTMB (Hernández y Salcito, 2007, pp. 65).

El objetivo de las Tesis de Ayopaya es explicar la concepción teórica necesaria para la comprensión de los problemas nacionales. Para ello el autor toma distancia de conceptos como nazifascismo, socialismo, democracia, liberalismo, para terminar proponiendo el nacionalismo revolucionario. El autor expresa que el nazifascismo "...no se ha dado nunca ni puede darse en Latino América", habiendo surgido en países capitalistas avanzados, carentes de colonias y semicolonias, donde se enarbolaron banderas nacionalistas con el propósito de arrebatar territorios y mercados a sus rivales. Los países capitalistas industrializados que sí dispusieron de colonias y semicolonias lograron, mediante su explotación, mejorar la situación de sus propias clases subalternas, a costa de sumir en la miseria a los países periféricos. Las dictaduras militares latinoamericanas eran caudillescas y personalistas, incapaces de establecer regímenes políticos perdurables en el tiempo.

Con respecto al socialismo, afirma que sólo tiene validez universal como método de análisis de la realidad. Considera que sus preceptos fundamentales no resultaban aplicables en el país, ya que la revolución socialista requiere "...condiciones objetivas de las que Bolivia carece absolutamente". No existía un proletariado con conciencia de clase y capacidad revolucionaria, consecuencia del escaso desarrollo de las fuerzas productivas y el peso enorme del artesanado y los campesinos. Termina planteando: "Si no podemos hacer la revolución socialista ¿Qué podemos hacer entonces? Podemos y debemos hacer la Revolución Nacional". La Revolución Nacional implicaba la nacionalización de la minería, la democratización del régimen agrario, la supresión de taras serviles y raciales y la incorporación a la esfera política de las masas excluidas de ellas. En suma, las Tesis de Ayopaya se oponen a la Revolución Obrera, la Revolución Nacional, y a la construcción de un sujeto revolucionario clasista un movimiento policlasista (Hernández y Salcito, 2007, p. 74).

Los mineros en la historia de Bolivia (1946-1971)

Durante el transcurso del sexenio se produjeron la sublevación indígena de Ayopaya y la "masacre blanca" de Catavi (1947) y la "masacre roja" del Siglo XX (1949). En paralelo, se desarrolló la experiencia del Bloque Minero Parlamentario. En estas luchas obreras brilló la militancia del POR pero, en ese mismo año de 1949, se produjo la "guerra civil" desencadenada por el MNR. Le siguió, al año siguiente, la huelga general y la represión sobre Villa Victoria, que reafirmó el liderazgo nacionalista sobre las masas.

Con el nombre de "masacre blanca" se conoce en la historia del movimiento obrero boliviano al despido general de obreros de la Empresa Catavi, del grupo Patiño. El conflicto se inició con una huelga general convocada por el sindicato y un *lock out* patronal, y concluyó con la Resolución Suprema del 5 de septiembre de 1947, por la cual el gobierno aprobó el plan de la empresa: despido de todo el personal, dejar afuera a los dirigentes y activistas y recontratar luego a parte de la nómina, en condiciones desventajosas.[5]

La "masacre roja" se produjo el 28 de mayo de 1949. Un grupo de dirigentes mineros fueron violentamente apresados y conducidos a Oruro. Ante la provocación, los trabajadores paralizaron las tareas y ocuparon las minas, tomando como rehenes a altos empleados de la empresa. En la represión subsiguiente fueron asesinados gran cantidad de obreros (el gobierno reconoció 144 muertos y 23 heridos) y murieron en condiciones nunca aclaradas dos técnicos estadounidenses que estaban entre los rehenes. Las escaramuzas, en las que los trabajadores usaron por primera vez dinamita contra los soldados, duraron varios días más (Lora, 1980, p. 649).

En lo que respecta a la actividad parlamentaria, en vísperas de las elecciones de 1947 se constituyó un frente político entre el POR y la FSTMB, que promovió la candidatura de dirigentes obreros. Se obtuvieron victorias en varias circunscripciones, ingresando al parlamento Juan Lechín y Lucio Mendivil (senadores) y Guillermo Lora, Mario Torres, Jesús Aspiazu, Alberto Costa de la Torre, Aníbal Vargas, Adán Rojas y Humberto Salamanca (diputados). No era un bloque homogéneo, coexistían en su interior dos tendencias: la marxista encabezada por Lora y la movimientista que respondía a Lechín y Torres (Lora, 1980, p. 568). A partir de la masacre de Catavi (28 de mayo de 1949) se inició una fuerte campaña contra los parlamentarios obreros. El 16 de septiembre de 1949, la Cámara de Diputados votó el desafuero de varios diputados mineros, quienes sufrieron juicios penales, cárcel o exilio.

El PIR inició un proceso que poco tiempo después conduciría a su disolución. El POR, muy debilitado por la represión gubernamental, comenzó un período de declive. En ese contexto, el MNR obtuvo el segundo lugar en las elecciones parlamentarias de 1949. El presidente Enrique Hertzog, acusado por la *rosca* de no poder controlar el país, delegó el mando en el vicepresidente, Mamerto Urriolagoitía, renunciando definitivamente a su cargo el 22 de octubre de 1949.

El MNR, por su parte, lideró un levantamiento en varias ciudades del país el 27 de agosto de 1949. La guerra civil duró un mes, los rebeldes tomaron varias ciudades pero fracasaron en La Paz, y el gobierno retomó el control. En mayo de 1950, se convocó a una huelga general, con intensas movilizaciones populares, reprimidas por el ejército y la aviación que bombardeó Villa Victoria, el distrito fabril de La Paz. Estas iniciativas incrementaron la popularidad del MNR, quien en condiciones muy difíciles obtuvo la victoria en las elecciones generales del 6 de junio de 1951, con la fórmula Víctor Paz Estenssoro-Hernán Siles Suazo.

El 16 de junio Urriolagoitía renunció a la presidencia y entregó el gobierno a una junta militar, presidida por el general Hugo Ballivián. La junta declaró el estado de sitio y desconoció el resultado electoral. Un clásico autogolpe, popularmente conocido como el "Mamertazo". Con él, una época llegaba definitivamente a su fin.

El MNR dirigido en la clandestinidad por Siles Suazo, organizó un complot, en el cual estaba implicado el general Antonio Seleme, jefe de los carabineros de La Paz, y ministro del gobierno. El objetivo era la formación de un gobierno cívico-militar que convocara a nuevas elecciones. En la madrugada del 9 de abril de 1952 se inició la insurrección: los comandos movimientistas tomaron los principales edificios públicos y la radio Illimani, con el apoyo de los carabineros. Pero la Junta Militar resolvió resistir, y el jefe de estado mayor, general Humberto Torres Ortiz, convocó un total de nueve regimientos, cuyos efectivos rodearon los edificios públicos ocupados y cortaron la luz a la ciudad. El 10 por la tarde Seleme huyó, asilándose en la embajada de Chile. Siles Suazo intentó negociar, pero no obtuvo garantías, por lo cual decidió continuar la lucha. En la madrugada del 11 de abril, los primeros contingentes mineros, procedentes de Milluni, comenzaron a descolgarse por las laderas de los cerros que rodean a La Paz. Portando sus cargas de dinamita, las lanzaban a las tropas gubernamentales apenas topaban con ellas. Los soldados arrojaban sus armas y huían, los mineros las tomaban y avanzaban. En cuestión de horas la situación se dio vuelta. En la tarde del 11 de abril, Torres Ortiz firmó su rendición ante Siles Suazo, mientras los efectivos del ejército masacrador de la *rosca*, desarmados y derrotados, debieron desfilar entre los obreros triunfantes. Los mineros de Bolivia habían obtenido el triunfo más sensacional de toda su historia.

En síntesis, podemos afirmar que el MNR intentó un golpe de estado tradicional, pero la resistencia del ejército abrió una crisis que permitió la intervención de los mineros, transformando lo que iba a ser un golpe palaciego más en la historia de Bolivia en el inicio de la revolución.

El 15 de abril, Paz Estenssoro regresó de su exilio en la Argentina y se hizo cargo del gobierno, con Hernán Siles Suazo como vicepresidente. Ante una plaza Murillo repleta de trabajadores armados, formó un gabinete en el que incluyó a Juan Lechín (minero) como ministro de Minería, Germán Butrón (fabril) ministro de Trabajo y Ñuflo Chávez Ortiz, ministro de Asuntos Campesinos.

Dos días después, el 17 de abril, se formó la Central Obrera Boliviana, la COB, en cuya fundación participaron 10 organizaciones, entre ellas los mineros, los fabriles, ferroviarios, empleados, construcción y dos pequeñas organizaciones campesinas. La COB era una central sindical muy particular: nacía en las barricadas todavía humeantes de la insurrección de abril y era la legítima representación de los trabajadores que hicieron la revolución. Incursionaba en materia política y contaba con milicias obreras. Juan Lechín fue designado secretario ejecutivo y Germán Butrón secretario general. Sus postulados fundacionales fueron la lucha por la nacionalización de las minas y los ferrocarriles, la revolución agraria, la defensa de las conquistas sociales de los trabajadores, la derogación de todas las medidas antiobreras y la independencia política de la central obrera.

¿Cuál era el panorama el día después del triunfo de la insurrección? El elemento más impactante era la destrucción del ejército. A diferencia de otras revoluciones latinoamericanas en las que la destrucción del ejército del antiguo régimen demandó meses y años, en Bolivia, el ejército de la *rosca* fue destruido tras solo tres días de lucha. Pero esto no era todo: las milicias formadas al calor de la lucha sólo en una mínima parte estaban controladas por el gobierno y el MNR, la mayoría respondían a los sindicatos y a la COB. Estaba claro que en semejante contexto, era fundamental para la marcha de los acontecimientos la relación entre la COB y el gobierno del MNR. Se planteaban dos opciones: "Cogobierno MNR-COB" o "Dualidad de poderes".

En la medida que las organizaciones sindicales tomaban en sus manos la resolución de los problemas más importantes, tendía a plantearse una situación de dualidad de poderes con las autoridades. Pero al mismo tiempo la COB participaba en la gestión gubernamental mediante la inclusión de "ministros obreros" en el gobierno del MNR. Ambos hechos expresaban tendencias objetivas que coexistían al interior de las masas: los trabajadores pretendían imponer a las autoridades las decisiones de las organizaciones sindicales, pero también creían que el gobierno del MNR iba a llevar a cabo la revolución social por la que se había luchado.

Lamentablemente, no existió en esa coyuntura un partido u organización política que planteara con claridad que la dualidad de poderes se resolviese a favor de la COB. El Partido Comunista (PC) apoyaba abiertamente al gobierno, y el POR no cuestionó, por lo menos en un primer momento, la participación de los dirigentes obreros en el gabinete. Su estrategia inicial fue defender al gobierno ante las amenazas golpistas y exigir la radicalización de las reformas propuestas, aumentando la presión sobre el ala izquierda del MNR.

Los autores Alberto Pla y Liborio Justo (Quebracho) coinciden, con distinto énfasis, que al no surgir una dirección obrera que buscase conscientemente resolver la dualidad de poderes a su favor, se trabará la posibilidad de avanzar en la revolución social que pretendían los trabajadores, imponiéndose finalmente la política del gobierno. Ernesto Ayala ofrece una mirada distinta. El autor, que popularizó el término *cogobierno MNR-COB*, definió al nuevo Estado como "popular, nacionalista y revolucionario", y considera que el MNR, encarnando un frente policlasista, instauró un "gobierno democrático de obreros y sectores revolucionarios de la clase media, al que se agregaron luego los campesinos" (Justo, 1971; Pla, 1980; Ayala Mercado, 1956).

El contenido fundamental de la revolución de 1952 fue el sufragio universal, la nacionalización de las minas y la reforma agraria, realizado todo ello entre 1952 y 1953. En 1955 se aprobó un nuevo Código Educativo a nivel nacional.

El proceso de nacionalización de la minería tuvo su inicio el 13 de mayo, con la designación de una comisión que debía expedirse y emitir un dictamen en un plazo de 120 días. Con esta medida, el gobierno postergó la principal demanda obrera, logrando frenar la movilización de los trabajadores. El 31 de octubre de 1952, Paz Estenssoro y Lechín firmaron solemnemente, en Siglo XX-Catavi, el decreto de nacionalización de la minería. La Corporación Minera Boliviana (COMIBOL) tomó a su cargo la administración de 163 minas, con una producción total de 27.000 toneladas de estaño y unos 30.000 trabajadores, pertenecientes hasta ese momento a las familias de Patiño, Aramayo y Hoschschild.

Los mineros y la COB reclamaban la expropiación de las minas sin indemnización y su puesta en funcionamiento bajo control obrero. El gobierno las puso bajo la administración de los gerentes de la COMIBOL designados por el Poder Ejecutivo, e indemnizó a los antiguos dueños, pagándoles un porcentaje según la cotización del estaño en el mercado mundial. Era la condición impuesta por Estados Unidos para aceptar la nacionalización, que consideraba inevitable.[6]

Meses antes, el 24 de julio, el gobierno dictó el decreto por el cual se establecían las bases para la reorganización del ejército nacional. Esta medida fue tenazmente resistida por la COB, pero Víctor Paz Estenssoro la impuso contra viento y marea. La reorganización de las fuerzas armadas fue un proceso lento que demandó muchos años, y uno de los puntos centrales de controversia entre el movimiento obrero y el gobierno.

Con respecto a la Reforma Agraria, luego del triunfo de la insurrección de abril se profundizó la movilización de los campesinos, con ocupaciones de hacienda y formación de milicias. Ante ello, el gobierno sancionó el Decreto Supremo del 2 de agosto de 1953, convertido en Ley de Reforma Agraria en 1956. Se trató de una reforma agraria parcelaria, que terminó con las haciendas del altiplano y de los valles cochabambinos, generando una extensa clase de pequeños propietarios campesinos que en los años siguientes se convertiría en la base social de apoyo del MNR. Las medidas dejaron intacta la gran propiedad ganadera latifundaria predominante en el Oriente.

A diferencia de lo ocurrido con otros procesos latinoamericanos en esos años, Estados Unidos mantuvo una política de acercamiento hacia la revolución de 1952. Reconoció rápidamente al gobierno de Paz Estenssoro y al poco tiempo comenzó la ayuda económica a Bolivia, destinada en un primer momento a financiar la importación de alimentos, pero muy pronto se le canalizó a la reorganización del ejército. A cambio de su ayuda Estados Unidos presionó para obtener concesiones en la legislación petrolera.[7]

Durante el primer mandato de Paz Estenssoro (1952-1956) persistió la tensa relación entre el gobierno y la COB, aunque se mantuvieron los ministros obreros en el gabinete. En 1956 Hernán Siles Suazo fue electo presidente y al asumir lanzó el Plan Eder de estabilización monetaria, diseñado por el técnico homónimo del FMI. La COB se opuso, convocando una huelga general ferozmente reprimida por Siles, quien decidió terminar con el cogobierno e impulsar la ruptura de la COB y de la FSTMB en dos bloques, el oficialista (Huanuni) y el de la izquierda (Siglo XX-Catavi).

En junio de 1958 en el congreso minero de Colquiri-San José se votó una resolución política repudiando el accionar del gobierno, retomándose los planteamientos básicos de la Tesis de Pulacayo, planteando la lucha por una "COB revolucionaria, democrática y desburocratizada", y condenando la orientación proimperialista del programa económico del MNR.

En junio de 1960 Paz Estenssoro inició su segundo mandato presidencial, en el cual promovió el rearme acelerado del ejército. En diciembre de 1963 un congreso minero aprobó la tesis de Colquiri, donde se acusa al gobierno de aceptar los planes del imperialismo y la embajada norteamericana. La resolución política del Congreso de Colquiri-San José y la Tesis de Colquiri plantean la ruptura política y organizativa del movimiento obrero con el gobierno (Hernández y Salcito, 2007, pp. 136-142). Para entonces, Siles Suazo y Lechín ya habían roto con el MNR.

En mayo de 1964, Paz Estenssoro consigue ser reelecto para su tercer mandato, llevando como vicepresidente al general de aviación René Barrientos. En octubre de 1964 se produjeron disturbios en La Paz, que dieron el pretexto para el golpe del 4 de noviembre, que impuso una junta militar presidida por Barrientos. Los militares estaban de nuevo en el centro del escenario político y permanecerían en él hasta 1982.

El golpe del 4 de noviembre de 1964 es considerado habitualmente como el fin de la revolución iniciada con la insurrección de abril de 1952. Sin embargo, la revolución terminó antes pero también después de ese 4 de noviembre. Antes, porque la capacidad de innovación y transformación social se había agotado tras los primeros años revolucionarios; y después, porque la economía y la política boliviana seguían respondiendo al proceso abierto en abril de 1952.

Barrientos, un militar con antigua militancia movimientista y formación profesional pro-norteamericana, continuó con la política del MNR: reprimir al movimiento obrero y profundizar los acuerdos con las dirigencias campesinas adictas. En mayo de 1965, el ejército ocupó militarmente todos los campamentos mineros, disolviendo la FSTMB y la COB, encarcelando y asesinando a decenas de activistas y dirigentes. Al mismo tiempo se consolidaba el "Pacto Militar-Campesino": la dirigencia sindical acordó el apoyo al gobierno militar a cambio de continuar con el reparto de tierras.

En 1967 el gobierno desarticuló la guerrilla encabezada por el *Che* Guevara, mientras en paralelo se gestaba una silenciosa recomposición del movimiento obrero. En abril de 1969, Barrientos murió en un accidente de aviación. Los militares que lo sucedieron, Alfredo Ovando Candia y Juan José Torres decidieron cambiar el rumbo político. El 17 de octubre de 1969, el gobierno de Ovando decretó la nacionalización de la compañía petrolera norteamericana Gulf Oil. En los meses siguientes derogó la ley de seguridad, levantó la censura, legalizó a la COB y a los partidos de izquierda.[8]

En este contexto se realizó, en mayo de 1970, el IV Congreso de la COB, que adoptó una Tesis Política sobre la base de un documento presentado por el POR. La Tesis se pronuncia por la independencia política de la clase obrera y por la conexión de la lucha antiimperialista y por el socialismo, incluyendo una Plataforma de Lucha que abarcaba las principales reivindicaciones sociales, democráticas y antiimperialistas. Se conformó un Comando Político, integrado por los partidos de la izquierda y la COB, que actuaría como dirección política del movimiento popular conforme los puntos programáticos de la Tesis Política de la COB.[9]

El gobierno de Ovando inició un giro a la derecha, acentuado a partir de la represión de la guerrilla de Teoponte. El 4 de octubre de 1970 se produjo un levantamiento militar, dirigido por el general Miranda. Las fuerzas armadas se dividieron, ante lo cual el 6 de octubre, Ovando y Miranda acordaron entregar el poder a una Junta Militar. Sin embargo, el general Juan José Torres, con el apoyo de la fuerza aérea y unidades del ejército, rechazó el acuerdo. El Comando Político convocó a una huelga general para el 7 de octubre en contra de la asunción de la Junta, que contó con gran adhesión popular e inclinó la situación a favor de Torres, quien ese mismo día asumió el poder.

Torres invitó a la COB a participar de su gabinete, pero la propuesta no fue aceptada. Su gobierno adoptó un programa nacionalista muy básico: extender el control gubernamental sobre las grandes empresas, aumentar la participación estatal en la economía y reglamentar las actividades del capital extranjero. Concedió un aumento salarial reclamado por la FSTMB y respetó las libertades democráticas. Durante su gobierno se produjo una fuerte tendencia a la ocupación de predios rurales, empresas privadas, sedes de diarios y revistas, así como ocales de entidades norteamericanas.

La derecha militar, encabezada por el coronel Hugo Bánzer, inició un rápido reagrupamiento. El 10 enero de 1971 estalló un golpe que no contó con mayor adhesión, en tanto la COB declaró la huelga general. La rebelión fue derrotada en forma contundente, pero la derecha conservó sus posiciones. El gobierno nacionalizó las colas y desmontes de Catavi, expulsó el Cuerpo de Paz integrado por norteamericanos, canceló el contrato de "Guantanamito", una base de rastreo de satélites cedida a Estados Unidos, entre otras medidas.

El 1º de mayo de 1971, en el marco de una gran manifestación, el Comando Político planteó la constitución de "un órgano de los trabajadores y del poder popular" independiente del gobierno. Así nació la Asamblea Popular, que se reunió por primera vez el 22 de junio. La Asamblea reconoció como sus documentos constitutivos la Tesis Política de la COB de mayo de 1970, las Bases Constitutivas y el Reglamento de Debates en el cual se definió su composición, con claro predominio de fabriles y mineros (Hernández y Salcito, 2007, pp. 220-230).

La Asamblea sesionó durante diez días, del 22 de junio al 2 de julio, y el POR (a veces aliado con el PC) llevó la voz cantante. Se votaron tres documentos: 1) Resolución contra el golpe fascista. Planteaba la huelga general con ocupación de fábricas y minas ante el estallido de un golpe y la formación de un Comité de Milicias que asumiría la dirección de la lucha; 2) Coparticipación obrera mayoritaria en COMIBOL, con elección de los gerentes por los trabajadores y 3) Universidad única bajo la dirección hegemónica del proletariado.

En la Asamblea se desarrollaron varios debates importantes, destacándose la discusión sobre la cogestión obrera en las minas, la lucha contra el golpismo de derecha y la participación otorgada al movimiento campesino. Los hechos demostrarían una cierta lentitud de la izquierda para encarar la lucha antigolpista. Con respecto a los campesinos, se pretendió justificar una participación minoritaria por la vigencia del Pacto Militar-Campesino, argumento controvertible ya que vedando su ingreso a la Asamblea difícilmente se pudiera avanzar en una alianza obrera-campesina. El 2 de julio se clausuraron las sesiones, estando previsto volver a funcionar en dos meses. El receso fue aprovechado por la derecha para preparar un nuevo golpe con epicentro en Santa Cruz de la Sierra. Su principal líder fue el general Hugo Banzer Suárez, quien obtuvo importantes apoyos: el MNR, la Falange Socialista Boliviana (FSB), el Opus Dei, Cámaras de Comercio, jerarquías eclesiásticas, el consulado brasileño en Santa Cruz y la embajada estadounidense.

El golpe se inició el 18 de agosto, librándose la lucha decisiva los días siguientes en torno de La Paz. El Comando Político declaró la huelga general, y una delegación se entrevistó con Torres para pedirle armas, sin resultados. Los trabajadores lucharon heroicamente, junto a estudiantes de la Universidad de San Andrés y los soldados leales del regimiento Colorados del mayor Sánchez, pero fue en vano. El 21 de agosto Banzer asumía como presidente, sufriendo los trabajadores una de las peores derrotas de su historia.[10]

La dictadura de Hugo Banzer Suarez fue un gobierno contrarrevolucionario que implementó una política de represión y de disciplinamiento de la clase obrera. La novedad política importante fue la alianza de los militares con el MNR y la FSB, que durante los primeros años de la dictadura integraron el gabinete ministerial. Se prohibió la actividad política y sindical, se censuró la prensa y se clausuraron emisoras de radio opositoras. La dictadura dejó una trágica estela de muertos, encarcelados, torturados y exiliados. El MNR inició de esta manera la conclusión del ciclo político del cual fue protagonista desde la década del cuarenta.[11]

Hegemonía y lucha política

Los esfuerzos realizados a principios de la década del '40 por el POR para insertarse en el movimiento obrero minero dieron sus frutos a partir del tercer congreso de la FSTMB (Catavi, marzo de 1946), empalmando con un proceso de radicalización política de los trabajadores mineros. Este congreso expresó "…el punto de arranque de un fundamental viraje de los mineros hacia la izquierda" y el programa votado puede ser considerado un "antecedente inmediato" de la Tesis de Pulacayo (Lora, 1980, p. 432).

Con la aprobación de la Tesis de Pulacayo en noviembre de 1946, se inician los años de ascenso del trotskismo en el principal contingente proletario del país, los mineros, la época de oro del POR, que durará hasta 1949.

Para entender la acendrada consustanciación de los mineros con la Tesis de Pulacayo, basta decir que fue cuestionada y atacada por piristas y movimientistas en el cuarto, quinto y sexto congreso de los mineros, sin poder sustituirla a pesar de los intentos, amenazas y promesas efectuadas. "Hemos preferido seguir el escabroso camino de la lucha de clases antes que seguir el sendero del ministerialismo. Orgullosos podemos decir que pese a todas las insinuaciones no hemos querido cambiar el puesto magnífico de revolucionarios por la situación de ministros burgueses". Estas eran las palabras con las que el mismísimo Lechín rechazaba los cantos de sirena oficialistas en junio de 1947 (Lora, 1980).

Sin embargo, en esos años, el POR no logra capitalizar ese enorme ascendiente sobre los trabajadores para construir un partido de masas. Y a partir de 1949, el MNR comienza a hegemonizar el movimiento obrero y la lucha contra *la rosca*. Al estallar la "guerra civil" en 1949, si bien el POR acompañó la experiencia, estaba claro que el MNR había tomado la iniciativa, reafirmándola en la "huelga general revolucionaria" de 1950 y finalmente en las elecciones de 1951, en las cuales el POR no desplegó táctica alguna de intervención. ¿Cómo fue posible el cambio de dirección política en el movimiento obrero en la coyuntura del sexenio?, ¿Cómo se hizo el MNR con la dirección del proceso, cuando en el plano ideológico la Federación Minera siguió manteniendo a Pulacayo como su único programa político central?

Veamos primero qué dicen los protagonistas. Lora señala dos graves problemas por los cuales el POR no logró convertirse en la dirección del proletariado boliviano. Uno, el denominado "mito de Villarroel": la trágica muerte del presidente nacionalista habría contribuido a mistificar su figura ante las grandes masas, que lo convirtieron en un símbolo de sus luchas y conquistas, proceso capitalizado directamente por el MNR. El otro, la debilidad organizativa del POR, que no tuvo la capacidad necesaria para asimilar la cantidad de obreros y jóvenes que se acercaron a sus filas. Pero el autor vislumbra un tercer problema: las Tesis contradictoriamente incentivaron "desviaciones sindicalistas" en el partido. El programa del trotskismo se había convertido en objeto de difusión y discusión masiva y los militantes los defendían ante todos los ataques. "De ahí era fácil deducir que partido y sindicato eran la misma cosa y siendo el trabajo del segundo mucho más fácil que el del primero, lo aconsejable sería sustituir el partido por el sindicato" (Lora, 1978, pp. 64).

En 1994 apareció un libro de la investigadora Lupe Cajías sobre Lechín, una figura clave en esta historia, recogiendo apuntes autobiográficos. En uno de sus capítulos la autora reproduce los recuerdos del dirigente sobre el Congreso de Pulacayo:

En esos momentos, el gobierno volvía a servir los intereses de la *rosca* y su comportamiento era cada vez más prepotente. La Tesis fue aprobada sin mucha discusión [...].Causó conmoción en la *rosca* minera y en el gobierno, por la decisión de ocupar las minas y el armamento de los obreros. Ambos hechos ya se estaban produciendo antes del Congreso de Pulacayo [...]. No era que el POR tenía muchos seguidores, era por su capacidad teórica (que) logró apoyo. Pero los hechos eran anteriores a esa teoría...(Cajías, 1994, pp. 85-86)

Robert J. Alexander considera que las razones que explicarían el predominio del MNR fueron su capacidad para capitalizar el martirologio de sus militantes, la incapacidad organizativa de la izquierda y la superioridad del programa nacionalista para atraer la simpatía de la población a partir de su interpelación multiclasista (Alexander, 1972, pp. 118). Pla aporta un detalle interesante: el MNR mantuvo sus contactos en el ejército, como se evidenció en el levantamiento de 1949, lo que le habría ayudado a mostrar mayores posibilidades de éxito ante las masas (Pla, 1980, p. 196).

Liborio Justo resalta el rol de Lechín, su capacidad de adoptar los planteos poristas sin ser desenmascarado por los trotskistas, llegando a afirmar que "el MNR habría logrado apropiarse demagógicamente del programa de los trotskistas" (Justo, 1971, pp. 165). Lora critica esta interpretación, planteando que la apropiación movimientista del programa revolucionario es imposible, ya que sería opuesta a la identidad y los propósitos del nacionalismo. La crítica de Lora es correcta, ya que las apreciaciones de Justo son muy exageradas, pero es evidente que el dirigente porista subestimó la capacidad de adaptación de la dirigencia del MNR.[12]

Mucho se ha dicho y escrito sobre los vínculos de Lechín con el POR. El propio Lora expresó que en sus inicios como dirigente tenía una militancia clandestina en el POR: no realizaba actividades públicas, pero impulsaba las posiciones poristas y cumplía con las directivas partidarias (Lora, 1978, pp. 51). Lechín por su parte siempre lo negó, afirmando que él nunca fue trotskista (Cajías, 1991, pp. 84). Como sea, es evidente que el POR tenía expectativas en atraer hacia sus posiciones a Lechín, que sin embargo nunca rompió sus vínculos con el MNR. Cuando finalmente los trotskistas denunciaron sus maniobras ya era tarde: Lechín se había consolidado al frente de la Federación y el MNR asumido el liderazgo del movimiento revolucionario contra la *rosca*.

El triunfo de la insurrección de abril de 1952, el ascenso a la presidencia de Víctor Paz Estenssoro, la fundación de la Central Obrera Boliviana

(COB) y la formación del cogobierno MNR-COB, marcaron, durante los años 1952 a 1954, el momento de más alta influencia del MNR en el movimiento obrero boliviano. El POR, por el contrario, ingresó en un período de crisis y escisiones. Duro contraste para la izquierda: la insurrección de abril anunció el inicio de la revolución obrera anticipada en Pulacayo, pero ahora que la historia confirmaba la justeza de la Tesis minera, quien aparecía al frente de la situación era el MNR, el impulsor de la Revolución Nacional.

Los debates sobre las posiciones del POR tras el triunfo de la insurrección de abril de 1952 se basan, fundamentalmente, en la lectura de *La Revolución Boliviana,* la obra que Guillermo Lora publicó en 1963. Se trata de una fuente valiosa de información sobre las posiciones del trotskismo, pero pensamos que no puede tomarse en forma acrítica lo que Lora escribió once años después de los acontecimientos. Vale más como reflexión y testimonio que como registro exacto de la actuación de los protagonistas.[13]

Entendemos más valioso rastrear los materiales publicados por el POR durante ese período, para tratar de entender las posiciones del partido. Se destaca entre ellos la Tesis Política aprobada en la X Conferencia Nacional, "Etapa actual de la Revolución Boliviana y tareas del POR", del 10 de junio de 1953 (Hernández y Salcito, pp. 101-135), cuyos puntos más sobresalientes son:

1. "La columna vertebral" de las jornadas de abril fueron los asalariados urbanos y el proletariado minero, pero no las define como una revolución obrera. "La participación activa de los explotados transformó en una revolución aquello que había podido reducirse a una revolución palaciega", luego de lo cual el proletariado triunfante decidió transferir el poder a una dirección pequeño burguesa que no era la suya.

2. Caracteriza dos etapas: la primera transcurrió del 9 de abril al 13 de mayo, una etapa de ascenso, de acelerada radicalización proletaria. El 13 de mayo, con la designación de una comisión, el gobierno logra postergar la nacionalización de la minería, principal reivindicación obrera. Se inicia entonces una fase de depresión del movimiento obrero, que seguía en curso.

3. La COB, durante la primera etapa, "rompe el marco puramente sindical e incursiona en el campo político", pero no actúa como órgano de poder. Desarrolla una política de colaboración y participación en el gobierno, de presión sobre el Estado. La COB era un "embrión de órgano de poder", que en condiciones de ascenso de las masas se podría convertir en un auténtico órgano con funciones deliberativas y ejecutivas. Propone como

tarea partidaria profundizar esta tendencia que enfrentaría a la COB con el gobierno del MNR. En el momento culminante convendría levantar la consigna "Todo el poder a las organizaciones obreras".

4. Caracteriza al gobierno como pequeño burgués y bonapartista, desplazándose desde el "polo imperialista hasta el extremo proletario" consecuencia de su debilidad y de las presiones recibidas a diario. Afirma que "el POR se esforzará por lograr la evolución del sector de izquierda del actual gobierno hacia el gobierno obrero-campesino" (Hernández y Salcito, p. 116).

5. En caso de ruptura del MNR, el POR ayudaría al ala izquierda en la lucha contra la derecha y movilizaría a las bases para que presionen por la adopción del programa revolucionario. Si primara el ala izquierda, no descarta un gobierno de coalición POR-MNR, una forma de llegar al gobierno obrero-campesino.

Como se puede apreciar, el POR se debatía entre dos posiciones. Una alentaba la movilización abierta de los trabajadores, su radicalización política, la independencia de clase de las organizaciones obreras, la profundización de la dualidad de poderes y su resolución desde el punto de vista obrero. La otra, el apoyo crítico al gobierno del MNR, intentando presionar al ala izquierda movimientista para que, o bien tomara el poder o bien rompiera con la derecha del MNR. Quienes defendían esta última posición sostenían que la mayor parte de los trabajadores estaban con el MNR, también pesaba la orientación internacional del trotskismo, que desde principios de los '50 consideraba posible la radicalización de las corrientes nacionalistas hacia posiciones anticapitalistas en los países periféricos, en el marco de la polarización provocada por la guerra fría.[14]

En los hechos el POR no planteó que la dualidad de poderes se resolviese a favor de la COB: tras la insurrección llamó a defender al gobierno del MNR frente a las amenazas imperialistas y *rosquistas*, exigiendo la radicalización de las reformas propuestas, en una estrategia que apuntaba a ejercer presión sobre el ala izquierda movimientista, apostando a su radicalización (Justo, 1971; Pla, 1969).[15]

Con respecto a los "ministros obreros", el partido no reclamó su salida del gobierno del MNR. Por el contrario, cuando se produjo la crisis de gabinete de octubre de 1953 lanzó la consigna "control total del gabinete por la izquierda del MNR" e incluso elaboró un "Programa para el ala izquierda del MNR", publicado en el periódico *Lucha Obrera* del 25 de octubre de 1953 (Lora, 1980, pp. 47-50).

La Tesis Política aprobada en la décima conferencia fue el último documento conjunto del partido, en el que ya está prefigurada la ruptura, que tuvo como eje la caracterización de la etapa. La Fracción Proletaria Internacionalista (FPI), dirigida por Hugo González Moscoso, aliada con Michel Pabló a nivel internacional, sostenía que había que pasar a la ofensiva para promover una auténtica revolución social, cuestionando la línea seguida por Lora, para quien la tarea era la formación de una vanguardia priorizando tareas de organización y educación. Quizás el "derrotismo" de Lora fuera exagerado, pero la consigna ¡Todo el poder a la COB! cuando la revolución ya estaba en retroceso no ayudaba demasiado a la clarificación política. No deja de llamar la atención que los "verdaderos trotskistas", como llama Lora a su fracción, defendían como programa la híbrida Tesis de la X Conferencia. La ruptura definitiva se produjo en 1956, la mayoría de la militancia y el periódico "Lucha Obrera" se fueron con González Moscoso, mientras el grupo de Lora siguió publicando "Masas", cuyo primer número había aparecido en noviembre de 1954 (Lora, 1978, p. 304).

Pero las desdichas del trotskismo no terminaron ahí. En el transcurso de las discusiones se produjo una nueva ruptura, esta vez promovida por militantes que consideraban que la consecuencia lógica de la posición de presionar al ala izquierda movimientista era ingresar al MNR, para ejercer influencia desde adentro. Encabezados por Edwin Moller, dirigente de la COB, numerosos militantes poristas ingresaron al MNR. En suma, hacia fines de los '50 el trotskismo quedó sumamente debilitado, con crisis y escisiones que lo colocaron al borde de la extinción política.

El MNR, mientras tanto, se esforzó por encuadrar a las bases obreras dentro de los objetivos de la revolución nacional. Su dominio se patentizó en el primer Congreso Nacional de la COB, reunido en La Paz el 31 de octubre de 1954. En las deliberaciones se expresó la intención de legitimar el cogobierno MNR-COB y rechazar la independencia sindical. El Congreso aprobó el "Programa Ideológico y Estatutos de la Central Obrera Boliviana", en el que se remarca las diferencias con las distintas tendencias de izquierda y se proclama la "tercera posición" a nivel internacional. El documento caracteriza a la revolución como nacional y popular, siendo su objetivo la recuperación de la riqueza nacional y "la superación de los resabios feudales". Defiende la participación de los trabajadores y sus organizaciones en el gobierno del MNR, señala que no es tarea de una organización sindical convertirse en órgano de poder y que las milicias obreras-campesinas deben permanecer bajo control de la COB. El Congreso retomó los principios de la Revolución

Nacional, marcando el momento más alto de predominio del MNR sobre el movimiento obrero (COB, 1954).

A mediados de la década de los cincuenta el panorama político parecía muy claro: el MNR se encaminaba a construir hegemonía en forma duradera en el movimiento obrero, mientras la izquierda trotskista parecía destinada a desaparecer. Pero todo cambiará drásticamente en muy pocos años. El MNR logró mantener su predominio en los dos congresos siguientes de la COB, en 1957 y 1962. Pero los mineros, en el Congreso de Colquiri-San José, en 1958, empiecen a desandar este camino, que culminará con la Tesis de Colquiri, en 1963, donde la Federación Minera rompe con el MNR y su gobierno, retomando los postulados de la Tesis de Pulacayo.

Es así cómo, en los primeros años de la década del '60 se asiste a la recomposición de la izquierda, con la aparición de nuevos líderes mineros, como el porista Cesar Lora y el comunista Simón Reyes, mientras le llegará al MNR la época de las rupturas: sufrirá desprendimientos por derecha (Partido Revolucionario Auténtico, de Walter Guevara Arce) e izquierda (Partido Revolucionario de Izquierda Nacional, de Juan Lechín). ¿Cómo fue posible este nuevo viraje al interior del movimiento obrero, en momentos en que la revolución se encontraba en pleno retroceso?

Creemos que la clave explicativa se encuentra en dos factores. Por un lado el agotamiento del proyecto nacionalista, que como en el resto de los países latinoamericanos dibujó una curva descendente. En los sesenta el discurso movimientista dejó el nacionalismo y la mística revolucionaria para las conmemoraciones, y asumió el proyecto desarrollista en alianza con el capital extranjero y las fuerzas armadas, renovadas bajo la égida de la Escuela de las Américas. Este giro lo llevó en los setenta a apoyar a la dictadura de Banzer e incluso integrar sus primeros gabinetes, y a partir de 1985 encabezar el ciclo neoliberal en Bolivia. Los mineros y la izquierda, por su parte, acudieron a su gran fortaleza de reserva: los viejos y vigentes postulados de Pulacayo, desde los cuales interpelaron, en muchas oportunidades a la dirigencia sindical. En lo que respecta a la izquierda trotskista, la tarea de reconstrucción de una tendencia clasista al interior del sindicalismo minero fue obra del POR "Masas" dirigido por Guillermo Lora.

Con respecto al nacionalismo, debe distinguirse en Bolivia el nacionalismo movimientista (encarnado en el MNR y sus desprendimientos de izquierda) y el nacionalismo de origen castrense. Ambos tienen trayectorias distintas, aún cuando en algunos momentos coincidentes. Las facciones militares nacionalistas asumieron plataformas programáticas que empalmaron con sentidas aspiraciones nacionales (nacionalización del petróleo), pero no consiguieron consolidar una posición hegemónica al interior de las fuerzas armadas. Busch, Villarroel y la RADEPA, no pudieron desplazar a las facciones pro-rosquistas que condujeron al viejo ejército a su destrucción en abril de 1952. Tampoco Ovando y Torres pudieron imponerse a las facciones derechistas que detrás de Banzer y Selich, implementaron uno de los golpes más sangrientos de la historia boliviana.

Entendemos que la Asamblea Popular de los años '70 estuvo lejos de reunir los atributos y características de los organismos de doble poder clásicos. No fue el resultado de una generalizada emergencia de organismos de poder popular a partir de los lugares de trabajo y a nivel territorial, local y regional, sino una construcción impulsada desde las dirigencias de las organizaciones sindicales y los partidos de izquierda.[16]

Su funcionamiento no tuvo carácter permanente y no contuvo la participación campesina y originaria. Sin embargo, reunía dos rasgos relevantes: sus integrantes eran designados por las organizaciones de base y llevaban un mandato imperativo; y se proponía concentrar en sí misma funciones deliberativas y ejecutivas. Para la izquierda, la Asamblea Popular fue un intento consciente de construir una alternativa de poder popular hegemonizado por los trabajadores, frustrado por el golpe contrarrevolucionario de Banzer. Desde el nacionalismo de izquierda (o izquierda nacional) se critica la decisión de la COB de no participar en el gobierno de Torres, y se califica a la Asamblea como una suerte de parlamentarismo obrero, que solo habría servido para aterrorizar a la derecha, favoreciendo su reagrupamiento (Cuadernos de Marcha, 1972; Lozada, 1974, p. 94).

Conclusiones

Las Tesis de Pulacayo, el documento que más apasionó a los bolivianos en toda su historia, según afirmara su autor, Guillermo Lora, despertó encendidas polémicas entre los investigadores. Son muy pocas las interpretaciones crudamente instrumentales que pretenden explicar la adopción de las Tesis a raíz de la intervención de los activistas del POR o a circunstancias meramente coyunturales (Alexander, 1970; Mires, 2001). Justo (1971), Pla (1980), Dunkerley (2003), y Coggiola (2006), señalan desde distintos ángulos los méritos del documento que lo constituyeron en la base programática a partir de la cual los mineros edificaron su protagonismo en la historia de Bolivia. Magdalena Cajías de la Vega, una de las historiadoras que más ha investigado la formación de la subjetividad minera, atribuye a la Tesis de Pulacayo un rol central en la configuración de una identidad positiva de los mineros, como portadores de un proyecto transformador de la sociedad boliviana (Cajías de la Vega, 2001). Consideramos relevante el aporte de Magdalena Cajías, en cuanto marca la perdurabilidad de la Tesis de Pulacayo en la memoria de los mineros, que interpelaron a las direcciones sindicales desde esta plataforma política-ideológica.

Directamente vinculadas con el propósito de este artículo (explorar la compleja trama del nacionalismo y el marxismo en la subjetividad obrera boliviana) no podemos soslayar las reflexiones de René Zavaleta Mercado. Nos referimos al artículo "Forma clase y forma multitud en el proletariado minero en Bolivia" (1983). Zavaleta Mercado reconoce que la centralidad política que asumiría el proletariado minero fue un mérito de la Tesis de Pulacayo, pero que la "mística" minera, construida sobre la base de su heroísmo y dignidad política, solo podía conducir a una psicología triunfalista, ultimatista y obrerista. Según él, la Tesis de Pulacayo fue un programa *proclamado pero no adquirido,* como se habría demostrado en la actuación de los obreros en 1952, donde exhibieron un grado de reciprocidad con la burguesía mayor al pensado de acuerdo a sus proclamas. Esta situación se habría reiterado en otras oportunidades, en la cual el proletariado demostró ser incapaz de introducir una nueva visión de las cosas, condición para la *construcción de hegemonía* desde las clases subalternas. "Todo ello induce a preguntarse cual podrá ser el destino final del radicalismo de los mineros bolivianos", concluye en forma premonitoria el autor (Zavaleta Mercado, 2013, p. 240).

En realidad, que el texto de Pulacayo fue un documento *aprobado pero no adquirido* fue una idea planteada años antes por el propio Lora, aludiendo a las dificultades de la militancia del POR, que no habría logrado asimilar el contenido programático de la Tesis en los años de mayor influencia del partido en el movimiento obrero (Lora, 1978, p. 64). La diferencia estriba en que, lo que para Lora fue una circunstancia acotada a la década del '40, para Zavaleta fue una constante en la historia de la clase obrera boliviana. Zavaleta acierta cuando afirma que los fundamentos de Pulacayo fueron dejados de lado en diversas oportunidades por los mineros, pero olvida que en otras coyunturas fueron recuperados.

En esta discusión, entendemos relevante recuperar los conceptos de *silencio* y *olvido*. El *olvido* implica la pérdida del recuerdo: una experiencia se borra de la memoria colectiva de un grupo o colectivo social. El *silencio* permite que dicha experiencia quede invisibilizada pero no perdida, pudiendo reaparecer en otro contexto de posibilidades. El *juego del silencio y el olvido,* mecanismos forjadores de la memoria colectiva, nos permite seguir las constantes resignificaciones de las experiencias obreras a la luz del sustrato ideológico profundo de la clase (Pollack, 1989).

Entendemos que a lo largo de estas páginas hemos fundamentado nuestra hipótesis inicial, acerca de la alternancia del predominio político e ideológico en el movimiento obrero boliviano entre la izquierda y el nacionalismo a lo largo del período estudiado. Precisando esta idea, consideramos que la Tesis de Pulacayo mantiene una perdurabilidad en el imaginario colectivo de los trabajadores bolivianos, a partir de su particular combinación de concepciones estratégicas y plataforma de reivindicaciones que se ajusta a la lucha cotidiana por las demandas fundamentales de los asalariados, articuladas a la historia del movimiento obrero y a la mística de los mineros como luchadores y portadores de proyectos revolucionarios.

El documento de Ayopaya, por su parte, sirvió de sustento ideológico a una interpelación nacionalista que también caló hondo en la cultura boliviana, a partir de distintas expresiones políticas y teóricas: el nacionalismo movimientista de los cuarenta y los cincuenta y sus desprendimientos por izquierda—que incluyeron en los ochenta la experiencia de la Unidad Democrática y Popular (UDP) de Siles Suazo. También alimentó, junto con otras fuentes, el nacionalismo militar de los sesenta y setenta.

La Tesis de Pulacayo constituye una verdadera reserva estratégica para la praxis revolucionaria del movimiento obrero boliviano. Se puede afirmar con certeza que mientras exista la explotación del hombre por el hombre, sus principios fundamentales seguirán vigentes. Casi sesenta años de lucha de clases, atravesando las más diversas experiencias, marcaron los alcances y límites de Pulacayo. Demostraron que, por más combativo, heroico y radicalizado que sea el movimiento obrero, para construir hegemonía es necesario la construcción de una dirección revolucionaria y los organismos de poder dual. El *espontaneísmo* (la creencia que basta la lucha para resolver los problemas) termina convirtiéndose en una traba para la formación de una subjetividad revolucionaria. Como así también que un programa que proclama la alianza obrero-campesina como vía para acceder al poder y al socialismo, pero que no concreta formulaciones transitorias ni adopta como propias las reivindicaciones fundamentales del campesinado indígena-originario, termina vaciando de contenido la fórmula estratégica.

Se podrá decir, y con razón, que no se le puede pedir a un documento que después de todo es el programa de una federación sindical la respuesta a todos los problemas para la construcción de una subjetividad revolucionaria. Pero es esto, justamente, lo que muchas veces se interpretó que representaba Pulacayo en la historia del movimiento obrero boliviano, en aquellas ocasiones en las que pareció que la historia daría por fin un viraje decisivo, que finalmente no se produjo.

Notas

1   Al período 1952-1985 se le denomina, en la historiografía boliviana, el "Estado del 52", en referencia al surgido tras la revolución de 1952 y desmantelado a partir de las reformas neoliberales iniciadas en 1985. En este artículo, por razones de espacio nos centraremos en el al período 1946-1971.

2   La RADEPA (Razón de Patria) fue una logia formada por militares nacionalistas tras la guerra del Chaco, que sostuvo los gobiernos de Busch y Villarroel. Sobre el levantamiento del 21 de julio, una excelente reconstrucción en Justo (1971).

3   Las Tesis de Pulacayo y de Ayopaya están reproducidas en Hernández y Salcito (2007, pp. 49-82).

4   Esta tesis tradicional de la historiografía boliviana ha sido complejizada en los últimos años a partir de estudios como los de Irma Lorini, quien acuñó el término "movimiento socialista embrionario", que engloba a socialistas, comunistas y anarquistas que según ella, habrían compartido las mismas organizaciones en las décadas del '20 y del '30. Ver: Lorini (1994), Klein, (1968) y Lora (1978, 1970).

5   El decreto gubernamental lleva la firma de dos ministros del PIR, quienes desautorizados por su partido renunciaron a sus cargos.

6   En Pla (1980, pp. 207-209) y en Dunkerley (2003, pp. 84-96) pueden encontrarse abundantes datos sobre las consecuencias de la nacionalización de la minería. Sobre los planes para construir una planta fundidora de estaño propia y su fracaso durante los años revolucionarios, ver Almaraz Paz (1998).

7   Una interesante discusión sobre la ayuda de Estados Unidos puede encontrarse en las obras de Pla (1980) y Klein (2001). La influencia de Estados Unidos en materia petrolera quedó plasmada en el Código Davenport, aprobado en 1955, denominado así por el ingeniero estadounidense que lo redactó.

8   Fue la segunda nacionalización boliviana del petróleo en el siglo XX: En marzo de 1937 militares nacionalistas encabezados por el coronel Germán Busch nacionalizaron la Standard Oil de Nueva York, primera expropiación de una empresa petrolera en América Latina.

9   La tesis del IV Congreso fue analizada desde distintos puntos de vista por varios autores: Dunkerley (2003, p. 213), y Gilly (1978). El texto completo en Hernández y Salcito (2007, pp. 205-230).

10   Distintas versiones de estos hechos en Lora (1972) y Cuadernos de Marcha (1971, pp. 92).

11   Que se consumará en 1985, cuando bajo el cuarto mandato de Víctor Paz Estensoro, inicie la implementación de las "Reformas Neoliberales", desmantelando el Estado surgido de la "Revolución Nacional" que el mismo MNR había dirigido.

12   No obstante la vehemencia de su crítica a Justo, Lora reconoce que "pese a la intensa y masiva propaganda partidista, el impetuoso desarrollo de los aconte-

cimientos tendía a borrar las fronteras diferenciales entre nacionalismo y trotskysmo." No eran pocos los obreros que pensaban que las ideas correctas de los poristas las iban a concretar los movimientistas (Lora, 1978, pp. 40).

13 Similares consideraciones merece, en nuestra opinión, el ensayo de Ernesto Ayala Mercado, *¿Que es la revolución boliviana?* (1956), redactado sobre la base de una intervención parlamentaria. Algunos autores lo consideran el inicio de la interpretación de la revolución desde el punto de vista del nacionalismo revolucionario. Se trató, ciertamente, de uno de los primeros textos en popularizar conceptos como *cogobierno MNR-COB* y *Revolución Nacional,* pero éste último ya circulaba entre la militancia movimientista desde la época de la Tesis de Ayopaya.

14 Justo es el único que analiza la Tesis Política de junio de 1953, pero lo hace desde un enfoque muy sesgado que ignora la existencia de dos perspectivas distintas dentro del mismo documento, que se corresponden con dos tendencias al interior de la organización.

15 Justo efectúa críticas sagaces del papel jugado por el POR en 1952/53, pero atribuye sus errores al "inveterado centrismo" que caracterizaría al trotskismo, sin explicar en qué consistía. Pla formula una caracterización crítica más matizada.

16 Si bien los partidos de izquierda más importantes siguieron siendo el POR y el PC, en esos años surgieron nuevas organizaciones políticas: Partido Socialista (PS), dirigido por Marcelo Quiroga Santa Cruz; Movimiento de Izquierda Revolucionario (MIR), cuyos dirigentes más conocidos eran Jaime Paz Zamora y René Zavaleta Mercado; Ejército de Liberación Nacional (ELN, guevaristas); Partido Comunista Marxista Leninista (PCML, maoístas). Estos dos últimos preconizaban acciones armadas y la guerra popular, respectivamente.

Referencias

Alexander, Robert. (1970). *La Revolución nacional boliviana.* La Paz: Dirección Nacional de Informaciones.

Almaraz Paz, Sergio. (1967). El poder y la caída. El estaño en la historia de Bolivia. En S. Almaraz Paz, *Obra Completa.* La Paz: Plural.

Almaraz Paz, Sergio. (1969). Réquiem para una república. En S. Almaraz Paz, *Obra Completa,* La Paz: Plural.

Arze Cuadros, Eduardo. (2002). *Bolivia, el programa del MNR y la revolución nacional.* La Paz: Plural.

Ayala Mercado, Ernesto. (1956). *¿Qué es la revolución boliviana?.* La Paz: Biblioteca del Congreso.

Cajías, Lupe. (1994). *Juan Lechín. Historia de una leyenda.* La Paz: Los amigos del libro.

Cajías de la Vega, Magdalena. (2001). Los mineros en la revolución nacional. En Waldo Ansaldi y Patricia Funes (Comps.), *Teoría de las re-*

voluciones y revoluciones latinoamericanas (pp. 55-72). Buenos Aires: UDISHAL.

Cajías de la Vega, Magdalena. (2013). *El poder de la memoria. La mina de Huanuni en la historia del movimiento minero y la minería del estaño (1900-2010).* La Paz: Plural/IEB.

Central Obrera Boliviana. (1954). *Programa Ideológico y Estatutos de la Central Obrera Boliviana.* La Paz.

Coggiola, Osvaldo. (2006). *Historia del trotskismo en Argentina y América Latina.* Buenos Aires: RyR.

Dunkerley, James. (2003). *Rebelión en las venas.* La Paz: Plural.

Gilly, Adolfo. (1978). Los consejos de fábrica en Argentina, Bolivia e Italia. *Coyoacán, 2*(5), 143-194.

Hernández, Juan Luis. (2013). La Revolución Boliviana de 1952. En Gustavo Carlos Guevara (Coord.), *Sobre las revoluciones latinoamericanas del siglo XX* (pp. 49-70). Buenos Aires: Newen Mapu.

Hernández, Juan Luis. (2007). Nacionalismo militar y radicalización obrera. La época de Ovando, Torres y la Asamblea Popular (1969-1971). *Ni Calco Ni Copia* 2, 85-99.

Hernández, Juan Luis y Salcito, Ariel. (2007). *La revolución boliviana. Documentos fundamentales.* Buenos Aires: Newen Mapu.

Justo, Liborio. (1971). *Bolivia: la revolución derrotada.* Buenos Aires: Juárez Editor.

Klein, Herbert S. (1968). *Orígenes de la revolución nacional boliviana. La crisis de la generación del Chaco.* La Paz: Juventud.

Klein, Herbert S. (1981) *Historia de Bolivia,* La Paz: Juventud.

Lora, Guillermo. (1963). *La Revolución Boliviana.* La Paz: Difusión.

Lora, Guillermo. (1972). *Bolivia: de la Asamblea Popular al golpe fascista.* Buenos Aires: El Yunque.

Lora, Guillermo. (1978). *Contribución a la historia política de Bolivia.* La Paz: Isla.

Lora, Guillermo. (1980). *Historia del movimiento obrero boliviano.* La Paz: Los amigos del Libro.

Lorini, Irma. (1994). *El movimiento socialista "embrionario" en Bolivia (1920-1939).* La Paz: Los amigos del libro.

Lozada, Mario. (1974). Nacionalismo, socialismo y clase obrera en Bolivia. *Historia del movimiento obrero.* Buenos Aires: CEAL.

Mesa Gisbert, Carlos D, de Mesa, José y Gisbert, Teresa. (2008). *Historia de Bolivia* (7a. ed.). La Paz: Gisbert y Cía Sa.

Mires, Fernando. (2001). *La rebelión permanente. Las revoluciones sociales en América Latina*. Buenos Aires: Siglo XXI.

Pla, Alberto. (1980). *América Latina siglo XX. Economía, sociedad, revolución*. Caracas: Universidad Central de Venezuela.

Pollack, Michael. (1989). Memoria, esquecimiento, silencio. *Revista de estudios Históricos*, 2(3), 3-15.

Zavaleta Mercado, René. (2013). Forma clase y forma multitud en el proletariado minero en Bolivia. En *Obra Completa* (Vol. 2, pp. 573-591). La Paz: Plural.

Esquerda e movimento sindical no Brasil: A experiência do PCB (1945-1992)

Marco Aurélio Santana
Universidad Federal de Río de Janeiro

O presente capítulo trata do Partido Comunista Brasileiro (PCB) e de sua atuação junto ao movimento sindical brasileiro, no período de 1945 a 1992. Partimos da ideia de que os sindicatos desempenharam papel central na tentativa do PCB de se inserir e intervir na vida política brasileira. Com uma trajetória marcada pela constante perseguição e banimento, o partido buscou desenvolver uma rápida ocupação de espaços no movimento sindical que lhe servisse de instrumento para contrabalançar sua posição de partido proscrito, credenciando-o como força de peso no interior do cenário político nacional. O PCB tentará articular as duas inserções, atrelando os destinos de sua prática no meio sindical aos desígnios de inserção no mundo da "grande política".

Porém, se buscou instrumentalizar o movimento dos trabalhadores no sentido dos interesses partidários, o PCB não logrou fazer isto da forma que queria. Este processo sofreu injunções, desvios e alterações oriundos seja da resistência interna, seja das pressões externas experimentadas pela organização. A implantação das linhas políticas definidas pelo partido não se deu, portanto, de forma lisa e direta; antes, se realizou de forma negociada e perpassada por uma série de condicionantes tais como: o cenário político geral e o quadro de alianças e competição travadas pelo partido dentro e fora do meio sindical, bem como as resistências estabelecidas pelos trabalhadores e/ou pela própria militância comunista, que chegou a gerar, na prática, a existência do que se chamou "dois PCs".

O que se verificará é que a relação entre o partido e os sindicatos, o que parecia óbvio a um partido que buscava ser a representação dos trabalhadores, foi definidora dos seus destinos. Quando teve sua inserção e força aumentadas no controle de espaços no interior da estrutura sindical corporativa (constituída nos governos Vargas, de 1930 a 1945), o partido viu sua posição ser reforçada como peça importante no debate acerca dos destinos da sociedade brasileira. Em contrapartida, no momento em que viu sua influência diminuir nos órgãos representativos dos trabalhadores, o partido perdia sua possibilidade de intervenção e deixava de ter peso nas disputas políticas.

A estrutura sindical corporativa cumpriu, portanto, especial tarefa em todo este quadro. Os comunistas[1] vão se utilizar dela para garantir sua hegemonia sobre os trabalhadores. Mas este é apenas um dos pontos a ser levado em consideração. Será através da estrutura oficial, também, que os comunistas travarão seus grandes embates contra as forças com as quais competia no seio do movimento dos trabalhadores e as quais visava hegemonizar, garantindo os espaços de implantação de sua política. No pré-1964 lutarão para reduzir o poder dos "pelegos" (como eram chamados os dirigentes conservadores) sobre a mesma e "arejá-la" na perspectiva de facilitar sua mobilização; e no pós-1964, em plena ditadura militar, trabalharão com vistas à impedir que os grupos "mais radicais" dela se apoderassem ou a ultrapassassem. De acordo com a conjuntura, suas orientações e interesses, o PCB tanto promoveu alterações "práticas" em alguns pontos da estrutura, como a ratificação de outros.

O partido, os trabalhadores e o sistema político

O PCB teve um lugar de destaque na história política brasileira. Quando terminou suas atividades em 1992, a organização havia se tornado o mais antigo e controvertido partido político nacional. Da fundação à extinção, oitenta anos depois, o PCB havia participado dos grandes momentos políticos de nosso século.[2] Neste sentido, podemos dizer que, de uma certa perspectiva, o PCB exemplifica de forma cabal a articulação entre a história de um partido e a história da sociedade na qual se insere e atua (Gramsci, 1978). Falar da história do PCB, portanto, é falar da história do Brasil de um ponto de vista específico, destacando um de seus aspectos característicos.

Se, já desde sua fundação, em 1922, o PCB buscou intervir na realidade circundante, é a partir da conjuntura do após guerra que o partido dará um salto importante tanto em termos de sua inserção no sistema político quanto de sua expansão no movimento sindical. Este salto se desenvolverá ao longo da década de 1950,[3] chegando ao seu ápice no início dos anos

1960, quando o trabalho anterior ruiu frente ao golpe militar de 1964.[4] Em nenhuma outra conjuntura posterior a este evento, o partido alcançará a importância que obtivera antes do mesmo.

Com a instauração do regime militar em 1964, a crise vai atingir exatamente os dois flancos de atuação central do partido, os quais a organização buscava articular no sentido de participar do processo decisório na política nacional. No sistema político, a mão de ferro que se abateu não só sobre os militantes do PCB, mas das esquerdas em geral, restringiu as possibilidades destes para o trânsito, formal ou informal, da ação político-partidária. No que diz respeito à sua atuação sindical, se a persistência do partido como referência à esquerda naquele movimento conseguiu sobreviver através de um trabalho de resistência dentro da fábricas e contínua atuação por dentro da estrutura sindical nos anos 1960/1970, ela não conseguiu fazer frente à nova realidade, em termos político-sociais, que despontará em fins dos anos setenta trazendo "novos" atores à cena.

Com uma história marcada pela perseguição e o arbítrio que sempre dificultaram suas ações, o partido procurou desenvolver um rápido caminho de ocupação de espaços no movimento sindical que lhe servissem como instrumentos para contrabalançar sua condição de partido ilegal e o credenciar enquanto força ativa no interior do cenário político nacional. O partido buscava articular como podia as duas inserções. Como bem indicou Spindel (1980), a organização fazia de seus vínculos com a classe operária e seu suposto ou real controle sobre os sindicatos um elemento importante de sua tentativa de: primeiro, se manter no sistema político—tendo em vista as inúmeras pressões para o seu banimento—; depois, quando efetivada a sua ilegalidade, voltar por um caminho alternativo para dentro do sistema. Para um partido que na maior parte do tempo apostou na importância da atuação legal e da abertura de espaços democráticos, e que era mantido sob uma ilegalidade espúria, voltar ao sistema político com participação legal e aberta passou a ser quase uma obsessão.[5]

Com esta preocupação, buscando a partir *de* "fora" se credenciar para a obtenção do "bilhete" de entrada nas grandes disputas pelos destinos do país, independente da conjuntura, o partido acabou por tentar instrumentalizar sua relação com o movimento dos trabalhadores nesta direção. Assim é, que na maioria das vezes no período analisado, a organização priorizava sua lógica de ação geral, voltada para o dado institucional, em detrimento das demandas imediatas emanadas da classe que visava representar. Foi quase que ignorando tais demandas reais e imediatas que o partido ora optou pelo "apertar os cintos" (anos 1940), ora pela lógica do "lutar para negociar, negociar para mudar" (anos 1970/1980). Este tipo de postura explica o porquê de tantas tensões entre a direção partidária e a base sindical responsável pela aplicação das propostas gerais do partido, bem como, em muitos casos, com a dinâmica imposta pela classe. Quase sempre o partido pareceu um partido fora do lugar, tendo em vista o descompasso entre suas formulações gerais e a dinâmica social concreta.[6]

Disputas, alianças e lógica de ação política

No que diz respeito à sua inserção no sistema político, o partido buscou constantemente demonstrar que era confiável e poderia atuar no interior deste sem buscar sua desarticulação. Tendo em vista sua condição de proscrição, a incipiência do sistema democrático na vida política nacional e sua lógica de ação política, a conquista e a manutenção da democracia e, a partir daí, a obtenção de mudanças estruturais na sociedade, foram a tônica da ação do partido ao longo do período. O momento, curto, no qual esposou posturas "esquerdizantes", em fins dos anos 1940 e início dos 1950, era sempre negado posteriormente e servia de exemplo do que não se devia repetir. Será com esta justificativa que o partido explicará a muitas vezes assumida, ainda que de forma constrangida, posição de "partido da ordem". Será com este tipo de proposta que o partido, oficialmente, combaterá sempre que achar necessário, interna e externamente, as posturas que possam "desestabilizar" os referidos processos vinculados à democratização, o que, aparentemente, fazia todo sentido em uma história republicana marcada pelo autoritarismo e por ditaduras, como a brasileira. O combate da agremiação se estabelece à direita, mas também à esquerda no que o partido chamava de "desvios esquerdistas".

Tentando funcionar como um fiel da balança da instável democracia brasileira, o PCB angariava as críticas dos setores mais à esquerda e não conseguia se colocar como confiável para as elites nacionais que, sempre que puderam e quiseram, transformaram o partido no responsável, real ou fictício, por todos os problemas de instabilidade política que por ventura o país atravessasse. É por isso que: na Constituinte de 1946 se para a esquerda o partido não defendia suficientemente um caminho independente e autônomo para os trabalhadores com sua postura "vacilante" frente às greves, para a direita, era exatamente o partido que estava por trás de todas as mobilizações; em 1964, se para a esquerda o partido defendia propostas "reformistas" e seguia de reboque ao "populismo" do presidente João Goulart, para a direita, os comunistas estavam por trás da "república sindicalista"; ao longo dos "anos de chumbo", período mais duro da ditadura militar, se para a esquerda o partido continuava equivocado ao defender, em termos de "frente democrática", a via pacífica de enfrentamento contra a ditadura, para os generais no poder o perigo era o mesmo e o partido, ainda que sem pegar em armas, sofreu tão duramente quanto os grupos guerrilheiros; e já no período de inflexão dos governos militares, em fins dos anos 1970, quando a esquerda criticava o partido por sua postura "reformista e negocista" frente ao regime, os conservadores, quando da reforma partidária de 1979, que inclusive possibilitou a existência legal de setores ainda mais à esquerda, como o Partido dos Trabalhadores (PT), não proporcionaram aos comunistas a legalidade que só virá, tardiamente, em 1985.

Ao mesmo tempo em que, na maior parte do período, o PCB tenta seguir uma lógica política moderada e cautelosa, procura dar conta de uma realidade bastante dinâmica e que o empurrava para posturas nem sempre consentâneas com suas formulações.[7] Esta será a marca e a contradição da inserção do partido no período. Se buscava ser confiável e aceitável ao sistema político, tentando evitar greves, mobilizações etc., o partido teve que aceitar e incorporar as práticas vindas de sua militância e da própria classe trabalhadora que pareciam pouco afeitas às lógicas de ação afastadas de sua realidade. É assim, que ainda que com retardo, a agremiação tem de passar a ser mais flexível com relação às greves em 1946; trabalhar no sentido das reformas de base "na lei ou na marra", no início dos anos 1960; e se integrar aos setores sindicais "combativos" no início dos anos 1990.

Um dos elementos que, muitas das vezes, acirrava as contradições entre orientação e prática política do partido era a luta pela hegemonia e posição proeminente no movimento dos trabalhadores. Ela impelia os comunistas a travar uma série de combates com as outras forças existentes e militantes no meio operário e sindical. Ao longo do período podemos indicar que os grandes embates se travaram com os "pelegos" e o Partido Trabalhista Brasileiro (PTB) no pré-1964, e contra o Partido dos Trabalhadores (PT) e a Central Única dos Trabalhadores (CUT) nos anos 1980.

Uma distinção deve ser feita entre estes dois momentos. No caso do pré-1964, os comunistas desenvolveram uma dura luta no sentido de destronar os setores "pelegos" dos postos que ocupavam no interior da estrutura sindical corporativa. Se não defenestrá-los, pelo menos hegemonizá-los. Ainda que defendessem a "política de unidade" no meio sindical, onde havia espaços mesmo para os "pelegos", os comunistas não se furtaram de definir uma clara linha até onde podiam ir suportando os setores conservadores. Após aquele limite, não evitaram de trilhar caminho próprio e independente daqueles.[8] Com relação aos trabalhistas, os comunistas vão em um crescendo, a partir de meados dos anos 1950, desenvolver uma aliança que caminhando em contraposição aos setores conservadores, conquistará a hegemonia da parcela mais importante e organizada do sindicalismo nacional. Ainda que aliados, os dois setores não se furtaram de buscar hegemonizar um ao outro. Como indicou Spindel (1980), competindo em aliança, os comunistas tentarão ir galgando mais espaços no interior do movimento sindical. Assim, a partir de um intenso trabalho junto às bases, o PCB conseguirá, ainda que politicamente aliado com os setores progressistas do PTB, alcançar os principais postos no interior da estrutura sindical corporativa no momento anterior ao golpe militar de 1964.

O quadro se complexificará com a nova dinâmica social encaminhada no pós-1964. As avaliações acerca das ações do partido antes e depois do golpe, bem como as formas de enfrentamento ao regime, faz surgir uma plêiade de diferentes grupos no interior da esquerda. O próprio desenvolvimento capitalista sob a ditadura produziria uma intensificação de cenários já vislumbrados em fins dos anos 1950. O incremento da instalação de plantas modernas deu origem também a incrementação de um setor moderno na indústria, o qual trazia consigo uma série de novas perspectivas. Será a junção destes novos fatores e novos atores que produzirá um quadro que, mesmo rapidamente identificado pelo partido, foi por ele ignorado.

Desde o golpe militar e ao longo de toda a duração da ditadura (1964-1985), o PCB defenderá uma atuação baseada em amplas forças sociais que, primeiro, garanta o enfraquecimento do regime; depois, que sustente a transição e, posteriormente, subsidie o regime democrático. Esta linha política, levada aos sindicatos, fez com que os comunistas intensificassem e estreitassem suas alianças com os setores mais conservadores do movimento sindical e se afastassem do pólo dinâmico e vivo que surgiria nos meios operários em fins dos anos 1970. Tal perspectiva levará o partido a um enfraquecimento progressivo e a um ponto de quase nenhuma influência no meio sindical pouco antes de sua extinção oficial.

Os comunistas que no período pré-golpe travaram uma luta árdua contra os setores "pelegos"; no pós-golpe, acabavam por atrelar seu destino aos desígnios daquele setor. Baseando-se em sua linha política mais geral que recusava posturas de enfrentamento e tendo seu campo político ocupado à esquerda, o PCB caminhará lenta, mas firmemente para o seu final.

Os comunistas e a estrutura sindical

Um elemento importante de distinção dos períodos é a relação do partido com o Estado. No pré-1964, de forma mais marcada no momento imediatamente anterior ao golpe, os comunistas, ainda que agindo como partido ilegal, tinham um trânsito bastante grande junto às hostes no poder. Tendo em vista sua aliança com os setores progressistas do PTB e sua aproximação ao presidente João Goulart; e, desfrutando de prestígio e força no meio sindical, o PCB terá uma margem de manobra bastante ampliada.[9] E é contando com o auxílio do governo que os progressistas conseguem dar preciosos passos na destituição dos "pelegos" dos órgãos centrais de representação sindical dos trabalhadores.

No pós-golpe militar, as condições nas quais operavam os comunistas seriam profundamente alteradas. O lugar no qual os novos governantes colocaram os sindicatos não necessitava mais dos comunistas, tendo em vista que, a perspectiva mobilizatória foi substituída pela lógica do assistencialismo e da inação. O PCB se tornaria mais uma vez, de fato e de direito, um partido proscrito, com o qual não interessava ao regime manter relações que não fossem as de perseguição. Os comunistas, como já haviam vivido em sua história, terão seus acessos, formais ou informais, a vida política nacional, obstruídos. Porém, a opção agora, diferentemente de 1947, quando o partido saltou rapidamente do "reformismo" para o "esquerdismo" e se propos romper com os sindicatos "oficiais", seria a de tentar penetrar novamente na estrutura sindical e ampliar os espaços partidários de ação. No campo prático da política, os comunistas acreditavam que deveriam optar entre os grupos "esquerdistas", que criticavam duramente a estrutura sindical, e os "pelegos" já nela acomodados pelo regime militar. Assim, tendo em vista sua orientação geral, os comunistas vão se aproximar dos setores mais conservadores do movimento sindical e que ocupavam os postos chave da estrutura após a cassação dos grupos progressistas.

Em todo este processo a estrutura sindical corporativa vai se revestir de redobrada importância. No pré-1964 – de forma geral entre 1946-1964 –, se não foram rápidos e audazes o suficiente em termos das mudanças na letra da lei, eles consolidaram uma alteração sensível na lógica de atuação do sindicalismo oficial. Orientados por uma política progressista em geral e de democratização da vida sindical em particular, os comunistas impuseram um forte combate aos setores conservadores e "pelegos" atuantes no movimento. As direções sindicais que tiveram a aliança comunista/trabalhista à frente, com todos os limites, garantiram a incorporação e participação dos trabalhadores na vida sindical.

Isto se inseria na lógica do partido de aumentar seu poderio no meio sindical e, transformar os sindicatos em peças importantes de pressão no jogo político. Desta forma, a prática do partido ao longo do período anterior ao golpe militar de 1964, esteve longe de ser distanciada da base sindical.[10] Os comunistas buscaram incessantemente organizar os trabalhadores dentro das empresas. Este trabalho serviu de pilar de sustentação aos avanços comunistas na ocupação de espaços dentro da estrutura sindical oficial.

Se a estrutura permaneceu intacta, nem por isso devemos deixar de perceber, como bem indicou Vianna (1983), a duplicação de mão produzida com a entrada dos setores progressistas para o seu interior. O que se impôs foi uma nova perspectiva que redirecionasse o sindicato para a representação dos interesses dos trabalhadores. As comissões sindicais de empresa, criadas e ou estimuladas pelos comunistas em diversas categorias, estão muito longe de ser um instrumento de atrelamento dos trabalhadores ao "engodo do populismo". Não se deve perder de vista o fato de que tais comissões serviram aos trabalhadores para monitorar a atividade de seus representantes e colocar-lhes sobre pressão quando não correspondiam às expectativas. O mesmo pode se dizer com a criação das Intersindicais que pulularam ao longo do período. Parece simplório olhá-las apenas nos termos de um mero instrumento para dar "sangue e vida" à uma combalida estrutura oficial. Ao mesmo tempo em que controlavam os órgãos representativos dos trabalhadores, os comunistas buscavam com isto pleitear mais espaços políticos gerais, utilizando-os muitas vezes de elemento de pressão contra o que avaliavam ser políticas contrárias aos interesses dos trabalhadores.

Ainda que não estivesse nos horizontes de preocupação dos comunistas uma destruição imediata e rápida da estrutura sindical, eles foram buscando fazer apropriações "por dentro" dela. Neste sentido pesavam tanto uma estratégia geral, já mencionada; mas também—fato sempre recorrente e mencionado com insistência—, à autocrítica dos efeitos nocivos ao partido trazidos pelo abandono dos sindicatos oficiais e a tentativa de estabelecer uma estrutura paralela ao longo do período 1948/1952. Assim, cautelosa e timidamente, os comunistas foram tentando se livrar do que consideravam um obstáculo em termos do acesso e mobilização dos trabalhadores.

Os comunistas acreditavam que "por dentro" da estrutura poderiam alterá-la de acordo com seu interesse. Sabiam de seus limites, mas acreditavam que poderiam aumentar os espaços de ação em seu interior. Os comunistas talvez tenham percebido, por tê-la enfrentado anos antes sem sucesso, a força não só da estrutura sindical corporativa, mas da cultura que se produzira em torno dela e que não se dobraria de uma hora para outra.

Parte da literatura atribui aos comunistas uma certa acomodação do movimento dos trabalhadores aos marcos da estrutura sindical corporativa. A análise crítica efetivada por Weffort (1973 e 1978) acerca da suposto acomodamento dos comunistas à estrutura, tem forte acento na questão do imposto sindical. Para ele, ao não centrarem fogo contra o imposto sindical já desde a Constituinte de 1946, os comunistas deixavam claro seu pouco empenho nas mudanças. Para Weffort (1973 e 1978), o imposto sindical seria a peça chave de sustentação de toda a estrutura. Seria a partir desta cobrança compulsória de um dia de trabalho de todos os trabalhadores representados na base do sindicato, independentemente de serem sindicalizados ou não, que se garantiria a sobrevida dos dirigentes sindicais oficiais que poderiam simplesmente se descomprometer de qualquer trabalho junto à sua base em termos associativos. Além do mais, por ser definida, mantida e fiscalizada em seu uso no âmbito do Estado, esta contribuição seria um elemento de peso no atrelamento do sindicalismo ao Estado.

Segundo pudemos constatar, a posição dos comunistas quanto ao referido imposto, ao longo do período, só sofreu uma mudança brusca no já mencionado momento "esquerdizante". Mas esta mudança acaba por encobrir uma permanência em termos de pragmática política. É apenas naquele momento que os comunistas abrirão fogo cerrado contra esta contribuição. Com argumentos que, aliás, se assemelham aos de Weffort (1973). Posteriormente, os comunistas vão, sempre que possível, apresentar o tema para discussão, mas sem muitas definições concretas a respeito.[11]

Os comunistas quando criticavam e/ou defendiam o imposto sindical, mas também outros pontos da estrutura, faziam-no visando garantir seus espaços. Enquanto estiveram atuantes dentro da mesma, os comunistas utilizavam, como podiam, os instrumentos que ela lhes ofertava. Banidos dela, trabalhavam no sentido de enfraquecer quem nela estivesse, no sentido de ocupar-lhes os espaços.

Não é novidade nenhuma a observação da importância financeira que a contribuição compulsória acabou tendo no interior do sindicalismo. Ela podia ser utilizada tanto pelos "pelegos" para o seu conforto, como também por militantes interessados na representação efetiva dos trabalhadores. De fora da estrutura, como estiveram na viragem dos anos 1940, os comunistas orquestraram uma campanha contrária à cobrança. Com isto visavam enfraquecer, a partir das empresas, o pilar de sustentação dos "pelegos" que distanciados das bases enfrentaram dificuldades (Santana, 2012). Quando, a partir do intenso movimento de organização no local de trabalho, e as condições políticas gerais permitiram, os comunistas avançaram sobre e por dentro da estrutura sindical conquistando sindicatos, federações e confederações, serão eles que tentarão utilizar o imposto sindical "na luta", revertendo-o para os trabalhadores. Passivamente, os comunistas foram mantendo o imposto sob o argumento de que as dificuldades geradas por seu fim abrupto poderiam deixar a maioria dos sindicatos nacionais, devido às suas condições, em situação difícil.

A visão pragmática também presidiu a relação dos comunistas com a questão da "unicidade sindical"—que estabelecia, por lei, a existência de apenas um sindicato representativo por categoria em uma dada região—, por exemplo. Quando estiveram fora da estrutura, eles defenderam arduamente, em termos oficiais, a criação de organizações paralelas. Quando já dentro da estrutura, ou ainda que a caminho dela de forma massiva, o partido vai questionar todas as formas de organização que pudessem parecer "paralelismo sindical". Seria só através do sindicato oficial que deveriam ser travadas as lutas dos trabalhadores e as disputas entre as forças existentes no meio sindical. Não eram entendidas por eles como "paralelas" as intersindicais que eles mesmo trabalhavam para criar, ainda que tendo como lastro a estrutura corporativa. Isto se explicaria na medida em que tais organismos: primeiro, seriam unitários; depois, visavam implementar a luta dos trabalhadores de forma a driblar os obstáculos gerados pela estrutura oficial. Partindo do sindicato, na visão dos comunistas, as intersindicais apenas o complementariam em sua ação em termos ampliados.[12]

Se a prática comunista junto aos sindicatos no pré-1964 foi norteada por alguns dos pontos acima referidos; no pós-golpe, algumas mudanças sutis vão ocorrer, mas no geral, a lógica permanece. O PCB continuou, em termos sindicais a defender a entrada e reocupação dos postos onde eles haviam sido perdidos. Não se colocava mais a questão de construir "estruturas paralelas", mas sim de voltar aos sindicatos e fazê-los novamente atuar em benefício da luta dos trabalhadores. O fato é que se no período anterior, acobertados por um governo um tanto quanto complacente, os comunistas trabalharam no sentido de disputar com os setores conservadores os espaços dentro da estrutura, agora teriam que, sob uma ditadura, serem bem mais cautelosos. Cassados e perseguidos, os comunistas tinham dificuldades mesmo de organizar-se de novo no meio sindical. Além disso, o governo ia dificultando o quanto podia a aparição e a vitória de chapas pouco afeitas às suas novas propostas para os sindicatos. Junte-se a isso outros dois fatores. O PCB vê surgir por todos os lados dissensões na esquerda, oriundas ou não dele, que caminharão rapidamente por uma opção revolucionária armada. Por seu lado, o partido definia-se mais uma vez por uma postura de enfrentamento pacífico ao regime. Os comunistas, que sempre estiveram à esquerda no meio sindical e político, no polo oposto dos "pelegos" e tendo ao centro o PTB, viam-se agora lançados para o centro entre os "pelegos" e o que consideravam "esquerdismo". Ainda que com certa resistência de suas bases, o partido migra rapidamente para uma aproximação e aliança com os setores conservadores no sindicalismo.

Esta aliança não diminuiu a importância e a influência do PCB nos parcos espaços de atuação no meio sindical ao longo dos anos 1970. Porém, a virada da década servirá para ir indicando que o partido fazia uma escolha equivocada de alianças, o que lhe garantiria uma crise definitiva.

O PCB, o PT e a CUT

Quando do reaparecimento do sindicalismo a céu aberto em fins dos anos 1970, o PCB ainda mantinha uma certa importância no seio do movimento e, de alguma maneira, mesmo associado aos "pelegos", ia defendendo posições em termos de trazer os sindicatos "à luta", diferentemente de seus aliados . O fato é que "novos atores entram em cena" e propondo práticas "combativas", marcadas pelo enfrentamento, ameaçam a soberania do "Partidão" enquanto senhor supremo da representação da esquerda e dos trabalhadores. O partido vai buscar garantir os seus espaços informado por uma linha política geral que os afastava dos "combativos" e os aproximava, quase que anexava-os, aos conservadores.

Aqui, mais uma vez, o dado pragmático entrou como elemento chave nas opções e leitura dos princípios. Ainda que alguns setores envolvidos insistam na versão de que uma distinção de política sindical efetivara a cisão, podemos perceber que foi mais a orientação política geral dos grupos—comunistas e "combativos"—que os fez se separarem formalmente com a criação da CUT, em 1983, quando haviam caminhado juntos, inclusive com os "pelegos", até ali. Apesar de trabalharem na perspectiva da unidade, os comunistas visavam claramente à manutenção de sua hegemonia no movimento sindical e, para isso, já contavam não só com sindicatos sob seu controle, mas também com a aproximação aos "pelegos". Já os "combativos" incluíam tanto sindicalistas que já estavam ocupando postos no interior da estrutura oficial, mas também setores que de fora dela buscavam nela entrar para propor sua alteração ou até seu desmantelamento, como as "Oposições Sindicais".[13] Tentando manter a disputa na órbita da estrutura oficial, o PCB, assim como os "pelegos", não viu com bons olhos o avanço dos "combativos", bem como sua perspectiva de, para além dos sindicatos oficiais, abrir espaços para as "Oposições" independentemente dos sindicatos "pelegos", que supostamente representavam as categorias onde atuavam as "Oposições". Isto foi visto como "paralelismo". Este fato deflagrou todo um processo que dividiu formalmente o movimento sindical brasileiro no início dos anos 1980. Na verdade o que estava em jogo era a hegemonia no interior do movimento e a busca de canais que possibilitassem enfraquecer os oponentes.

Os comunistas que sempre estiveram alinhados em favor de posições progressistas para a vida sindical e associados àqueles que também compartilhavam, ainda que minimamente, desta ideia, agora, solidificados no bloco dos conservadores, acabavam por ir contra as forças que buscavam a democratização e o arejamento sindical.

Mesmo que levasse em conta o quadro em que estava inserido, o PCB subestimou as possibilidades de sobrevida tanto do PT quanto da CUT, tendo em vista não só o contexto de regime militar, como o que chamava de "estreiteza política" daqueles atores. Influenciado por uma linha de transição democrática segura, o partido via os setores "combativos" enquanto uma verdadeira ameaça para o processo da transição. Ao ter dificuldade de entendimento das posições políticas que lhe eram diferentes, o partido parecia não perceber que em termos sindicais, muitas das posições poderiam se afinar sem grandes choques.

Apesar de várias tentativas internas de mudança de linha e aproximar o partido dos setores "combativos", estas posições foram derrotadas sucessivamente e o PCB prosseguiu caminhando de cabeça erguida, sem olhar o beco sem saída em que se metia. Uma após a outra foram caindo as cidadelas importantes que davam aos comunistas um certo prestígio e força dentro do movimento sindical. Polarizado, o movimento sindical parecia só ter lugar entre os "pelegos" ou entre os "combativos". O dois setores cresciam, ainda que mudando e redefinindo formas, e o PCB reduzia seu potencial. Sem este prestígio e força dentro do movimento sindical, completamente desenraizado das empresas, sofrendo a concorrência eficiente do PT e da CUT—que se credenciavam definitivamente como os novos organismos pelos quais parcela significativa da classe trabalhadora vocalizaria suas demandas—e sem conseguir despontar como um polo político de peso, o que restaria a este partido já de setenta anos—que em muitas vezes ao longo de sua tortuosa história encarou o fim e lidou com ele—, em um momento no qual ele parecia não ter mais lugar no espaço, senão repensar completamente sua própria existência?

O grau intenso de debate interno no PCB, ao longo dos anos 1980, serviu para mostrar que boa e representativa parcela dos militantes sindicais gostaria de ver sua organização identificada com os setores mais "combativos" no movimento sindical. Sucessivamente derrotados enquanto o partido ainda podia se honrar de certa influência no meio sindical, eles também não parecem ter aceito de forma integral a proposta de trabalho conjunto com os conservadores. Quando, enfim, esta parcela da militância sindical consegue reverter o quadro, em muitos casos gerado e fomentado pela Direção Nacional do partido, e a organização se aproxima novamente da CUT, intersindical que sempre estivera nos planos do partido e pela qual ele trabalhara até quase sua fundação pelo outro setor; já era tarde. O partido não era nem mais a sombra do que houvera sido.

Se no período "esquerdizante" o partido, ao se afastar oficialmente dos sindicatos oficiais, perdeu seu lastro no movimento e se distanciou dos trabalhadores, a partir de meados dos anos 1950 a perspectiva progressista na política se identifica com uma postura progressista em termos sindicais ampliando as inserções do partido entre os trabalhadores. Democracia e reforma social se identificavam com democracia e reforma sindical. Na virada entre os anos 1970 e 1980, o partido ainda que trabalhando no sentido da democracia, no social, conjugou esforços com setores pouco ou nada afeitos à democracia e reformas no meio sindical. Se, antes, a maior parte do tempo o partido conseguia se identificar com os pólos dinâmicos na política sindical; agora, optava pelo "atraso" e se distanciava do movimento vivo, ainda que alegasse o oposto.

Este aspecto da democratização e reforma em termos sindicais foi um delimitador na ascensão e na queda dos comunistas. Enquanto no passado haviam utilizado esta postura para ultrapassar os "pelegos", no presente acabavam por ser ultrapassados por setores que visavam nada mais que esta democratização da vida sindical e uma transformação na estrutura sindical.[14]

A estrutura sindical corporativa ia, assim, mostrando mais uma vez sua força. A própria mudança de hegemonia entre os setores da esquerda no movimento sindical se dava não a partir da disputa entre uma força de dentro dela e uma outra que buscasse uma alternativa à ela. A ultrapassagem foi feita por dentro da estrutura. O determinante no enfrentamento não era criar o "paralelo", mas sim, no limite, associar o oficial e o "paralelo". Os comunistas fizeram isto à perfeição no passado. A partir de dentro da estrutura, com articulações "paralelas" a ela, conseguiram se sobrepor aos "pelegos" e competir com os trabalhistas com mais vantagens do que haviam conseguido pelo caminho estritamente "paralelo". Nos anos oitenta, por não estarem mais identificados com o pólo dinâmico das forças atuantes no movimento sindical, os comunistas não podiam significar nenhuma mudança que impusesse à estrutura uma nova dinâmica e a fizesse funcionar, ainda que limitadamente, em favor das reivindicações dos trabalhadores. É por isso que eles perdem sua significação no movimento sindical.

A perda de significação no interior do movimento sindical não foi a única. Na arena política geral, os comunistas tinham sua inserção também restrita. Qual seria o papel de um partido que no passado havia, de certa forma, sido funcional na lógica de um arranjo que dependia dele no sentido do auxílio da integração dos trabalhadores nos pactos políticos e que, agora, vivia sob condições políticas no qual os trabalhadores não eram pensados como interlocutores e participantes dos arranjos e decisões? Se no passado os comunistas haviam se identificado com os trabalhistas/progressistas até a quase falta de delimitação, agora pareciam confundidos com os democratas e liberais que lutavam pela conquista da democracia e por sua manutenção. O fato, porém, é que sua situação frente aos aliados no passado lhe garantiam um espaço permissivo de ação e desenvolvimento. No novo caso, sem uma função específica nos acordos políticos, os comunistas não tiveram seus espaços franqueados e muito menos ampliados. O que restaria à um partido que se pretendia da classe trabalhadora, mas que nela não tinha mais bases suficientes de sustentação, e que como partido político visava intervir na lógica geral da política nacional, mas que não tinha nem espaços nem condições para isso?

Um outro ponto que vale ser referido é aquele que diz respeito às orientações partidárias tanto no plano geral quanto no plano sindical. Apesar de ter sempre assumido a proposição de ser um partido revolucionário, o PCB, a não ser na exceção "esquerdizante", trabalhou sempre mais como um partido "reformista", ainda que em um quadro de severas restrições. Seria através do aprofundamento das reformas que se conseguiria criar as condições para a construção da sociedade socialista em nosso país.[15] Será através desta lógica que o PCB trabalhará sempre, ao longo de todo o período, de uma forma ou de outra, pela obtenção e manutenção de direitos. Sejam eles específicos dos trabalhadores, ou das liberdades democráticas em geral. O PCB se utilizará destes direitos para avançar em sua luta, em busca de mais espaços. Umas vezes superestimando, outras subestimando as possibilidades de ação nos marcos da legislação vigente, o PCB tentou extrair o máximo dela e dos espaços que ela garantia. Como um partido perseguido, o PCB trabalhava no sentido de minimizar as chances dos ataques inimigos.[16]

Neste processo, o partido atuava no sentido de fortalecer o que enxergava ser o pólo que trabalharia pelas reformas. A partir de pelo menos

1956 e mais marcadamente a partir de 1958,[17] o partido, inserido no bloco nacional/progressista, intensifica sua atuação dando forças às medidas e ações dos sucessivos governos que avaliassem ser direcionadas às transformações e melhorias de vida dos trabalhadores. Com isso, assinalavam sempre que possível a distinção no interior do bloco no governo, e a importância de se sustentar o setor "progressista" contra os avanços, sempre mencionados, do setor "conservador". Este tipo de visão refletia na leitura da sociedade e de sua inserção no capitalismo internacional. O partido indicava a existência de uma divisão entre burguesia nacional e burguesia internacional. No processo de avanço das reformas, a burguesia nacional teria um papel fundamental, já que, pressionada pelo capital estrangeiro, em um suposto choque de interesses com este, via-se ameaçada e empurrada para posições "progressistas". Obviamente, esta postura da burguesia nacional se reproduziria no caso da ação política em uma oscilação e vacilação em termos das reformas, no que dependeriam dos trabalhadores e de seu centro aglutinador, o PCB, para poderem dar o passo firme e indispensável. Este modelo chegará ao seu ápice no início dos anos 1960, com o governo Jango.

A história demonstrou duramente aos comunistas que a separação e o conflito entre o capital nacional e o estrangeiro, ainda que existente, foi insuficiente para garantir que a burguesia nacional caminhasse firmemente, até o fim, com as reformas. No momento decisivo, a opção foi feita pela saída conservadora e autoritária do golpe militar. Ainda assim, o PCB manteve a visão de que podia-se encontrar entre os setores burgueses, parcelas que se dispusessem a, agora sob o regime ditatorial, lutar pela democratização. A proposta da frente democrática esposada pelo partido encampava esta visão. Era necessário englobar os mais amplos setores na luta contra o regime militar. Com o enfraquecimento deste e o início do "processo de transição", o partido continuará defendendo uma posição "frentista", agora pela manutenção e aprofundamento da democracia.

Este tipo de posicionamento fez com que o PCB, ao longo dos anos 1980, fosse se afastando e combatendo tudo aquilo que, em sua visão, acarretaria um risco à democracia e sua estabilidade. Ao mesmo tempo, o partido prosseguia tentando apoiar as medidas "progressistas" do governo de "transição". Como continuavam dizendo as vozes oficiais da organização, o governo era composto por dois blocos: um "progressista" e um outro "conservador". Uma vez mais caberia tomar iniciativas que fortalecessem o setor "progressista" e enfraquecessem seu oponente. Mais uma vez os comunistas, agora investidos de "fiscais do Sarney",[18] viram-se assumindo posições, em muitos casos, contrárias ao movimento social; e mais uma vez viram o que seria, em sua visão, uma possibilidade de mudança terminar sem a perspectiva alvissareira que supostamente contivera.

Ao longo do período analisado, as formulações sindicais na proposta do PCB pouco se alteraram.[19] Em seus documentos, nos dois momentos, mantinha-se a importância de temas, tais como, da luta por "liberdade e autonomia sindical"; da organização nos locais de trabalho como centro fundamental na organização dos trabalhadores e da construção de uma central sindical nacional que levasse a cabo o processo unitário de organização dos trabalhadores brasileiros. Para além disso, como já indicamos, os comunistas se posicionarão a favor da manutenção da *unicidade* sindical[20] e duramente contrários ao "pluralismo sindical". A luta pela "unicidade", era defendida enquanto uma questão de princípio pelo partido. Defensor ardoroso da unidade, não poderia optar por um mecanismo que supostamente pulverizasse os trabalhadores de uma mesma base em vários sindicatos.

Vale dizer, contudo, que este argumento foi muito utilizado politicamente pelo partido em fins dos anos 1970 e ao longo dos anos 1980, para tentar atribuir aos oponentes que buscavam um lugar ao sol, a pecha de "divisionistas" e fechar-lhes qualquer possibilidade de avanço sobre a estrutura sindical, a não ser aquelas que passavam pela disputa por dentro do sindicato já instituído.

O partido e os sindicatos: da complementação à contradição

A relação entre a política geral do partido e sua ação sindical foram no primeiro momento de complementação e no segundo momento de contradição. Se no momento imediatamente anterior ao golpe, a luta pela democratização e avanço das reformas fez com que o partido se empenhasse na democratização e avanço também de posturas progressistas no meio sindical, nos anos oitenta o partido que lutava pela democratização via em alguns dos setores atuantes no espectro da esquerda, um perigo à estabilização democrática e acaba por se atirar contra eles, buscando impedi-los de avançar sobre as posições já conquistadas pelo partido.[21] Assim, o princípio da "unicidade" que já fora utilizado contra os "pelegos" no pré-golpe, pôde ser usado também para tentar barrar os avanços "progressistas" na "transição democrática". Ao longo dos anos 1950 e início do anos 1960, ao lutar por reformas e democracia tanto no âmbito da sociedade como no dos sindicatos, incorporando os trabalhadores no processo, os comunistas obtiveram sucesso na sua penetração no meio sindical e operário. Nos anos 1980, ao se manter na luta pela democracia—que agora, pelas próprias condições, já não detinha o caráter socializante vinculado às reformas estruturais do início dos anos 1960—, sem, contudo, incorporar este valor na perspectiva sindical, tendo em vista que o confundia com o possível avanço de seus oponentes "desestabilizadores", o partido se isolou completamente do movimento, se afastando do que, por essência, seria sua base de existência.

Assim, será na conjugação do esvaziamento sindical e do esvaziamento político, neste caso, intrinsecamente relacionados, que o PCB dará passos largos para perda total de significação política e para o esgotamento de sua proposta de intervenção na realidade brasileira. Quando o X Congresso da agremiação decidiu pela sua extinção oficial, em 1992, trocando nome e símbolos, o partido já de há muito deixara de servir como possível elemento agenciador das demandas dos trabalhadores e pouco importava no cenário da "grande política".

Tentando-se conjugar os fatores internos e externos ao partido, deve-se assinalar que, se a moldura onde atuava o partido servia ora de constrangimento, ora de ampliador de possibilidades, poderíamos dizer que o elemento dinâmico e fundamental para o efetivo aproveitamento das condições ofertadas pelos elementos estruturais foi sempre as opções empreendidas pelo partido. Pensando-se sempre como ator político, portador de uma vontade coletiva, com possibilidades de intervenção nas conjunturas—umas vezes subestimando-as, outras superestimando-as—, o partido foi trilhando aquele que seria, supostamente, o caminho "correto", ainda que este mais tarde fosse reavaliado enquanto desastroso para a existência mesma da organização.[22]

É nesta perspectiva, que a estrutura e organização interna do partido tem certo relevo. Deve-se lembrar que assumindo para si a identidade de "partido leninista", o PCB sempre se pautou pela lógica do "centralismo democrático" e da "unidade na ação". Baseando-se em uma estrutura até certo ponto rígida, e que agravada pela clandestinidade chegava a gerar práticas bastante autoritárias, o PCB viverá ao longo de todo o período enfrentando tensões entre direção e base em uns casos, e tensões internas à direção que resultarão em "rachas", expulsões e defecções. O mais interessante é que uma duradoura justificativa oficial para muitos dos problemas evidenciados por estas tensões seria a luta do partido contra os *desvios* políticos internos sejam eles à direita ou à esquerda. Dependendo da correlação de forças interna e de sua extensão, as tensões poderiam ser resolvidas de forma variada que iam desde o debate e a solução pela política, até a expulsão.[23]

Mas, basear-se apenas nas definições dos documentos pode levar a alguns equívocos. Nem de longe o PCB pode ser considerado um partido monolítico, pura e simplesmente submetido ao poder de uma oligarquia.

Tendo em vista a distância obrigatória entre teoria e prática e o papel fundamental da militância no sentido de preencher este espaço, se abriam muitas possibilidades de leituras e aplicações alternativas da linha partidária. Além disso, o próprio aparecimento de resistências no seio da militância fez com que, muitas vezes, o partido flexionasse sua intenções e formulações em busca de uma adequação maior clamada pela militância.

Quanto à vida externa do partido, e ainda que levando-se em conta suas definições ideológicas, devemos captar a atuação do partido em seus embates concretos seja na relação com aliados e/ou oponentes, seja no campo político em que deseja se implantar. Neste sentido, um ponto importante diz respeito à competição entre partidos do mesmo espectro. É aqui que o PT e o sindicalismo vinculado à CUT, desempenharam um papel especial servindo como elemento agravador da crise pecebista.

Analisando a relação de disputa entre estes dois partidos do mesmo campo político em busca da hegemonia, podemos dar uma contribuição interessante já que mesmo incorporando a perspectiva de análise que leva em conta o dado organizacional e ideológico, integrar-se-á um elemento vivo e dinâmico na existência do partido. Com este tipo de ampliação, entre outros, podemos perceber o partido em sua existência interna (organização e ideologia) e externa (ambiente social no qual tenta atuar).

A perda da hegemonia no sindicalismo e na esquerda

No que diz respeito à hegemonia nos setores de esquerda político e sindical, o PCB reinou pelo menos de 1945 a 1978. Obviamente não se está querendo dizer aqui que partidos como o Partido Trabalhista Brasileiro (PTB) não desempenharam papel importante tanto no parlamento como no meio sindical. Mas, apesar disso, a referência à esquerda era o PCB. E, seja por tradição, tamanho, militância e durabilidade, este partido prosseguiu como o representante da classe trabalhadora até fins dos anos setenta quando setores sociais emergentes se agrupam em torno da proposta do PT e vão abrir uma alternativa até então nunca enfrentada pelo PCB. Ao mesmo tempo em que buscava trabalhar o campo institucional—assim como o PCB e o PTB no passado—, o PT trazia uma forte proposta de enraizamento e sustentação de suas propostas pela base—fato sempre utilizado pelos comunistas e de forma não comparável pelo PTB (Delgado, 1990; Reis F.º, 1986). Assim, surgia um partido com condições de desbancar o PCB, inclusive, de sua tradicional posição de representante dos trabalhadores brasileiros.

Se na conjuntura 1945/1964, na maior parte do tempo, os comunistas conseguiram se manter à frente do movimento sindical brasileiro, ainda que associados ao PTB, a partir de 1978/1979 este partido verá, de fato, a posição que ocupara nos anos 1950/1960 ser ocupada por outro partido. O PCB não conseguia manter seu laços fortes com o movimento sindical que ressurgia em fins dos anos 1970 e acabou por ser ultrapassado, em inserção e influência.

A disputa entre os dois partidos vai se dar logo no nascedouro do PT. Aquele partido vai colocar, muito claramente, que não reconhecia a suposta soberania do PCB no que diz respeito à representação dos trabalhadores. É por isso, que o PT reforçou tanto sua originalidade e ruptura em termos da história da esquerda no Brasil. Ainda que se considere que isto se deu de forma desmesurada, deve-se reconhecer que cumpriu papel importante na formação de uma nova identidade no interior da tradição de esquerda em nosso país.

Os dois partidos vão travar uma disputa que se estenderá aos meios políticos, sindicais indo atingir o debate acadêmico. Neste particular, nem sempre o presente foi o campo do debate. Na maioria das vezes, a história serviu de campo onde se buscava indicar erros ou acertos do PCB no período pré-1964 mas que justificassem os debates que se travavam em termos de uma conjuntura contemporânea. Não é por acaso, portanto, que o PT surge quase como uma negação de tudo que havia sido feito pelo PCB, principalmente na conjuntura pré-1964.

O fato é que o PT, diante deste tipo de identidade, optou sempre, em seus primórdios, por uma estratégia que, ao longo do tempo, se mostrou mais adequada e lucrativa politicamente do que a dos comunistas. Partindo da centralidade sindical e incorporando outros movimentos, definindo-se pelo embate frontal ao regime militar e com sérias desconfianças acerca dos interesses da burguesia nacional em mudanças, o PT acabou por ir se constituindo em uma alternativa real no espectro político da esquerda. Além disso, outros fatores devem ser levados em conta como elementos de peso. Mesmo a cultura política anticomunista participou também do processo. Só para darmos um exemplo, mencionaríamos o dado de que, se o PT conseguiu espaço legal de existência com a reforma partidária promovida pela ditadura, ao PCB foi retardado este acesso. O PT, apesar das inúmeras tentativas de campanhas de difamação por parte dos setores conservadores, nunca precisou atuar na clandestinidade.

Assim, *pari passu* com o desenvolvimento e crescimento do PT e da CUT, os comunistas vão perdendo cada vez mais espaços. De certa forma, o surgimento do PT abalou mais ao PCB do que à outros partidos de esquerda. Isto ocorreu devido ao fato de que PCB e PT acabaram por correr na mesma raia. Muitas das perspectivas políticas assumidas pelo PCB iam sendo realizadas, e com desenvoltura, pelo PT tanto nos sindicatos como na vida política em geral. Assim, ao se tornar o maior e mais representativo partido de esquerda do Brasil, o PT fechava os espaços para o crescimento e o florescimento do PCB.

O mais interessante neste jogo de troca de hegemonia é que, ao longo do tempo, o PT vai tendo que redimensionar sua retórica e sua atuação, se transformando em um partido cada vez mais voltado para o campo institucional—deixando muito de seu "purismo" original—, em um movimento pelo qual tanto criticou o "partidão"; e a CUT, já estabelecida enquanto o projeto sindical mais sólido e duradouro da história nacional, da mesma forma entra em uma fase de busca de nova identidade fazendo adequações em termos de sua atuação no interior da estrutura sindical oficial, também em um movimento que ela mesma criticava, em suas origens, no "velho sindicalismo" liderado pelo PCB.

É por isso, que avaliamos ser importante a análise do PCB em sua ascensão e queda, a partir de sua relação com o movimento organizativo dos trabalhadores e com a moldura geral na qual este se inscrevia. Este processo pode lançar luz sobre os limites e as possibilidades da atuação dos partidos de esquerda na sociedade brasileira em geral, e em seu sistema político em particular.

Em termos gerais, a análise do que seria o apogeu e a crise de um partido situado à esquerda do espectro político e que, durante um longo período, foi uma referência importante enquanto representação dos interesses dos trabalhadores, em tudo o que este processo tem de específico e, ao mesmo tempo, no que traz de possibilidades generalizantes, pode auxiliar na ampliação do entendimento da prática de partidos com este corte no Brasil, bem como sobre as dificuldades que os mesmos encontram no desenvolvimento e implantação de suas propostas políticas.

Considerações finais

As ações do PCB naquele período demonstra um partido que, em um primeiro momento, teve papel central na organização e luta dos trabalhadores brasileiros. Isso se altera já que, em um segundo momento, o partido perde a capacidade de organização e agenciamento da classe trabalhadora, enfraquecendo-se cada vez mais em termos de disputa nos setores de esquerda e na sociedade. Ele tanto conseguiu orientar os trabalhadores na direção que considerava a melhor para eles, como também sofreu fortes resistências de trabalhadores e grupos políticos, aliados ou não, que não só limitaram suas ações, como em alguns casos, até mesmo as derrotaram e reorientaram. O PCB buscou sempre ser a direção política dos trabalhadores brasileiros, tendo sido, em grande medida, eficaz nesta empreita, principalmente entre 1945 e 1964, que podem ser considerados anos de ouro desta relação. Mas, muitas vezes, ficou aquém dos setores dinâmicos da classe trabalhadora, tendo de se esforçar para buscar capitaneá-la sem ser ultrapassado por ela.

A militância comunista foi importante nas vitórias e conquistas da classe trabalhadora. Mas, não foi a único responsável por elas. Culpar o partido, exclusivamente, por erros e derrotas da classe trabalhadora é lhe dar capacidade política para além da realidade existente. Por outro lado, buscar nele apenas uma vítima das circunstâncias seria diminuir em muito seu potencial acumulado naqueles anos. Com tudo e por tudo, o PCB escreveu seu nome em local proeminente na história de vida e luta dos trabalhadores brasileiros, bem como na trajetória dos movimentos e partidos de esquerda no Brasil.

Notes

1   Ao longo do trabalho ao usarmos os termos "comunista" e/ou "comunistas" estaremos sempre nos referindo aos indivíduos associados ao PCB.

2   Os leitores interessados podem ter maiores informações acerca dos mais variados períodos da história do PCB em, entre outros, Vinhas (1982), Chilcote (1982), Pacheco (1984) e Segatto (1989).

3   Como veremos mais detalhadamente, este "desenvolvimento" além de ser marcado por idas e vindas, teve um interregno causado pelo banimento do partido executado pelo governo Dutra em 1947; e pela linha "esquerdizante" adotada pela organização a partir de 1948 e sacramentada no Manifesto de Agosto de 1950. De certa forma, no terreno sindical, já em 1952, o partido deixa "oficialmente" de ser regido por tal linha e parte para a ofensiva no interior da estrutura sindical corporativa.

4   Segundo Gorender (1987: 46), "Naquele ano (1963), o PCB teve o momento de maior poderio de sua história. O período de vida legal de 1945-1947 foi luminescente, assinalado pelos êxitos eleitorais. Mas se tratava de brilho enganoso, que disfarçava a sustentação fracamente estruturada nas massas operárias e a penetração insignificante no meio camponês. Do ponto de vista da influência política efetiva, o PCB era, então, residual. Já no período 1958-1964, converteu-se numa organização com capacidade decisória, apesar da quase ausência de expressão eleitoral, uma vez que não conseguiu recuperar o registro de partido legal".

5   Neste sentido podemos tomar como exemplo a mudança do nome da agremiação à revelia de congresso, em uma conferência nacional no início dos anos

sessenta, que alterou seu nome de Partido Comunista do Brasil para Partido Comunista Brasileiro. O próprio presidente João Goulart teria jogado com esta disposição dos comunistas e indicava a possibilidade de conseguir-lhes a legalidade em troca de apoio. Em uma conjuntura posterior, fins dos anos setenta, o partido será acusado por setores mais à esquerda de assumir uma posição dócil e *negocista* com relação ao regime militar devido à esperança e crédito na conquista de sua legalidade.

6   Este tipo de descompasso foi ainda mais marcante quando do período "esquerdizante". A proposta de afastamento dos sindicatos oficiais e a encampação, na via sindical, do que ficou conhecido como política da "greve pela greve", resultaram na maior resistência enfrentada pelo partido à sua política no período, tanto em sua militância como entre os trabalhadores.

7   Na fase "esquerdizante", o partido padeceu do problema de forma invertida. Tentou fabricar, sem sucesso, um processo revolucionário da noite para o dia e empurrar o movimento dos trabalhadores nesta direção.

8   Assim foi quando da criação da Confederação Geral dos Trabalhadores do Brasil (CGTB) em 1946 e na criação do Comando Geral dos Trabalhadores (CGT) em 1962.

9   Daí a afirmação atribuída à Prestes de que os comunistas estavam no governo mas ainda não no poder (Vinhas, 1982: 193).

10   É interessante notar que apesar de se encontrarem em lados opostos no espectro analítico sobre a conjuntura, tanto Weffort (1973 e 1978) quanto Vianna (1983), apesar de justificativas diferenciadas, aceitam a tese do fraco envolvimento dos comunistas com o trabalho de base. Conforme se verá, pesquisas mais recentes relativizam esta tese.

11   O dado é que um encontro sindical nacional, marcado para meados de 1964, e que não ocorreu por razões óbvias, já trazia em seu temário, não só a criação da Central Geral dos Trabalhadores – o que ao transformar o Comando Geral em Central Geral contrariaria a lei, não só de fato, como o Comando já o fazia, mas no próprio direito -, mas também uma redefinição acerca do imposto sindical que poderia levar a proposta de sua extinção.

12   Deve-se dizer que este tipo de postura não seria um apanágio da prática comunista. Ele foi utilizado também por outros setores em períodos posteriores. Vale lembrar que se muito virulentos contra a estrutura e propondo-lhe alterações radicais quase que da noite para o dia, os setores "combativos" que se vincularam ao Partido dos Trabalhadores (PT) e a Central única dos Trabalhadores (CUT), não parecem ter conseguido êxito tão grande nesta mudança e em muitos casos vemos as mesmas justificativas utilizadas pelos comunistas no passado serem trazidas à baila por bocas "novas". Nesta área bastante nebulosa, alguns dos princípios acabam por ser matizados pela lógica política da necessidade prática.

13   O movimento das "Oposições Sindicais" agrupava uma série de posições diferenciadas que ia desde as que defendiam a participação nos marcos da estrutura corporativa para alterá-la até aquelas que recusavam mesmo este tipo de atuação.

14   Sobre os limites dos projetos destes setores, apesar de sua virulenta retórica no que diz respeito às mudanças na estrutura (Boito Jr, 1991).

15 Na visão de Rodrigues (1981) será o dilema reforma ou revolução, conjugado à contradição entre o nacionalismo e o internacionalismo que dificultará ao partido elaborar uma linha de ação mais adequada à realidade brasileira

16 Será assim que o PCB atuará, por exemplo, na Constituinte de 1946, na luta pela legalidade no início dos anos 60 (usando-a para tentar golpear os setores conservadores) e na Constituinte de 1988. No caso das constituintes, o partido defendia aquele espaço como possível de garantir um novo reordenamento político e social no país.

17 Visões explicitadas tanto no Projeto de discussão sobre o XX Congresso (1956) quanto na famosa Declaração de Março de 1958.

18 Durante o chamado "Plano Cruzado", de estabilização econômica, em 1986, os "fiscais" eram aqueles que, informalmente, verificavam e denunciavam estabelecimentos comerciais que não respeitassem o "congelamento de preços" imposto pelo governo. Os setores "combativos" viram neste,como em outros planos deste corte, uma tentativa de "arrocho salarial" contra os trabalhadores e de táticas para ganhos eleitoreiros.

19 Ressalve-se a mudança prática do partido no que diz respeito ao papel dos sindicatos no contexto político. Levando em conta o quadro político geral e sua inserção no mesmo, o PCB, por exemplo, tanto intensificava as mobilizações sindicais para o avanço das reformas no imediato pré-64; como posteriormente, defenderá a cautela no movimento dos trabalhadores.

20 Monopólio da representação de um sindicato sobre uma base determinada de trabalhadores. Esta perspectiva foi relativizada apenas no período "esquerdizante", tendo em vista que se propondo a abandonar os sindicatos oficiais, os comunistas tentaram criar entidades "paralelas".

21 De alguma maneira, mesmo que em formato diferente, o partido repetia aquelas proposições de seu secretário geral Luís Carlos Prestes, no período de redemocratização nos anos 1940, de que mobilizações mais radicalizadas serviriam ao fascismo.

22 Conforme identificou Rodrigues (1981), as sucessivas direções e linhas políticas partidárias eram bastante severas nas críticas aos "erros" dos momentos que lhes precediam.

23 É importante assinalar, também, que foi muito frequente a resolução das tensões via o artifício da acomodação de interesses e propostas. Isto não significava maior ou menor grau de democracia, mas sim uma maneira quase administrativa de resolver crises.

Referências

Antunes, R. (1991). *O novo sindicalismo*. São Paulo: Editora Brasil Urgente.

Azedo, L. Carlos. (1990). Modernização integrada e o mundo do trabalho. *Revista Novos Rumos*, 18-19, 96-104.

Benevides, M. Victoria. (1989). *O PTB e o Trabalhismo*. São Paulo: Cedec/ Brasiliense.

Boito Jr., Armando. (Org.). (1991) *O sindicalismo brasileiro nos anos 80*. Rio de Janeiro: Paz e Terra.

Boito Jr., Armando. (1991a). *O sindicalismo de estado no Brasil*. São Paulo: Hucitec/Unicamp.

Buonicore, A. Cesar. (1996). *Os comunistas e a estrutura sindical corporativa (1948-1952): entre a reforma e a ruptura*. (Dissertação de mestrado). Campinas, Unicamp.

Carone, Edgard. (1982a). *O PCB (1922-1943)* (Vol. 1). São Paulo: Difel.

Carone, Edgard.(1982b). *O PCB (1943-1964)* (Vol 2). São Paulo: Difel.

Carone, Edgard.(1982c). *O PCB (1964-1982)* (Vol. 3). São Paulo: Difel.

Chilcote, Ronald. (1982). *Partido Comunista Brasileiro: conflito e integração*. Rio de Janeiro: Graal.

Corrêa, Hércules. (1980). *A classe operária e seu partido*. Rio de Janeiro: Civilização Brasileira.

Costa, Hélio da. (1995). *Em busca da memória: comissão de fábrica, partido e sindicato no pós-guerra*. São Paulo: Scritta.

Delgado, L Neves. (1986). *O comando geral dos trabalhadores no Brasil (1961-1964)*. Petrópolis: Vozes.

Del Picchia, P. (1980). *O PCB no quadro atual da política*. Rio de Janeiro: Civilização Brasileira.

Dreifuss, R. A. (1981). *1964: a conquista do Estado*. Petrópolis: Vozes.

Erickson, K. Paul. (1979). *Sindicalismo no processo político no Brasil*. São Paulo: Brasiliense.

Frederico, C. (1979). *A vanguarda operária*. São Paulo: Símbolo.

Frederico, C. (1987). *A esquerda e o movimento operário (1964-1984)* (Vol.1). São Paulo: Novos Rumos.

Frederico, C. (1990). *A esquerda e o movimento operário (1964-1984)* (Vol 2). Belo Horizonte: Oficina de Livros.

Garcia, M. A. (org.) (1986). *As esquerdas e a democracia*. São Paulo: Cedec.

Gato, Marcelo. (1979). Considerações sobre a questão sindical e a democracia" En *Temas de Ciências Humanas* (Vol. 5, pp. 125-148) São Paulo: Ciências Humanas.

Giovanetti Netto, E. (1986). *O PCB na Assembléia Constituinte de 1946*. São Paulo: Novos Rumos.

Gorender, Jacob. (1987). *Combate nas trevas*. São Paulo: Ática.

Gramsci, A. (1978). *Maquiavel, a política e o estado moderno*. Rio de Janeiro: Civilização Brasileira.

Keck, M. (1992). *The Workers' Party and Democratisation in Brazil*. London: Yale University Press.

Keck, M. (1989). New Unionism in the Brazilian Transition. En A. Stepan, (Org.), *Democratizing Brazil*. Oxford: Oxford University Press.

Konder, Leandro. (1980). *A democracia e os comunistas no Brasil*. Rio de Janeiro: Graal.

Krischke, P. J. (1982). *Brasil: do "milagre" à "abertura"*. São Paulo: Cortez.

Maranhão, Ricardo. (1979). *Sindicatos e redemocratização*. São Paulo: Brasiliense.

Maranhão, Ricardo. (1981) *Os trabalhadores e os partidos*. São Paulo: Editora Semente.

Martins, Carlos E. e Almeida, Maria H. T. de. (1974). *Modus in rebus: partidos e classes na queda do Estado Novo*. Sao Paulo, mimeo.

Martins, H. de Souza. (1979). *O Estado e a burocratização do sindicato no Brasil*. São Paulo: Hucitec.

Martins, H. de Souza. (1994). *Igreja e movimento operário no ABC*. São Paulo/S.C.do Sul: Hucitec/Pref. S.C. do Sul.

Meneguello, R. (1989). *PT: a formação de um partido*. Rio de Janeiro: Paz e Terra.

Menezes, Clarice e Sarti, I. (1981). *Conclat 1981: a melhor expressão do movimento sindical brasileiro*. Campinas: Cartgraf. Coleção Ildes 3.

Moraes, D. de e Viana, F. (1982). *Prestes: lutas e autocríticas*. Petrópolis: Vozes.

Pacheco, Eliezer. (1984). *O partido comunista brasileiro (1922/1964)*. São Paulo: Alfa-ômega.

Pandolfi, Dulce. (1995). *Camaradas e companheiros: história e memória do PCB*. Rio de Janeiro: Relume-Dumará.

PCB. (1980). *Vinte anos de política: documentos (1958/1979)*. São Paulo: Ciências Humanas.

Reis F.º, D. Aarão. (1997). A maldição do populismo. *Linha Direta* 330 São Paulo, Partido dos Trabalhadores.

Rodrigues, L. Martins. (1981a). O PCB: os dirigentes e a organização. En *História Geral da Civilização Brasileira* (Vol. 10, Cap. 8). São Paulo, Difel.

Rodrigues, L. Martins. (1981b). Sindicalismo e classe operária (1930/1064). En *História Geral da Civilização Brasileira* (Vol. 10). São Paul: Difel.

Rodrigues, L. Martins. (1990). *CUT: os militantes e a ideologia*. Rio de Janeiro: Paz e Terra.

Sader, Eder. (1988). *Quando novos personagens entraram em cena*. Rio de Janeiro: Paz e Terra.

Santana, Marco A. (1999). Entre a ruptura e a continuidade: visões da história do movimento sindical brasileiro. *Revista Brasileira de Ciências Sociais*, São Paulo, *14*(41).

Santana, Marco A. (2001). *Homens Partidos: comunistas e sindicatos no Brasil.* São Paulo e Rio de Janeiro: Boitempo/MMSD/UNIRIO.

Santana, Marco A. (2012). *Bravos Companheiros: comunistas e metalúrgicos no Rio de Janeiro* (1945-1964). Rio de Janeiro: 7Letras.

Santos, R. (1988). *A primeira renovação pecebista.* Belo Horizonte: Oficina de Livros.

Segatto, José A. (1989). *Breve história do PCB.* (2da. ed.). Belo Horizonte: Oficina de Livros.

Spindel, Arnaldo. (1980). *O partido comunista na gênese do Populismo.* São Paulo: Símbolo.

Vianna, L. Werneck. (1983). *A classe operária e a abertura.* São Paulo: Cerifa.

Vianna, L. Werneck. (1986). *Travessia: da abertura à constituinte 86.* Rio de Janeiro: Taurus.

Vianna, L. Werneck. (1988). *Questão nacional e democracia: o ocidente incompleto do PCB.* [Série Estudos 64]. Rio de Janeiro: IUPERJ.

Vinhas, Moisés. (1982). *O partidão - a luta por um partido de massas (1922-1974).* São Paulo: Hucitec.

Weffort, Francisco. (1973). Origens do sindicalismo populista no Brasil (A conjuntura do Após-guerra). *Estudos Cebrap*, 4, 66-105.

Weffort, Francisco. (1978a). Os sindicatos na política (Brasil 1955-1964). En *Ensaios de Opinião*, 2-5, 18-27.

Telles, Jover. (1962). *O movimento sindical no Brasil.* Rio de Janeiro: Vitória.

Thompson, Edward P. (1980). *The Making of the English Working Class.* New York: Penguin books.

Partido, masas y guerra revolucionaria del pueblo
La izquierda en Guatemala (1954-1996)

Carlos Figueroa Ibarra
Universidad Autónoma de Puebla

En este trabajo ensayaremos una interpretación de la concepción que animó a la izquierda revolucionaria guatemalteca en lo que se refiere al papel de la lucha armada, de las luchas de masas (como se le denominó a las luchas sociales abiertas y pacíficas), de la forma en que se concibió a la organización revolucionaria y finalmente la idea de revolución en el imaginario de la izquierda aquí examinada.

El argumento que aquí sostenemos es que dos factores irradiaron el convencimiento de la izquierda revolucionaria guatemalteca en el camino de la lucha armada: la dictadura militar que fue acentuando su carácter terrorista y por otro lado, la brecha abierta en América Latina por la revolución cubana. También se sostiene que fue la concepción de la lucha armada la que marcaría el debate sobre las relaciones con la forma de partido, las luchas de masas y las organizaciones sociales, los escenarios de la guerra, el camino del poder y la visualización del Estado.

La ruptura de 1954

Es un lugar común cuando se hace el análisis de la sociedad guatemalteca, señalar que la contrarrevolución de 1954 significó un parteaguas en la historia contemporánea de la misma. La cancelación de un proceso revolucionario que perseguía el desarrollo democrático del capitalismo, lo que en esencia significaba democracia liberal y representativa y justicia social, alteró profundamente la concepción que de la revolución tenía la naciente izquierda revolucionaria guatemalteca. Contrariamente a la propaganda anticomunista que se difundió en aquellos momentos y durante toda la guerra fría, el partido comunista llamado en Guatemala Partido Guatemalteco del Trabajo (PGT), no concibió el proceso revolucionario que se observaba en Guatemala como algo que habría que radicalizar y llevar hacia el socialismo. Probablemente no se exagere si se dice que dicho partido acaso fue el más decidido impulsor de una revolución que no concebía como socialista sino como democrática burguesa. En el imaginario del PGT hasta antes de la contrarrevolución, el partido debería propugnar por una hegemonía obrera y socialista en el seno del gobierno y de las organizaciones de masas, las cuales eran básicamente las centrales obreras y las organizaciones campesinas, a efecto de que en un futuro indefinido, y de acuerdo a la correlación de fuerzas que se observara en el mundo, la revolución democrática burguesa pudiera transitar a una etapa socialista (Alvarado, 1994, pp. 24-25).

La intervención estadounidense en Guatemala no solamente restauró en el poder del Estado a los sectores oligárquicos más conservadores y oscurantistas sino inició una reformulación de la vía revolucionaria que antaño se había gestado en el PGT. En ese mismo espíritu, un año después del derrocamiento, el PGT difundió desde la clandestinidad un análisis autocrítico de la actuación de los comunistas durante el período revolucionario (CP/PGT, 1955, pp. 36-43). De manera muy resumida podría decirse que en dicho documento se expresaba que el PGT había confiado demasiado en una burguesía nacional que al final había capitulado ante el imperialismo, no había sido lo suficientemente enérgico denunciando la traición de la alta oficialidad del ejército, ni en relación a la distribución de las armas a los sectores populares para defender a la revolución, ni tampoco en propiciar una ruptura de los oficiales leales con los traidores; no había sido enjundioso en propalar su propio programa de clase por temor a caer en provocaciones y no había trabajado lo suficiente como para poder construir de manera sólida la alianza obrera-campesina que había descuidado su trabajo ideológico (CP/PGT, 1955 pp. 30-46).

Resulta obvio, aunque en el documento citado no se haga explícito, que lo que se llamó "la vía violenta de la revolución" era posible de ser deducida de la autocrítica del PGT y de las enseñanzas que ellos habían extraído de la contrarrevolución. Una revolución anti feudal y antiimperialista, que instaurara un nuevo tipo de gobierno en el que el proletariado era la clase hegemónica, que se constituiría en una dictadura democrática revolucionaria y que reestructuraría al ejército y lo acompañaría de milicias populares, no era posible hacerla por la vía electoral. Sobre todo, insistamos en este punto, porque el Estado al que los revolucionarios se enfrentaban, era una dictadura que ya se perfilaba como militar.

La conclusión es ya un lugar común en la izquierda guatemalteca: fue el derrocamiento de Arbenz y la instauración de un régimen dictatorial lo que sembró la violenta tempestad de cuatro décadas en Guatemala.

Los efectos de la Revolución Cubana

Habrían de pasar todavía varios años antes de que la caracterización del PGT se plasmara en una línea definida de lucha armada revolucionaria. Hasta antes de la Revolución Cubana y de la rebelión militar del 13 de noviembre de 1960, el PGT parece haber visto la vía del derrocamiento de la dictadura instaurada en 1954, como una suerte de alzamiento militar articulado a una sublevación popular (Figueroa 2004, 2006a). La idea de partido estaba en gran medida determinada por la concepción leninista y específicamente por la lectura del leninismo que se hacía desde la Unión Soviética. Así, el partido debería regirse por la doctrina marxista-leninista, por el principio del centralismo democrático, por el combate a las corrientes internas (que tarde o temprano terminaban fraccionando al partido), y en el sustento de todo esto, en la búsqueda incansable de mantener al partido en estrecha vinculación con las masas (CP/PGT, 5/1958). Fue esta concepción, lo que lo llevó a realizar la proeza política de infiltrar el organismo sindical que la dictadura de Carlos Castillo Armas (1954-1957) había creado para cooptar al movimiento obrero en Guatemala (La Federación Autónoma Sindical de Guatemala, FASGUA).

En términos generales el PGT deploraba el complot que no estuviere asociado a una rebelión popular aun cuando no descartara la idea de aliarse contra los que complotaban contra el régimen. En un determinado momento, tampoco descartó la idea de buscar una salida democrática a través de lo que se llamó la "línea de la conciliación nacional", inspirada en un planteamiento similar alguna vez postulado por el partido comunista español. Se trataría de un acuerdo nacional entre fuerzas de la derecha, centro e izquierda que le dieran una salida política de carácter democrático a la crisis instaurada con la contrarrevolución de 1954 (CP/PGT, 11/1958; CP/PGT, 9/1959).

La Revolución Cubana terminó con todas estas esperanzas. Por una parte radicalizó a las fuerzas de la derecha y al propio gobierno del General Miguel Ydígoras Fuentes (1958-1963) quien intensificó la represión. Por otra parte, al igual que en el resto de América Latina y el Caribe, ocasionó un terremoto político en el imaginario revolucionario guatemalteco expresado en el PGT y sus áreas de influencia. Hasta ese entonces, el PGT concebía a la revolución como producto de una insurrección parecida a la bolchevique de 1917. La teorización que se hizo de la Revolución Cubana por Ernesto Che Guevara (Guevara, 1960, 1962a, 1962b, 1963) y después llevada hasta sus últimas consecuencias en la divulgación hecha por Regis Debray (1967) ponía en cuestión en términos esenciales la concepción de la revolución que el PGT había postulado.

De una lectura parcial del proceso revolucionario cubano, había surgido esta concepción. Y del disenso ideológico que provocó habría de surgir una diversificación de las organizaciones de la izquierda revolucionaria. A la par del inicial PGT, habrían de organizarse las Fuerzas Armadas Rebeldes (1967), la Nueva Organización Revolucionaria de Combate (NORC) después convertida en Ejército Guerrillero de los Pobres (1972) y la Organización del Pueblo en Armas (ORPA) (1979) (Debray, 1975).

Partido, guerrilla y luchas de masas en el primer ciclo revolucionario

Aunque inicialmente el PGT sufrió una debacle organizativa debido al cambio drástico de su contexto que provocó el golpe contrarrevolucionario de fines de 1954, finalmente sobreviviría exitosamente su abrupto paso a la clandestinidad provocado por el derrocamiento de Arbenz. En los primeros meses de 1960, según recordaba uno de sus dirigentes, José Alberto Cardoza, la secretaría de organización del PGT estimaba en 600 el número de sus miembros en todo el país (C/F, 8/97). No era mucho, si tal cifra se contrastaba con los 4 mil militantes que se contabilizaban en los últimos días del régimen de Arbenz. Era una cantidad significativa, si tal número se contextualizaba con las circunstancias represivas en las que vivía la izquierda marxista guatemalteca. En ese ambiente represivo, el PGT celebró en la clandestinidad su III congreso entre el 20 y 22 de mayo de 1960 (Alvarado, 1994, p. 43). La celebración del III Congreso, recuerda Alfredo Guerra Borges, a la sazón integrante de la comisión política, fue expresión de un gran logro reorganizativo (AGB/F, 9/97). Del mismo, escribiría Huberto Alvarado, después secretario general, que se había celebrado "cuando el PGT estaba reconstruido en lo fundamental" (Alvarado, 1994, p. 44).

El congreso aprobó entre otras resoluciones una que tenía que ver con el uso de la violencia revolucionaria: el partido, planteaba la resolución, "estaría en disposición de utilizar cualquier forma de lucha en consonancia con la situación concreta". En tanto que las clases reaccionarias estaban empujando al pueblo hacia la violencia, sobre tales sectores recaería "toda la responsabilidad de la violencia en los casos en que el pueblo se ve obligado a hacer uso de ella para abrirle paso a la revolución". El partido debería adoptar medidas concretas para estar preparado en lo fundamental para tomar parte en la lucha, "cualesquiera que sean las formas que ésta adopte" (Alvarado, 1994, p. 44).

Tres datos recogidos por Víctor Manuel Gutiérrez, notable dirigente sindical y miembro distinguido de la comisión política del PGT, llaman poderosamente la atención. En primer lugar, que el 53% de los delegados lo constituían obreros y campesinos. En segundo lugar, que el 47% de estos delegados habían sobrevivido a las cárceles de la liberación y de los sucesivos gobiernos hasta llegar al de turno, el encabezado por Miguel Ydígoras Fuentes. Finalmente, que el 6% de dichos delegados habían sufrido torturas a manos de los esbirros de la dictadura (Gutiérrez, 1965, p. 32). Gutiérrez no lo registró, pero si se hubiese hecho una encuesta con respecto a quienes de ellos venían del exilio, el porcentaje también hubiese sido significativo. El congreso reflejaba en su composición la vocación proletaria y popular del partido y el castigo que dicha vocación tenía en la sociedad guatemalteca.

Durante aquellos años de reconstrucción, el PGT había organizado a su rama juvenil, la Juventud Patriótica del Trabajo (JPT). Con ella además de la presencia de obreros y campesinos, la organización agregaba a un sector importante de estudiantes de educación media y universitaria. En términos de clase esto implicaba la adhesión al partido de un importante sector de clases medias bajas urbanas. En el área rural, en regiones de la costa sur o en el nororiente del país, se nutría de trabajadores agrícolas y campesinos, muchos de ellos veteranos agraristas de la época de la reforma agraria arbencista. En suma, la membresía del partido y su periferia de simpatizantes estaba constituida por obreros, entendiendo esto último por lo que podía calificar como tal en la sociedad guatemalteca al filo de la sexta década del siglo XX: artesanos, trabajadores del transporte, linotipistas, ferrocarrileros y obreros industriales. Pero además era posible encontrar otras categorías sociales: empleados del sector de servicios y del estado, maestros, profesionistas universitarios, estudiantes de secundaria y universidad, intelectuales y artistas, trabajadores agrícolas y campesinos. Era sobre todo en estos sectores rurales donde la presencia indígena despuntaba, aun cuando en el imaginario de la organización, los indígenas eran, sobre todo, proletarios rurales o campesinos pobres.

Las organizaciones de masas o "amplias" eran las "correas de transmisión" de la organización revolucionaria y además eran el vehículo para que éstas actuaran en la legalidad. Impedido el PGT de actuar abiertamente porque estaba ilegalizado y porque era ferozmente perseguido, las organizaciones sociales se convertían en el puente a través del cual políticas y concepciones se llevaban a sectores amplios de la sociedad. Especial mención merece el Partido de Unidad Revolucionaria (PUR), organizado como disidencia izquierdista del Partido Revolucionario (PR) quien fue constituido por demócratas revolucionarios, antiimperialistas, pero en el que también encontraron cabida militantes comunistas (PUR, 5/1959; 9/1959; PUR, 8/1966). La implacable persecución que forzaba a una estricta clandestinidad, desarrolló estos ámbitos que eran denominados "frentes amplios" los cuales además de plataformas de posturas revolucionarias también servirían en las décadas siguientes no solamente por el PGT sino por las otras organizaciones que surgieron, no solamente en Guatemala sino también en El Salvador y Nicaragua, como canteras para el reclutamiento de nuevos militantes. Fuera en la forma partido o en la de organización político-militar, la organización se concebía como vanguardia integrada por "los mejores hijos del pueblo" (PGT, 1972).

En marzo de 1962, el PGT hizo práctica la línea del uso de todas las formas de lucha. El gobierno de Ydígoras acusaba ya un desgaste significativo, porque había sembrado agravios en la extrema derecha (expresada en el Movimiento de Liberación Nacional-MLN), la socialdemocracia de derecha (PR), la naciente socialdemocracia de izquierda (después organizada en la Unión Revolucionaria Democrática-URD) y en la Democracia Cristiana. El descontento motivado por la corrupción, por actos represivos, desencadenó dos meses de luchas callejeras que hicieron tambalear al régimen. Todas las organizaciones mencionadas líneas atrás salieron a las calles de la capital del país y exigieron la renuncia de Ydígoras (Gutiérrez, 1962). Al mismo tiempo, una columna guerrillera organizada por el PGT y el PUR y otros sectores y al mando del coronel Carlos Paz Tejada se alzó en el departamento de Baja Verapaz (Figueroa, 2004). Las luchas abiertas y legales, impulsadas a través de los frentes amplios, empezaron a declinar una vez las jornadas preinsurreccionales terminaron en abril de ese año de 1962. En cambio la derrota fulminante de la "columna 20 de Octubre" no desalentó el entusiasmo generado por la Revolución Cubana.

No es el propósito de este trabajo hacer una crónica de lo acontecido durante este primer ciclo guerrillero, observado entre 1962 y 1968 aproximadamente. Particularmente en el período de su apogeo (1965-1966), la insurgencia organizada en las FAR implantó varios frentes guerrilleros en el país, realizó diversos tipos de acciones armadas tales como hostigamientos, ajusticiamientos, sabotajes económicos, emboscadas a unidades del ejército, toma de poblaciones en la zona nororiental del país, propaganda armada, secuestros económicos y políticos, además de acciones financieras de carácter militar (Alvarado, 1994, p. 55). Resistió dos ofensivas del ejército en 1964 y 1965

(Debray y Ramírez, 1975, p. 290; Alvarado, 1994, p. 65). Pero la tercera, que comenzó el 3 de octubre de 1966 al día siguiente de la muerte en un accidente automovilístico de su máximo dirigente militar, el comandante Luis Augusto Turcios Lima, culminaría cuando en agosto de 1967 la guerrilla rural quedó dispersada totalmente (Debray y Ramírez, 1975, pp. 290, 299).

Lucha armada, lucha de masas y revolución en el segundo ciclo revolucionario

La derrota de la insurgencia revolucionaria, palpable ya a fines de 1967, fue asimilada de manera desigual en los distintos segmentos del movimiento revolucionario. Para ese entonces, dichos segmentos estaban constituidos por el PGT, las Fuerzas Armadas Rebeldes (FAR) y un grupo de combatientes estacionados en Cuba y que estaban siendo reorganizados en un nuevo proyecto revolucionario al mando de Ricardo Ramírez de León, conocido en ese momento como Orlando Fernández posteriormente como el comandante Rolando Morán. Este grupo de combatientes iniciaría sus actividades como NORC y después se econvertiría en el Ejército Guerrillero de los Pobres (EGP). Finalmente, se encontraba un desarticulado Movimiento Revolucionario 13 de Noviembre (MR-13), encabezado por el comandante Marco Antonio Yon Sosa.

I.   Las interpretaciones de la derrota

El PGT interpretó la derrota de 1967 básicamente como el resultado de una línea equivocada que le había sido impuesta por los sectores radicalizados de la JPT y de las FAR. Habiendo sido fundadas las FAR en diciembre de 1962 en la concepción de que era el brazo militar del PGT, en los hechos con el apoyo cubano, fueron adquiriendo independencia ideológica y operativa. Cuando en enero de 1968 hicieron pública su ruptura con el PGT, eran en la práctica una organización independiente (FAR, 1/68a; 1/68b). Con una correlación de fuerzas interna en la que las FAR y la JPT pesaban bastante, el PGT hizo concesiones en aras de la unidad y de acuerdo a su balance de todo el período, aceptó que las acciones armadas se impusieran por la presión de una concepción foquista en vez de ser el resultado natural de la elevación de la combatividad del pueblo guatemalteco (CC/PGT, 1968).

Las FAR por su parte hicieron una interpretación delirante sobre lo que sucedía: los revolucionarios no podían replegarse, no podían hacer tregua, solamente podían permitirse el combate constante. Bien podían el ejército y sus asesores norteamericanos ir a buscarlos, "sólo irán a caer en nuestras emboscadas y en nuestras trampas; que vengan a las montañas, que éstas cobrarán vida; que nos busquen, que nos dispersaremos como la niebla; que nos encuentren, que les daremos a probar el mismo plomo que les hemos arrebatado" (FAR, 1/68a). Afirmaciones hechas cuando en la Sierra de las Minas solamente un puñado de guerrilleros sobrevivía a las embestidas del ejército.

Pasarían tres años antes de que las FAR aceptaran las causas profundas de la derrota. De su convención nacional, entre diciembre de 1970 y enero de 1971, realizada en la capital en medio de una ofensiva represiva del gobierno de Arana, saldría la crítica a su práctica foquista y una reorientación de su actividad, que la llevaría a ser una organización determinante en el trabajo urbano de masas en toda la década de los setenta, uno de los factores sin el cual resulta inexplicable el segundo auge guerrillero. El planteamiento autocrítico de las FAR puede encontrarse en el documento que lleva por título Fundamentos Teóricos de las Fuerzas Armadas Rebeldes y que está fechado en el año de 1973 (DNE/FAR, 3/1973; Robles Villatoro, 1995, 1997). Entre 1971 y 1973, las FAR lograrían levantar una organización importante en la ciudad que se nutrió principalmente del reclutamiento de estudiantes de la Escuela Normal para Varones y a partir de 1974, después del fraude electoral de aquel año, con el trabajo de un grupo de abogados laboralistas provenientes de la Democracia Cristiana. Con estos activos en su militancia y una nueva línea, las FAR emergerían de su período más sombrío.

II.   El camino del poder y la revolución

La concepción del PGT está plasmada, además de la resolución del Comité Central de 1968, en el documento que contiene la línea aprobada en su IV Congreso de diciembre de 1969, El Camino de la Revolución Guatemalteca (PGT, 1972). Siguiendo la caracterización que había estrenado en 1965 en un documento de un mando conjunto de PGT, FAR y JPT denominado Centro Provisional de Dirección Revolucionaria, (CPDR, 3/1965), el PGT caracterizaba a la revolución por la que luchaba como una de carácter antiimperialista, agrario y popular que le abriría paso al socialismo. Era un proceso único en dos fases que sería impulsado por las fuerzas motrices de la revolución que eran los obreros urbanos y agrícolas, campesinos pobres y medios, las capas medias asalariadas y pequeños propietarios. La vía de la revolución guatemalteca era una de carácter violento que asumiría en el caso específico de Guatemala, la forma de la guerra revolucionaria popular de carácter prolongado, la cual tendría un carácter integral (combinación de formas de lucha) y multilateral (diversos escenarios), además de diversas etapas que no se deberían ver de manera esquemática, pero que correspondían al acumular fuerzas, golpear al enemigo, derrotarlo, conquistar el poder y aplastar a la contrarrevolución.

Una tercera interpretación podemos encontrarla en textos constitutivos escritos por Ricardo Ramírez de León. Una biografía del malogrado comandante Luis Augusto Turcios Lima (Fernández, 1968) es el prolegómeno de una concepción plasmada en lo que se llamó coloquialmente el documento de marzo (EGP, 3/67). En un tenor parecido a los documentos iniciales de las FAR, el Documento de Marzo partía de una premisa básica: el PGT estaba liquidado como instrumento revolucionario por su burocratismo, porque sus dirigentes no estaban íntimamente convencidos de la necesidad de la guerra, porque no entendían el papel de la política en la guerra ni el de la guerra en la política, y por tanto no podían constituirse en una verdadera dirección militar. La guerra en Guatemala sería un proceso de ofensiva constante, desarrollada en sentido geográfico, partiendo de un punto y extendiéndose a nuevas zonas, regiones y sectores sociales y convertirse en una guerra nacional y generalizada. Solamente el desarrollo de la guerra podría hacer que la ciudad se incorporara a ella; así el movimiento sería de la ciudad al campo y luego del campo a la ciudad, y el campesinado sería la base y fuerza principal de la revolución y la guerra revolucionaria. La población indígena sería protagonista esencial en la guerra revolucionaria.

Los escenarios de la guerra serían las tres zonas estratégicas principales: la zona de mayor interés para el enemigo (costa sur y altiplano), la zona donde el enemigo tenía sus centros nerviosos y asiento de poder (cascos urbanos y zonas aledañas) y la zona que el enemigo juzgaba inerte, que era precisamente donde vivían buena parte de las masas indígenas. El interés estratégico de las fuerzas revolucionarias debería ser directamente inverso al del enemigo, es decir que la zona de menor interés para él debería ser la del mayor interés para las primeras. Había que contar con un enfrentamiento con el imperialismo yanqui que era el enemigo principal, sustentar la guerra sobre todo en recursos propios y los que fueran arrancados al enemigo, para preservar la independencia del movimiento revolucionario y partir del criterio de que por diversas razones el eslabón débil para el imperialismo era Guatemala. La dirección de las fuerzas revolucionarias debería ser político-militar, por lo que no habría dirigentes políticos que no supieran conducir la acción de la guerra ni jefes militares que necesitaran de comisarios políticos.

Con estas tres grandes síntesis, tres organizaciones diferenciadas emprenderían el camino del segundo ciclo revolucionario observado entre 1972

Organización revolucionaria clandestina	Organización social
PGT, JPT	Federación Autónoma Sindical de Guatemala; Frente de Estudiantes (Universidad de San Carlos de Guatemala); Asociación de Estudiantes Universitarios; Asociación de Estudiantes Universitarios de Occidente; Coordinadora de Estudiantes de Educación Media; Movimiento Nacional de Pobladores; Consejo de Entidades de Trabajadores del Estado; Sindicato de Trabajadores de la Universidad de San Carlos de Guatemala; Sindicato de Trabajadores de Industria Vidriera Centroamericana S.A.
FAR	Central Nacional de Trabajadores; Sindicato de la Coca Cola; Frente Nacional Magisterial; Frente de Trabajadores de la Cultura; Asociación Magisterial de Quetzaltenango
EGP	Federación de Trabajadores de Guatemala; Federación Sindical de Empleados Bancarios; Frente Estudiantil Robin García (Secundaria); FERG (Universidad); Comité de Unidad Campesina
FAR, PGT	Frente de Trabajadores de Sur Occidente
FAR, EGP, PGT	Confederación Nacional de Unidad Sindical

Cuadro I. Relación entre las organizaciones que hacían trabajo de masas y las organizaciones sociales.

y 1984. En esa ruta desaparecería el MR-13 una vez que a mediados de 1970, su líder el comandante Yon Sosa fuera capturado y asesinado en México, cerca de la frontera con Guatemala. Y aparecería una nueva organización, ORPA, fruto de una escisión de las FAR y de la conducción de Rodrigo Asturias Amado, el comandante Gaspar Ilón.

El debate y la pugna política que había generado la revolución cubana al poner en tensión lo político y lo militar, tenía en esas síntesis soluciones diferenciadas. El PGT recuperaba la primacía de lo político sobre lo militar. Lo que después sería el EGP proponía una articulación de lo político y lo militar, de allí que fuera concebida como una organización político-militar. Las FAR a la larga asumiría esa solución, aun cuando en un determinado momento se abrogó el derecho a ser el "autentico partido comunista" originando una áspera respuesta del PGT.

	Huelgas y paros	Obreros en huelga	Días no trabajados
Gobierno de Julio César Montenegro (1996-1970)	51	41.689	441.200
Gobierno de Carlos Arana Osorio (1970-1974)	74	71.605	887.500
Gobierno de Kjell Laugerud (1974-1978)	118	102.364	1.213.600

Cuadro II. Huelgas y paros en el sector industrial (1966-1978).[2]

III. Luchas populares, movimiento revolucionario y frentes amplios

De esta manera, puede decirse que durante los años setenta y, hasta a principios de los ochenta, PGT, FAR y EGP desarrollaron una labor organizativa en el seno del movimiento popular que explica el auge de las luchas sociales durante todo ese período.[1] Las tres organizaciones siguieron el patrón ya mencionado líneas atrás de organizaciones clandestinas que construían frentes amplios, vehículos de sus agendas políticas y canteras de reclutamiento de nuevos cuadros. Éstos resultaban ser aquellos activistas de las organizaciones populares que se distinguían por su disciplina, entrega y temple, para asumir las tareas de una organización que se concebía como vanguardia revolucionaria. En ocasiones, estos frentes amplios tenían hegemonía total de una de las tres organizaciones clandestinas, en otros casos, la hegemonía era compartida lo que daba lugar a enfrentamientos sucedidos por acuerdos frágiles de coexistencia.

En el Cuadro I (página 112) podemos sintetizar, de manera esquemática, la relación de las tres organizaciones que hacían trabajo de masas con organizaciones sociales en la perspectiva de lo que se denominaba trabajo de masas.

El cuadro nos revela cómo al menos tres de las cuatro organizaciones revolucionarias clandestinas le dieron al trabajo de masas una importancia cardinal. No resulta extraño que esto sucediera con el PGT y su organización juvenil, la Juventud Patriótica del Trabajo (JPT), puesto que la necesidad de vincularse con la población formaba parte del ABC de su tradición política. Además, la concepción de la lucha armada como "forma superior" de lucha, implicaba que para el PGT la etapa de las luchas reivindicativas, era el peldaño imprescindible en amplios sectores de los sectores subalternos para llegar a una conciencia revolucionaria. Las FAR, después de sintetizar auto-

Años	Promedio anual de obreros	% de obreros en huelga en el cuatrienio
1966-1970	88.700	11,7%
1970-1974	105.700	67,7%
1974-1978	126.200	80,8%

Cuadro III. Trabajadores en el sector industrial e importancia de las huelgas (1966-1978).[3]

críticamente su experiencia en los años sesenta (DNE/FAR, 3/1973) le daban prioridad al trabajo en el seno del movimiento popular. Contribuía a su éxito en la inserción en el seno de éste, el concurso de militantes demócrata cristianos radicalizados después del fraude electoral de 1974 y que hacían trabajo sindical. Y finalmente el EGP, después de discusiones internas, también había elaborado una "línea de masas" que en el contexto de su concepción de guerra popular revolucionaria, resultaba complementaria a su línea militar.

Habiendo construido un importante trabajo en el seno del movimiento popular, al final de la década de los ochenta, la influencia del PGT fue mermando merced a las divisiones que tuvo y de las cuales surgieron el PGT (Núcleo de Dirección) y el PGT (Comisión Militar). Buena parte del trabajo de masas antes influenciado por el PGT se fue trasladando a la égida de la alianza del PGT (Núcleo de Dirección), EGP y FAR, la cual con la incorporación de ORPA habría de convertirse en 1982 en la Unidad Nacional Revolucionaria Guatemalteca (URNG). Para ese entonces, y después de la huelga de trabajadores agrícolas organizada por el Comité de Unidad Campesina (CUC) en los primeros meses de 1980, el movimiento popular y las luchas de masas abiertas había declinado dramáticamente como consecuencia del terror estatal.

Con la ayuda de un cierto conocimiento personal de los acontecimientos y de testimonios de militantes de esa época, del análisis del cuadro anterior puede inferirse la composición social de las bases del movimiento revolucionario guatemalteco en los años setenta y ochenta: trabajadores industriales, artesanos, mineros, estudiantes de educación media y estudiantes universitarios (generalmente procedentes de clases medias bajas y trabajadoras urbanas), maestros, burócratas medios y bajos, empleados bancarios, trabajadores agrícolas, campesinos, profesionistas universitarios, pobladores (habitantes de zonas marginales urbanas). A diferencia de los años sesenta, en

	1973	1974	1975	1976	1977	1978	1979	1980	Total
Movilizaciones, paros, huelgas obreras, industriales y agrícolas	-	-	-	6	6	8	3	7	30
Movilizaciones campesinas, tomas de tierra	1	-	-	1	2	2	4	1	11
Movimientos estudiantiles, universitarios y de educación media	-	-	-	-	7	7	2	1	17
Movimientos vecinales, pobladores	-	-	1	-	2	3	2	-	8
Marchas callejeras importantes	1	1	-	-	3	5	6	1	17
Movimientos, paros, huelgas de trabajadores del Estado	1	-	1	1	9	11	-	3	26
Manifestaciones populares de alcance nacional	1	1	-	1	3	2	2	1	11
Huelgas, paros de trabajadores bancarios y comerciales	-	-	-	-	1	2	1	2	6
Total	4	2	2	9	33	40	20	16	126

Cuadro IV. Luchas de masas abiertas y legales (1973-1980).

Año	Absolutos	% de incremento en relación con 1978	% de incremento anual
1978	879	-	-
1979	1.371	-	56%
1980	2.264	803%	65%
1981	3.426	-	51%
Total	7.940	-	-

Cuadro V. Número de muertos y desaparecidos y ritmo de crecimiento del terrorismo de estado (1978-1981).[5]

esta oportunidad y gracias al trabajo organizativo abierto y clandestino en las áreas rurales, se observaba la condición indígena en una parte significativa de los participantes del movimiento popular. Las áreas de influencia del movimiento revolucionario se habían trasladado del oriente y nororiente del país hacia el altiplano central y septentrional, regiones con una alta presencia de las distintas etnias mayas. La capital del país, la ciudad de Quetzaltenango y regiones de la costa sur que tuvieron presencia en el ciclo revolucionario anterior, continuaron siendo escenario del activismo revolucionario.

Un aspecto muy importante de destacar es que en el proceso creciente de luchas abiertas, legales y reivindicativas que precedió al auge de la lucha armada a partir de 1979, los obreros industriales y en general el movimiento sindical se convirtió en un elemento central del movimiento popular. Los Cuadros II y III (página 113 ypágina 114, resp.), procedentes de las estadísticas laborales hechas por una oficina gubernamental en Washington, muestran un aumento importante de los paros y huelgas de trabajadores industriales entre 1966 y 1978. El Cuadro III en particular, nos muestra como el porcentaje de obreros que habían participado en paros y huelgas fue creciendo de casi un 12% entre 1966 y 1970 hasta un 80% entre 1974 y 1980.

El PGT siguió fiel a la idea de partido leninista, mientras que las otras tres organizaciones revolucionarias (FAR, EGP, ORPA) hicieron una combinación de la forma leninista con una estructura militar, la cual derivó en lo que se denominó la Organización Político Militar (OPM). En lo que se refiere a la estrategia revolucionaria, el conjunto de las organizaciones adoptó en lo esencial el camino de la guerra popular revolucionaria, una suerte de síntesis de la experiencia de la guerra popular prolongada observada en China, la experiencia vietnamita en la guerra contra los Estados Unidos de América, la experiencia cubana y la propia experiencia guatemalteca en la década de los sesenta. En cuanto a las formas de lucha, el conjunto de las cuatro organizaciones revolucionarias, a pesar de sus disputas anteriores, parecieron considerar imprescindible el camino de las luchas sociales de carácter reivindicativo que tuvieron un creciente auge en la década de los setentas hasta llegar a 1980 cuando la represión las desarticuló en lo esencial.

El Cuadro IV (página 115) nos puede dar una idea de lo acontecido en lo que se refiere a las luchas populares, abiertas, reivindicativas entre 1973 y 1980. Este cuadro recoge las luchas populares observadas en aquellos años. Aun cuando tal recopilación no pretende ser exhaustiva, si puede ser representativa de lo acontecido en aquellos años.[4]

En el mismo cuadro puede observarse que al menos una cuarta parte (23%) de las luchas registradas son explícitamente obreras, sea industriales o agrícolas (30). A estas habría que agregar un 5% (6) de huelgas de trabajadores bancarios y comerciales, lo cual elevaría al movimiento sindical a casi una tercera parte de las luchas observadas en aquella década. En segundo lugar de importancia con un 20% (26) fueron movimientos protagonizados por trabajadores del estado (aquí habría que incluir las luchas magísteriales) y un 13% (17) los realizaron estudiantes universitarios y de educación media. Casi el 9% (11) fueron movilizaciones campesinas y tomas de tierra. En lo que se refiere al ascenso y descenso de este tipo de luchas, las mismas arrancaron con el movimiento de los maestros agrupados en el Frente Nacional Magisterial en 1973 y tienen un despegue notable en 1977, probablemente como consecuencia de los descontentos acumulados después del terremoto de 1976. Ese año de 1977 es cuando se observan 33 movimientos, habría de llegar a su clímax en 1978, cuando el número de huelgas, movilizaciones, manifestaciones etc., llegó a 40. Es en ese año cuando se observa el más grande movimiento de protesta callejera, como consecuencia de la subida de las tarifas del transporte urbano. A partir de ese momento el movimiento popular empieza a declinar como consecuencia el inicio de la gran oleada de terror estatal, como se puede observar con la declinación a 20 movimientos en 1979 y a 16 en 1980.

IV. Terrorismo de estado y lucha armada revolucionaria

En los primeros meses de 1978, Centroamérica estaba observando ya el estallido revolucionario que marcó a la década siguiente. La turbulencia en Nicaragua que paulatinamente se fue convirtiendo en una situación revolucionaria, estimuló las luchas políticas y sociales en El Salvador y en Guatemala. La dictadura guatemalteca, nutrida de una tradición terrorista que había ido creciendo desde la contrarrevolución de 1954, gestó un plan represivo de largo alcance que tuvo una primera muestra con la masacre de campesinos en el municipio de Panzós, departamento de Alta Verapaz, en el mes de mayo de 1978. En octubre de 1978, en el contexto de una protesta popular masiva en la ciudad de Guatemala, se dio el primero de los asesinatos selectivos planeados para destruir el tejido organizativo del movimiento popular. La ejecución del secretario general de la AEU, Oliverio Castañeda de León el 20 de octubre de ese año, fue el principio de las ejecuciones de personajes representativos de la oposición política (Alberto Fuentes Mohr, Manuel Colom Argueta y Manuel Andrade Roca) que se desplegó durante 1979, 1980 y 1981.

Desde la perspectiva de los arquitectos del terror, guerrilleros, sindicalistas y opositores formaban parte del mismo plan subversivo y por tanto había que convertirlos a todos en objetivos militares y parte del acopio de inteligencia. El núcleo de verdad que había en todo esto era que como lo vimos antes, militantes de las organizaciones clandestinas habían animado y/o infiltrado al movimiento popular y no pocos de ellos incluso tenían doble militancia en partidos políticos ubicados en el centro izquierda del espectro político. Pero al convertir por igual a guerrillas, organizaciones sociales y partidos políticos de oposición en objetivos militares, convirtió a los estrategas de la contrainsurgencia en adalides del terrorismo estatal, acrecentó la crisis de legitimidad del Estado guatemalteco y orilló hacia la perspectiva de la revolución a sectores que no necesariamente tendrían porque compartirla. En 1980, la dictadura militar estaba crecientemente aislada nacional e internacionalmente y estaba perdiendo la iniciativa política y militar.

A fines de 1981, el terror selectivo había destruido o replegado al movimiento popular tanto en campos como ciudades. Así pues, durante el primer momento de esta oleada de terror (momento que se observaría aproximadamente durante los años 1978-1980), el terrorismo de Estado tuvo como función primordial el destruir el avance popular observado en la década de los setenta, sostenido en formas de lucha no precisamente violentas o armadas. A partir de 1980, cuando el movimiento popular urbano gestado en la década de los setentas estaba esencialmente desarticulado, el segundo momento el énfasis ya no se puso en las organizaciones sociales sino se dirigió fundamentalmente contra las organizaciones insurgentes. Este tránsito se vio acompañado de otro más: el del paso del terror selectivo al terror masivo (1980-1983), expresado en las masacres en las aldeas indígenas en zonas consideradas áreas de influencia de la guerrilla (Figueroa, 1991, pp. 130-140).

El comportamiento del terror estatal puede observarse en el Cuadro V (página 116), que refleja la situación observada entre 1978-1981, correspondiente al primer momento, el del énfasis en el terror selectivo y que

Año	Absolutos	% de incremento en relación a 1979	% de incremento anual
1979	113	-	-
1980	500	-	342%
1981	932	-	86%
1982 (marzo)	432	-	-
Total	1.977	1650%	-

Cuadro VI. Acciones militares desarrolladas por el movimiento revolucionario guatemalteco [1979-1982 (marzo)].[6]

destruyó y replegó al movimiento popular que se había desarrollado en la década de los setenta.

Obsérvese las tasas de incremento anual de los muertos y desaparecidos entre 1979 y 1981. Más impresionante resulta el porcentaje de incremento de muertos y desaparecidos en relación a 1978, tal como se observaba en 1980: más del 800%. El alto mando del ejército guatemalteco contempló un ascenso revolucionario que venía fraguándose desde años atrás, pero que creció vertiginosamente con el triunfo de la revolución en Nicaragua en julio de 1979. Observado desde un mirador contrainsurgente, el panorama regional resultaba preocupante. En el Cuadro VI (página 119) podemos observar cómo la lucha armada revolucionaria, nutrida del reclutamiento hecho en el trabajo clandestino y en el movimiento popular, crecía también de manera notable.

En 1979 el número de acciones militares desarrolladas por las cuatro organizaciones insurgentes ascendía a 113. En 1980 el número de las mismas había ascendido a 500, es decir en un 342%, mientras que en 1981 tal ascenso se contabilizaba en un 86% pues el número de acciones llegaba a 932. Los recuentos para 1982, solamente llegan a marzo en el cuadro anterior. Sin embargo, puede destacarse que únicamente en los primeros tres meses de 1982, el número de acciones armadas alcanzaba 432, es decir casi un 50% del total de acciones militares realizadas en los 12 meses del año anterior. El estremecimiento del Estado guatemalteco era mayor que lo que indican estos indicadores cuantitativos, porque a diferencia de lo observado en el primer ciclo revolucionario, en este segundo, se observaba la participación de miles de campesinos y obreros agrícolas que pertenecían a las más diversas etnias del pueblo maya. El país se encaminaba hacia lo que la teoría clásica del marxismo había llamado una situación revolucionaria.

Como siempre sucede, el desarrollo del proceso revolucionario había dado y quitado la razón a cada una de las organizaciones revolucionarias que se enfrentaron en el debate observado afines de los años sesenta del siglo XX. Como los fundadores del EGP lo habían previsto, la conciencia revolucionaria había ido de la ciudad al campo y ahora regresaba de éste último hacia la ciudad. El EGP también había postulado que las perspectivas de una revolución estaban en la incorporación masiva de los pueblos indígenas a la rebelión y eso era lo que estaba sucediendo. Como lo había pronosticado el PGT, el desenlace armado era el resultado de un crecimiento de la conciencia revolucionaria que se había nutrido de una lucha integral que combinaba las más diversas formas de lucha y en lo que se refiere a la lucha armada el escenario más que un foco era uno de carácter multilateral: el EGP se había irradiado de la zona septentrional del departamento de El Quiché, hacia los de Alta y Baja Verapaz, Huehuetenango y la Costa Sur; las FAR se habían asentado en el departamento de El Petén pero también se encontraban en el departamento de Chimaltenango y en la capital del país; ORPA se encontraba en la parte baja del departamento de Quetzaltenango y en los de San Marcos y Sololá; el PGT en la ciudad capital, en Quetzaltenango y en la parte de Alta Verapaz que colindaba con el departamento de Izabal, además de la organización en la costa sur del país.[7]

Conviene en este momento hacer una breve reflexión sobre la lucha revolucionaria y los pueblos indígenas. El gran acierto del planteamiento hecho en el documento de marzo fue prever que para que el proceso revolucionario fuera un proceso de masas, los pueblos indígenas tenían que incorporarse a la lucha revolucionaria. Esto fue lo que sucedió en el segundo ciclo guerrillero en Guatemala. El EGP fue sumamente exitoso en lograr la simpatía y la incorporación de masas indígenas en la zona septentrional del país, particularmente en El Quiché, al igual que lo hicieron las FAR en el altiplano central y específicamente en el departamento de Chimaltenango. ORPA puedo hacerlo también en las diversas zonas en las cuales operó y particularmente en el altiplano central también. El PGT tenía trabajo político de muchos años atrás en el departamento de Alta Verapaz, región con una población predominantemente K'eqchi' en lo que se refiere a los pueblos mayas. Estos hechos fueron los que verdaderamente conmocionaron al Estado en este segundo ciclo insurgente. Era obvio que en la óptica contrainsurgente, esto ocasionó que en esos años, la ofensiva de terror estatal se dirigiera hacia esas regiones y hacia

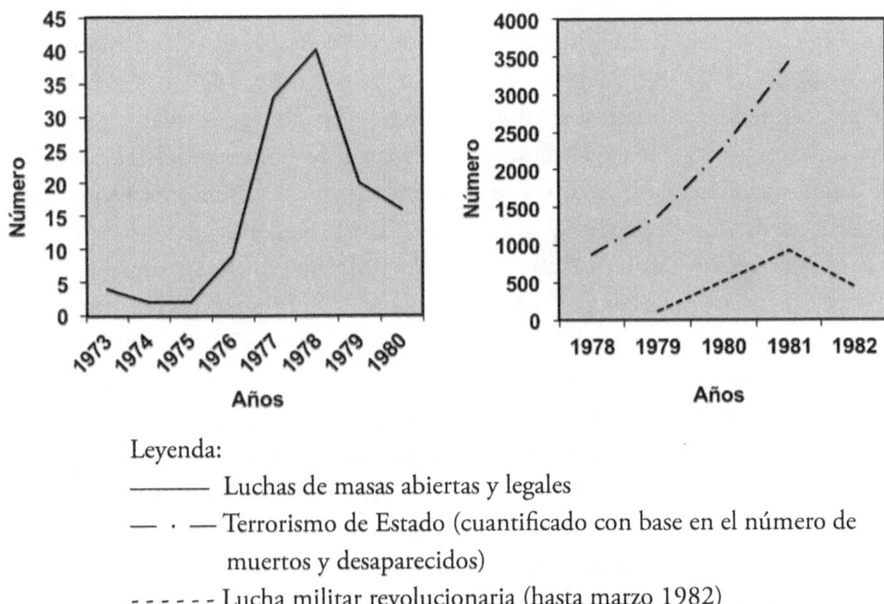

Leyenda:

——— Luchas de masas abiertas y legales

— · — Terrorismo de Estado (cuantificado con base en el número de
muertos y desaparecidos)

- - - - - - Lucha militar revolucionaria (hasta marzo 1982)

Gráfica I. Interrelación cronológica entre terrorismo de estado, luchas de masas
abiertas y legales y lucha revolucionaria (1973-1982).

esas etnias a efecto de romper el vínculo de las organizaciones revolucionarias
con los pueblos indígenas.

En el caso del PGT, y acaso también en lo que se refiere a las FAR
(MRV/F, 9/97; 10/97; 5/99), el énfasis en la concepción de que lo político
precedía a lo militar había hecho que se privilegiara el trabajo político organizativo y de carácter reivindicativo y se descuidara el trabajo militar que la
línea de la guerra revolucionaria del pueblo contemplaba. En el caso de las
FAR esta unilateralización era menos acusada, pero en lo que se refiere al PGT
la situación era tan notoria que durante los setenta fue fuente de defeccio-
nes personales y de tres fraccionamientos: el del PGT (Núcleo de dirección)
(1978), el del PGT (Comisión Militar) (1978) y finalmente el del PGT (6
de enero) (1984). En la crisis del PGT también influía una ineficiencia de
dirección, particularmente marcada en el caso de su último secretario general
(Ricardo Rosales Román, Carlos Gonzáles).

La Gráfica I (página 121) muestra la situación en el momento climático de la situación revolucionaria que se observó en el país que se comenzó
a observar en 1979 y culminó en 1982. En la parte izquierda de la gráfica
puede observarse el comportamiento de las luchas de masas, abiertas y legales

que compusieron al movimiento popular en la década de los setentas. Nótese el enérgico ascenso de tales luchas a partir de 1976 hasta llegar a un momento climático en 1979 y luego el abrupto descenso entre 1979 y 1980. Este descenso puede explicarse si se observa la parte derecha de la misma gráfica. Particularmente la línea que da cuenta del comportamiento del terrorismo de estado (medido en muertos y desaparecidos) que empieza a observar un ascenso vertiginoso a partir de 1979 y hasta 1981. Se confirma gráficamente que fue el ascenso del terrorismo de estado dirigido contra las organizaciones sociales y los partidos políticos de oposición, lo que habría de provocar el abrupto descenso de las luchas sociales a partir de 1979. Pero al mismo tiempo que descendían las luchas sociales de carácter abierto y legal, también ascendía la lucha militar revolucionaria medida en acciones militares. La Gráfica I nos indica el tránsito del énfasis en las luchas de masas hacia la lucha armada revolucionaria, y el tránsito hacia niveles notablemente superiores en materia de terrorismo de estado. Acontecía, entonces, que buena parte de los militantes sobrevivientes a la acción de terrorismo de estado contra las organizaciones sociales y partidos políticos de oposición, vieron en la lucha armada revolucionaria una opción a la lucha que habían mantenido antaño y también una alternativa de protección en un contexto en el que la vida legal se había acabado para ellos.

Hasta marzo de 1982, la conquista revolucionaria del poder se encontraba indiscutiblemente instalada en el imaginario de los revolucionarios guatemaltecos. Y no sólo en ellos, también en el de sectores de la socialdemocracia que habían sido lanzados hacia la izquierda revolucionaria debido a que el espacio político en el que ellos actuaban había sido cancelado. Fue en aquellos años cuando Mario Solórzano Martínez, el dirigente del Partido Socialista Democrático (PSD), aseveró que "para hacer reformas en Guatemala había que hacer la revolución" (Solórzano, 1987). Dos años después, este imaginario empezaba a derrumbarse.

De la revolución a la solución negociada

Desde la perspectiva contrainsurgente, acaso el mayor mérito en la desarticulación de la situación revolucionaria que ya estaba instalada en Guatemala, lo tenga el general Efraín Ríos Montt. Tras el golpe de estado de marzo de 1982, Ríos Montt encabezó un gobierno de facto hasta agosto de 1984, cuando a su vez fue también derrocado por el general Humberto Mejía Víctores (1984-1986). Desde la perspectiva contrainsurgente, el avance del movimiento revolucionario exigía una respuesta drástica. Justo es decir que ésta se había comenzado a observar desde los últimos tiempos del gobierno del general Romeo Lucas García (1978-1982), con la primera fase de terror selectivo antes apuntada. También con la desarticulación de la infraestructura subversiva en la ciudad de Guatemala durante el año de 1981 manifiesta en el desmantelamiento de las casas de seguridad insurgente (ORPA, 1982; Payeras, 1987). Pero fue a Ríos Montt a quien correspondió llevar el mayor peso del tránsito del terror selectivo al terror masivo manifiesto en el arrasamiento de más de 400 aldeas en las áreas de influencia de la insurgencia (Figueroa, 1991; ODHA, 1998; CEH, 1999). El genocidio tuvo resultados: la insurgencia fue frenada y acotada, el terror detuvo la incorporación masiva de la población al movimiento revolucionario y con lo anterior, el impulso revolucionario amainó su ritmo. Ríos Montt comenzó el camino que abrió de nueva cuenta el espacio político que habían perdido la socialdemocracia y la democracia cristiana. Cuatro años después del golpe de estado que lo llevó al gobierno, se celebraron elecciones presidenciales y la otrora golpeada y perseguida Democracia Cristiana llegó al gobierno. El genocidio combinado con el discurso reformista y la oferta política ("fusiles y frijoles") significó en efecto una derrota estratégica para la izquierda revolucionaria: el camino revolucionario al poder había terminado.

Ya se ha dicho que en 1955, el PGT había hecho un viraje significativo en su visión de la revolución, abandonando el tránsito paulatino hacia la hegemonía obrera socialista en el contexto de un régimen asentado en una revolución democrática burguesa. En 1960 había empezado a transitar hacia la perspectiva de la lucha armada revolucionaria y la había comenzado junto a otras fuerzas políticas con la guerrilla de Concuá. Así como el conjunto de las organizaciones revolucionarias había pensado la conquista del poder a través de la guerra revolucionaria popular, ahora a mediados de la década de los ochenta, el imaginario revolucionario se enfrentaba a la necesidad de una reformulación esencial en lo que hasta entonces había pensado. El auge neoliberal, la crisis del estado keynesiano, el derrumbe del socialismo soviético, así como la derrota electoral de los sandinistas en 1990, afectó el imaginario revolucionario de todo el mundo, y Centroamérica no fue la excepción. El tránsito de la idea de revolución a la de solución negociada no se efectuó sin traumas ni decepciones y hasta con falsas ilusiones.

El Acuerdo de paz firme y duradera firmado en 1996, sintetizó todos los acuerdos firmados con anterioridad, por lo que tuvo como novedad, el que los guatemaltecos tenían derecho a conocer la verdad sobre las violaciones a los derechos humanos y los hechos de violencia ocurridos durante el enfrentamiento armado interno. También se encuentra un numeral que recoge el espíritu del acuerdo sobre aspectos socioeconómicos y situación agraria (mayo de 1996) mediante el cual se expresa que la población rural es la más afectada por la pobreza, las iniquidades y la debilidad de las instituciones estatales. En vista de ello, el Estado y todos los sectores organizados de la sociedad deben aunar esfuerzos para la resolución de la problemática agraria y el desarrollo rural (Inforpress, 1995: p. 19; Fundación, 1997: pp. 5-9, 97, 99, 348-349).

Los acuerdos de paz implicaron una nueva visión para la izquierda revolucionaria en las relaciones de dos temas esenciales para su identidad: democracia y revolución. El establecimiento atemperó su anticomunismo y tuvo un mayor margen para las concesiones. La insurgencia, como la izquierda en general, dejó de tener al socialismo en su horizonte, tuvo que reformular su visión de la democracia y cambiar la significación de la palabra revolución. El socialismo fue sustituido por la aspiración a una nueva sociedad en la cual la justicia social y la democracia serán sus ejes rectores. En los años sesenta la izquierda revolucionaria había desechado la idea de la lucha por la democracia para abrirle paso a la revolución. Había adoptado la idea de hacer triunfar la revolución para abrirle paso a una nueva democracia. En la actualidad, después de los acuerdos de paz y el nuevo orden mundial, mutatis mutandis, la izquierda vuelve a retomar el planteamiento que había nutrido al PGT en la década revolucionaria: la democracia le abrirá paso a la revolución.

Epílogo

No es tema de este trabajo el analizar el desempeño de la izquierda revolucionaria en Guatemala y en Centroamericana como partido político de oposición y contendiente en la arena electoral. En la región tal desempeño es desigual, aun cuando cabe decir sumariamente que de los tres países en los cuales la lucha armada revolucionaria se convirtió en el eje de la política, es en Guatemala en donde la izquierda revolucionaria ha tenido un desempeño desastroso (Martí y Figueroa, 2006). En las palabras finales de este ensayo cabe decir que el tránsito de la idea de revolución a la de la solución negociada, tuvo efectos sustanciales en el imaginario revolucionario en toda la región. En primer lugar, la idea de quién era el enemigo principal a enfrentar y qué hacer con él cambió esencialmente. La oligarquía o la burguesía dejaron de ser vistas como un todo homogéneo y en el juego de la política electoral creció la sensibilidad o permisividad para advertir sectores o personalidades del empresariado con los cuales se podía hacer alianzas. Además, buenos o malos empresarios, adversarios o enemigos, se convirtieron en una clase con la que habría que coexistir en lugar de eliminar o reducir política y socialmente.

La organización político militar dejó de existir al transformarse la URNG en un partido político sujeto a las reglas de la contienda electoral. No obstante, el atavismo del comandante ha continuado todavía, aunque tiende a desaparecer en la medida en que los comandantes se han ido o simplemente han dejado de existir. Ciertamente la estructura centralizada y con poco espacio para la democracia interna propias de la organización político-militar de inspiración leninista, resulta inoperante en la actualidad aun cuando los resabios autoritarios y los remanentes sectarios seguramente persistirán durante un buen tiempo. El militante desinteresado y movido por la actuación en base a ideales, coexiste ahora con el militante y cuadro medio interesado en las prebendas que otorga la participación en un partido legal y electoral: cargos y puestos, status y estipendios. La relación entre el instrumento político (el partido contendiente electoral) y las organizaciones sociales se ha vuelto más compleja ahora. La idea de la autonomía, si no es que la de la franca independencia de las primeras con respecto a las últimas se ha convertido en moneda de uso corriente en los dos ámbitos.

La idea misma de revolución ha tenido que cambiar. Si ya no existe el camino revolucionario para la conquista del poder y la realización de cambios sustanciales en un corto período de tiempo, el camino del poder es imaginado como un largo camino de expansión de influencias y alianzas electorales para finalmente, no conquistar el poder, sino llegar a ser el partido o coalición en el gobierno. Y en ese contexto, la nueva sociedad antaño imaginada tampoco existe más. La revolución, si es que todavía se usa el vocablo, será simplemente la profundización de la democracia liberal y representativa en algo sustentado en la probidad, la participación y la justicia social. Esto es poco para lo que hace apenas unas décadas se imaginaba y mucho para lo que ahora se puede hacer.

Notas

1   Caso particular fue el de ORPA, organización que no parece haberle dado mucha importancia al trabajo de frentes amplios y de lucha de masas, al menos durante la década de los setenta del siglo XX.

2   Fuente: Bulletin of Labour Statistics (de 1972 a 1978). Department of Labour, Washington.

3   Ibid.

4   Elaborado por el autor con base de datos del Centro de investigaciones para el desarrollo (CID). Democracia y movimientos sociales: Estado y sectores subalternos 1954-1978. Noticias de Guatemala,1-36, publicadas por el Comité Mexicano de solidaridad con el Pueblo de Guatemala, México, D.F., 1976-1979.

5   Elaborado por el autor con base en los recuentos periodísticos hechos por los autores del trabajo *Violencia Política en Guatemala* (1979, anónimo); recuentos periodísticos hechos por la AEU y recuentos hechos por el autor con base en noticias publicadas en los diarios *Prensa Libre*, *El Gráfico* y *La Nación*.

6   Sabotajes, ajusticiamientos, ocupaciones militares, emboscadas, combates con el ejército, hostigamientos y operativos de propaganda.

7   Sobre el proceso de asentamiento y expansión de las organizaciones insurgentes en Guatemala pueden verse algunas referencias en Figueroa (1991, 1996, 1998, 2006b, 2007).

Referencias

Alvarado, Huberto. (1994). *Apuntes para la historia del Partido Guatemalteco del Trabajo.* Ciudad de Guatemala: Comisión para la celebración del cincuentenario de la revolución de octubre, Universidad de San Carlos de Guatemala y lAsociación de Estudiantes Universitarios Oliverio Castañeda de León.

Comisión de Esclarecimiento Histórico (CEH). (1999). *Guatemala Memoria del Silencio* (Vols. 1-12), Guatemala: Oficina de Servicios para Proyectos de las Naciones Unidas.

Centro Provisional de Dirección Revolucionaria. (1965). *Declaración del Centro Provisional de Dirección Revolucionaria.* Guatemala: Autor.

Comisión Política del Comité Central del Partido Guatemalteco del Trabajo. (1958). *Por un partido marxista-leninista vinculado estrechamente a las masas.* Guatemala: Autor.

Comisión Política del Comité Central del Partido Guatemalteco del Trabajo. (1955). *La intervención norteamericana en Guatemala y el derrocamiento del régimen democrático.* Guatemala: Autor.

Comisión Política del Comité Central del Partido Guatemalteco del Trabajo. (1958). *La situación política nacional y la táctica del partido.* Guatemala: Autor.

Comisión Política del Comité Central del Partido Guatemalteco del Trabajo (1959). *La situación política nacional y algunas cuestiones de nuestra táctica.* Guatemala: Autor.

Comité Central del Partido Guatemalteco del Trabajo. (1968). *Situación y perspectivas de la revolución guatemalteca.* México: Autor.

Debray, Régis. (1967). ¿Revolución en la Revolución? (1). La Habana: CASA / Cuadernos de Casa de las Américas.

Debray, Régis. (1975ª). *La crítica de las armas* (Vol.1). México D.F.: Siglo XXI editores.

Debray, Régis. (1975b). *Las pruebas de fuego* (Vol. 2). México D.F.:Siglo XXI editores.

Debray, Régis y Ramírez, Ricardo. (1975). Guatemala. En Régis Debray (Ed.), *Las pruebas de fuego.* (pp. 285–286) México D.F.: Siglo XXI editores.

Ejército Guerrillero de los Pobres. (7 de marzo de 1967). *Documento de marzo. Documento básico del FGEI (Frente Guerrillero Edgar Ibarra) de las FAR y que originó al EGP.* Guatemala: Autor.

Fuerzas Armadas Rebeldes. (10 de enero de 1968). *Declaración de las FAR de Guatemala; El PGT ha capitulado. Las FAR rompen con una corriente política oportunista.* Guatemala: Autor.

Fuerzas Armadas Rebeldes. (10 de enero de 1968). *Declaración internacional de las FAR. El proceso revolucionario de Guatemala nos enseña la necesidad de un viraje radical en cuanto a la concepción estratégica de la guerra.* Guatemala: Autor.

Fuerzas Armadas Rebeldes (Dirección Nacional Ejecutiva). (marzo de 1973). *Los fundamentos teóricos de las Fuerzas Armadas Rebeldes.* Guatemala: Autor. Mimeo.

Fernández, Orlando. (1968). *Turcios Lima.* La Habana: Instituto del Libro.

Figueroa Ibarra, Carlos. (1991). *El recurso del miedo. Ensayo sobre el Estado y el terror en Guatemala.* San José: Editorial Educa.

Figueroa Ibarra, Carlos. (1996). Violencia política e insurgencia armada en Guatemala. (1954-1995). *América Latina. Violencia y miseria en el crepúsculo del siglo.* México D.F.: Universidad Autónoma de Puebla, Instituto de Ciencias Sociales y Humanidades / Asociación Latinoamericana de Sociología (ALAS).

Figueroa Ibarra, Carlos. (1998). Insurgencia y Transición Estatal en Guatemala. En I. Sosa (Comp.), *Insurrección y democracia en el Circuncaribe* (pp. 165-194). México D.F.: Universidad Nacional Autónoma de México, Centro Coordinador y Difusor de Estudios Latinoamericanos.

Figueroa Ibarra, Carlos. (2004). *Paz Tejada. Militar y revolucionario* (2da ed.). Guatemala: F&G editores. Universidad Autónoma de Puebla, Instituto de Ciencias Sociales y Humanidades.

Figueroa Ibarra, Carlos (2006a). Rebeldes en el ejército Guatemalteco. El insólito coronel Paz Tejada. En E. Camacho Navarro (Coord.), *El rebelde contemporáneo en el circuncaribe. Imágenes y representaciones* (s.p.). México D.F.: Universidad Nacional Autónoma, Centro Coordinador y Difusor de Estudios Latinoamericanos (CCYDEL) / Editorial Edere.

Figueroa Ibarra, Carlos (2006b). Izquierda y violencia revolucionaria en Guatemala (1854-1960). *Fermentum. Revista venezolana de sociología y antropología*, 16(46), 395-414.

Figueroa Ibarra, Carlos. (2007). Comunistas, revolucionarios y violencia revolucionaria en Guatemala (1954-1972). En Elvira Concheiro, Máximo Modonesi y Horacio Crespo (Coordinadores), *El comunismo: Otras miradas desde América latina* (pp. 423-457). México D.F.: Universidad Nacional Autónoma de México, Centro de investigaciones interdisciplinarias en Ciencias y Humanidades.

Fundación Casa de la Reconciliación. (1997). Recopilación cronológica. Acuerdos firmados en la negociación por la paz en Guatemala. Guatemala: Reconciliación.

Guevara, Ernesto Che. Guerra de guerrillas (1969[1960]). En *Che*. La Habana: Ediciones Políticas / Editorial de Ciencias Sociales.

Guevara, Ernesto Che. La influencia de la revolución cubana en la América Latina. (1969 [1962a]). En *Che*. La Habana: Ediciones Políticas / Editorial de Ciencias Sociales.

Guevara, Ernesto Che. Táctica y estrategia de la revolución latinoamericana. (1969 [1962b]). En *Che*. La Habana: Ediciones Políticas / Editorial de Ciencias Sociales.

Guevara, Ernesto Che. Guerra de guerrillas: un método. (1969 [1963]). En *Che*. La Habana: Ediciones Políticas / Editorial de Ciencias Sociales.

Gutiérrez, Víctor Manuel. (1962). *Guatemala contra Ydígoras*. Guatemala: s/e.

Gutiérrez, Víctor Manuel. (1965). *Apuntes para la historia del Partido Comunista de Guatemala*. Guatemala: s/e.

Inforpress Centroamericana. (1995). *Compendio del proceso de paz. Cronologías, análisis, documentos, acuerdos* (Vol. 1). Guatemala: Autor

Martí i Puig, Salvador y Figueroa Ibarra, Carlos. (Eds.) (2006). *La Izquierda en Centroamérica. De la lucha armada a la participación electoral*. Madrid: Libros de la Catarata.

Oficina de Derechos Humanos del Arzobispado de Guatemala (ODHA). (1998). *Guatemala nunca más* (Vols. 1-4). Informe del Proyecto Interdiocesano de Recuperación de la Memoria Histórica. Guatemala: Autor.

Organización del Pueblo en Armas (ORPA). (julio de 1982). *Comunicado*.

Partido Guatemalteco del Trabajo. (1972). *El camino de la revolución guatemalteca*. México D.F.: Ediciones de Cultura Popular.

Partido de Unidad Revolucionaria. (1 de mayo de 1959). *Histórico primer manifiesto del Partido de Unidad Revolucionaria*. Guatemala: Autor.

Partido de Unidad Revolucionaria. (15 de septiembre de 1959). *Estatutos del Partido de Unidad Revolucionaria.* Guatemala: Autor.

Partido de Unidad Revolucionaria. (5 de agosto de 1966). *Instructivo para normar la acción en estos primeros meses del gobierno de Méndez Montenegro.* Guatemala: Autor.

Payeras, Mario. (1987). *El trueno en la ciudad.* México, D.F.: Juan Pablos Editor.

Robles Villatoro, Mario. (mayo de 1995). *Concepciones ideológicas y políticas de las FAR.* Manuscrito inédito.

Robles Villatoro, Mario. (febrero de 1997). *Guatemala: Unión del pasado y el futuro.* Manuscrito inédito.

Solórzano Martínez, Mario. (1987). *Guatemala, autoritarismo y democracia.* San José: FLACSO/EDUCA.

Miguel Ángel Urrego
UNIVERSIDAD MICHOACANA DE SAN NICOLÁS DE HIDALGO

El maoísmo en Colombia ha tenido varias expresiones políticas (Archila, 2008; Molano, 2004). La primera, paradójicamente, la del Partido Comunista (PC) prosoviético que durante varios años difundió la construcción del socialismo en China y la obra de Mao Tse Tung.[1] La segunda fue la que genéricamente denominaron los eme-ele (ML), un partido que surgió de una ruptura del viejo Partido Comunista de Colombia (1965) y que en su afán de evidenciar que sí era un partido revolucionario, y no revisionista como el PC, adicionaron la definición marxista leninista, quedando PCC (ML).[2] La tercera corriente es el Partido del Trabajo de Colombia (PTC), fundado por Francisco Mosquera, su máximo dirigente. Finalmente, el último sector se erige sobre una gran variedad de pequeñas organizaciones, algunas simpatizantes de Abimael Guzmán y el denominado Movimiento Revolucionario Internacionalista (MRI).

La historia del PTC, a nuestro juicio, se divide en cuatro grandes etapas: génesis o período del Movimiento Obrero, Estudiantil y Campesino-7 de enero (MOEC) (1959-1970); la de la formación de un partido (1970-1982) e inicio del accionar político a través del Movimiento Obrero, Independiente y Revolucionario (MOIR); *El Túnel* (1982-1991), el momento de mayor dificultad para este partido debido a que las FARC iniciaron una serie de asesinatos de militantes y desataron una persecución en importantes regiones de Colombia. Por ello, el PTC se vio obligado a iniciar un éxodo a las ciudades capitales, a clandestinizar a su dirección política—en particular a su secretario general—, cancelar la venta pública de su periódico *Tribuna Roja*, posponer la realización de la conferencia nacional por más de cinco años, y realizar alianzas políticas con dirigentes políticos de derecha en un intento de proteger la vida de sus militantes y preservar la existencia de la organización. El cerco de las FARC contra el PTC se hizo en medio de los diálogos de paz y en las campañas de apertura democrática por parte de la izquierda.[3] La cuarta etapa en la historia del PTC es la de reconstrucción del proyecto político de Francisco Mosquera debido a la muerte de este dirigente (1994), la división del MOIR (1998) y el surgimiento del Partido del Trabajo de Colombia Moirista (PTC-M) en el año 2003. Por cuestiones de espacio, para el presente capítulo estudiaremos las dos primeras etapas de ésta corriente maoísta.

El Movimiento Obrero, Estudiantil y Campesino (MOEC), los debates sobre la violencia revolucionaria en Colombia y el abandono del foquismo (1959-1970)

En Colombia, uno de los capítulos inéditos de la historia de las izquierda es el del Movimiento Obrero, Estudiantil y Campesino (MOEC)—7 de enero—, base sobre la cual se constituyó la Nueva Izquierda y de la cual surgió la corriente maoísta más importante del país: el PTC. El hecho más significativo de la historia de ésta organización fue el debate que a partir de 1965 desarrolló contra el extremo-izquierdismo, particularmente por el abandono del foquismo y la crítica al empleo del terrorismo. Ha sido uno de los procesos más llamativos y originales por cuanto estuvo ligado a las reflexiones teóricas y políticas de Francisco Mosquera, quizá el más destacado teórico marxista del siglo XX en Colombia, quien le imprimió al MOEC, y luego al Partido del Trabajo de Colombia (PTC), giros que las demás agrupaciones de izquierda tardarían décadas en asimilar y en seguir.

El presente acápite está divido en dos partes. En la primera, destacamos el origen y evolución del MOEC. En la segunda, resaltamos el impacto del debate de Francisco Mosquera contra el extremoizquierdismo y el abandono del foquismo y la transformación del MOEC en PTC en 1970.

El Movimiento Obrero, Estudiantil y Campesino (MOEC) se formó el 7 de enero de 1959 por iniciativa de Antonio Larrota, dirigente de la Federación Universitaria Nacional (FUN). La fecha que aparece a un lado de la sigla corresponde a una importante protesta popular contra el alza del transporte que obligó al gobierno de turno a derogar la medida y restablecer la tarifa de quince centavos; en dicha jornada se destacaron los jóvenes universitarios que crearían el MOEC.

El MOEC produjo muy pronto una serie de documentos en los que se propuso legitimar su proyecto insurreccional. El primero de ellos fue elaborado por su dirigente Mauricio Torres, titulado *La naturaleza de la revolución colombiana*, en el que se buscaba elaborar una síntesis de la lucha revolucionaria y en el que se juzgaba al Partido Comunista (PC) por el atraso de la revolución y por la explotación del pueblo. En concreto, se dijo que el PC había traicionado a las masas en todas sus luchas; había contribuido a frenar la revolución; era responsable de la falta de una acertada dirección del pueblo el 9 de abril de 1948, cuando se produjo un levantamiento popular en protesta por el asesinato de Jorge Eliecer Gaitán; había conducido a la división y a la anarquía al movimiento guerrillero; y finalmente asumió una posición conciliadora con la gran burguesía (Vásquez, 1959).

El 26 de julio de 1960 Antonio Larrota viajó a Cuba. Allí, Manuel Piñeiro y Fidel Castro le propusieron que convirtiera al MOEC en un foco armado y que siguiera el ejemplo del Movimiento 26 de Julio. Antonio Larrota permaneció en la dirección de la Federación Universitaria Nacional (FUN) y, como ya señalamos, participó en las protestas de enero de 1960. Al finalizar el año, Larrota se dirigió al Departamento del Valle, pues era una región donde existía un movimiento obrero con relativa fuerza, se tenía contacto con guerrilleros liberales y con un significativo número de ex militantes del Partido Comunista, que habían sido expulsados por su inclinación hacia la lucha armada; con estos insumos Larrota inició el proceso de organización de una primera experiencia de foco.

Sin embargo, Larrota optó por trasladar sus actividades guerrilleras al Departamento del Cauca. Siete hombres en total conformaron el primer experimento de guerrilla; al pequeño grupo se vinculó, no sin objeciones al interior del MOEC, el ex guerrillero liberal Antonio Cifuentes, apodado "Aguililla", quien tenía alguna influencia en el páramo de Tacueyó. Luego de cinco meses de haberse instalado en la región, "Aguililla" fue contactado por los organismos de seguridad del Estado para que asesinara a Larrota.

Cuando se supo la noticia de la muerte de Larrota se produjo una profunda desolación entre los miembros del MOEC. Álvaro Pío Valencia, reconocido intelectual y político de la región, fue contactado para que se desplazara a la zona en busca del cuerpo (Ramírez, 1963, pp. 82-85).

Ante el fracaso del proyecto de constituir un foco armado se propuso una reunión plenaria del MOEC (la cual se efectuó en el municipio de Jamundi y duró tres días) para discutir la disolución del Movimiento; algunos sostenían que se justificaba la medida porque ya existía el Frente Unido de Acción Revolucionaria (FUAR). No obstante, los cubanos enviaron la orientación de fortalecer el MOEC. Antonio Pinzón, conocido como Juan Tayrona o Mauricio Torres, asumió la dirección del Movimiento.

A mediados de 1961 un nuevo proyecto insurreccional se organizó en el hoy Departamento del Vichada (que en esa época era una despoblada región con una casi inexistente articulación al resto del país) bajo la dirección del médico Tulio Bayer; se integraron a ese proyecto jóvenes del MOEC y un grupo de antiguos guerrilleros liberales y, según los informes oficiales, el número de insurgentes era de 150. A diferencia de otros proyectos de creación de un foco, en esta ocasión las acciones tuvieron mayor trascendencia pues se apropiaron de armas del ejército; en los operativos hubo militares muertos; se liberaron presos, y, lo más significativo, se realizó un asalto a los poblados más importantes, entre ellos Puerto López y Santa Rita. No obstante, el ejército pronto retomó el control de la zona y el intento de creación de una guerrilla fracasó.

Un nuevo proyecto de establecimiento de un foco se desarrolló a finales de 1961 en el corregimiento de Apartado, en el municipio de Turbo (Antioquia). En esa ocasión estuvieron comandados por Roberto González Prieto, más conocido como *Pedro Brincos* (guerrillero liberal, luego bandolero y más adelante jefe político y militar del MOEC) al mando de dieciséis guerrilleros que se identificaban con la sigla Ejército Revolucionario Colombiano. En el choque con la policía y el ejército cayeron el 3 de octubre Ernesto Vivas y Roberto Torres; el día 6 Gleidys Pineda Hernández y dos hombres sin identificar y, además, se detuvieron a siete combatientes; el día 15, cayó Idelfonso Pineda Hernández. Luego se supo que uno de los muertos era Leonel Brand, compañero sentimental de Gleidys Pineda.

Los nuevos fracasos en la creación del foco agravaron la crisis de la organización.[4] El MOEC inició entonces una campaña de actos terroristas, secuestros y vinculación con sectores delincuenciales. Estos hechos se sumaron a la ausencia de una clara orientación política, la malversación de fondos y las mentiras de dirigentes a partidos de Europa o América Latina, circunstancias que generaron escasas posibilidades para definir la orientación política del Movimiento. En este contexto fueron enviados a Cuba, al comenzar 1964, los hermanos Vásquez Castaño, Juan de Dios Aguilera y Víctor Medina Morón, sin embargo al llegar hicieron fuertes críticas al MOEC, por ello Fidel Castro decidió abandonar el Movimiento y crear una nueva guerrilla: el Ejército de Liberación Nacional (ELN).

Francisco Mosquera, uno de los más destacados líderes del MOEC, que había sido enviado a Cuba en 1963, inició la lectura de las obras de Mao Tse Tung y evaluó de manera crítica el foquismo, así como la experiencia de la revolución cubana, y las transformaciones políticas y económicas de la Unión Soviética. Al llegar a Colombia planteó una ruptura con el foquismo, que dominaba al MOEC, y pugnó por la creación de un auténtico partido marxista leninista.

Mosquera, en su calidad de tesorero, inició una campaña para que países como Corea, China, Albania y Cuba dejaran de enviar dinero al MOEC, con ello pretendía no solamente romper la dependencia del Movimiento a la financiación externa sino acabar con la corrupción de la organización. Además, se propuso eliminar prácticas tan despreciables como la financiación a partir del secuestro y el robo a los bancos. De lo que se trataba, a su juicio, era fundamentalmente de defender un principio de acción maoísta: solamente el pueblo debería financiar al partido de la revolución. La reacción de sus compañeros fue condenarlo a muerte y expulsarlo junto a un pequeño grupo de militantes que lo respaldaba. Las diferencias se radicalizaron con la creación de las dos corrientes que se manifestaban dentro del Movimiento: la que abogaba por la insurgencia y la que se inclinaba por la constitución de un partido.

El primero de octubre de 1965 se celebró el Sexto Pleno Nacional del MOEC, que tenía como objetivo evaluar la experiencia de la organización, allí surgió el Comando Ejecutivo Central como organismo de dirección provisional, hasta la realización del III Congreso. Francisco Mosquera—conocido en el Movimiento como Ricardo Sánchez—presentó un documento titulado *Hagamos del MOEC un auténtico partido marxista leninista*, que fue discutido como material preparatorio del III Congreso. Este documento criticó duramente los problemas de organización (ausencia de estatutos y organismos, indisciplina, inexistencia de la autocrítica); fallas de dirección (oportunismo, ausencia de teoría, predominio de criterios mercenarios, malversación y despilfarro de fondos); imposibilidad para crear una teoría revolucionaria; y el desprecio por la clase obrera y sus organizaciones. A renglón seguido, Mosquera propuso el abandono del foquismo, el terrorismo y la dependencia económica y política de Cuba, e invitó al MOEC a construir un partido de acuerdo con los criterios del marxismo leninismo. Luego del debate, Mosquera fue elegido secretario general del MOEC.[5] En lo concerniente al tema de la violencia, Mosquera señaló los siguientes errores como típicos del extremoizquierdismo:

a) En la lucha armada el extremoizquierdismo reemplazó a las masas con acciones audaces de pequeños grupos de conspiradores. b) A los extremoizquierdistas no les interesa mayor cosa los trabajos organizativos y educativos de la construcción del partido. c) Los extremoizquierdistas desconocen la superioridad táctica relativa del enemigo. De por sí luchar apartados de las masas es enfrentársele al enemigo en condiciones infinitamente inferiores.

d) Supremacía de lo militar sobre lo político. Para los extremoizquierdistas el problema militar es muchas veces más importante que el problema político. (Mosquera, 1965)

Hay que resaltar que para el momento en el cual se iniciaron los debates al interior del MOEC, la izquierda armada colombiana registraba un fortalecimiento con la creación de nuevas organizaciones guerrilleras. El foquismo se consolidó con la creación del Ejército de Liberación Nacional (ELN) en 1964 que, al año siguiente, el 7 de enero, hizo su primera acción pública con la toma de Simacota. Esta guerrilla, como ya señalamos, se creó en Cuba y se diseñó para reemplazar al MOEC. A sus filas ingresó el sacerdote Camilo Torres, quien murió en combate con el ejército en 1967.[6]

Las FARC también surgieron en esta coyuntura. Parte de la guerrilla liberal de la época de "La Violencia" no entregó las armas ni a Gustavo Rojas Pinilla ni al Frente Nacional sino que bajo la orientación del Partido Comunista se transformó en "autodefensas campesinas", las cuales se ubicaron en apartadas e inhóspitas regiones de la geografía nacional y dieron origen a las denominadas "repúblicas independientes". La arremetida del ejército en 1964 llevó a que las autodefensas se transformaran en una estructura más estable dando origen a las FARC. Finalmente, el Partido Comunista de Colombia (Marxista Leninista) PCC (ML) desarrolló en 1967 un proyecto insurreccional a través del Ejército Popular de Liberación (EPL).

De manera que la crítica que hacía Mosquera se dirigía contra una tendencia continental y nacional de supremacía del foquismo, razón por la cual fue atacado y el MOEC despreciado. ¿Qué llevó a Mosquera a concebir esta política en ese momento? Pensamos que Mosquera consideraba que la creación de las guerrillas se efectuaba sin un balance sobre el periodo de "La Violencia" y sin un estudio sobre la situación histórica o política de Colombia.[7] En efecto, luego de décadas de masacres, desplazamiento y terror debido a la lucha entre los partidos tradicionales (Liberal y Conservador) ni las masas campesinas ni los sectores urbanos estaban interesados en apostar por una empresa insurreccional. Por el contrario, los guerrilleros de los Llanos Orientales habían aceptado una amnistía desventajosa, y el pueblo había votado a favor del Frente Nacional, que suponía el reparto equitativo del poder entre liberales y conservadores, y se disponía a olvidar la noche de horror, aun sabiendo que para ello debía consentir la impunidad. En síntesis, lo que quería el pueblo era la paz, nadie podía sustituir tal convicción, y el sacrificio por la patria no tenía ningún valor. Aún más, no existía ninguna condición que se asemejara a una coyuntura de crisis favorable a una revolución.

Con la fundación de estas organizaciones político-militares la mayor parte de la izquierda asumió plenamente el uso de la violencia. Recordemos que el *Che* Guevara luego del triunfo de la revolución cubana señaló que el factor determinante para una revolución no eran las condiciones sociales e históricas sino la existencia de un grupo decidido a la toma violenta del poder (Guevara, 1967). El incremento de las acciones militares—decía—llevaría inevitablemente al triunfo de las guerrillas, pues el pueblo los reconocería rápidamente. El propio *Che* aplicó este principio y fracasó estrepitosamente en Bolivia y al igual que sus émulos en México, Perú y Colombia, pagaron con la vida una lectura errónea de la política y de la revolución cubana.[8]

La confusión consistió en creer que en Cuba únicamente el Movimiento 26 de Julio con sus acciones armadas había expulsado a Batista. Por el contrario, esta organización coincidió con un amplio rechazo al dictador por parte de la Iglesia, sectores del ejército, empresarios, los estudiantes, de diversos grupos armados, gobiernos de América Latina e, incluso, de Estados Unidos.

Mosquera observó que los nacientes grupos insurgentes se inclinaron por repetir los mismos errores del MOEC, en particular al empleo del secuestro, el robo a bancos y el uso del terrorismo. La experiencia había demostrado que el secuestro no se justificaba desde ningún punto de vista. Por el contrario, generaba un amplio rechazo en la sociedad, colocaba a la insurgencia al mismo nivel que la delincuencia común y estimulaba la descomposición de los militantes.

Finalmente, Mosquera (luego de conocer de cerca la experiencia cubana y constatar los estragos del extremo-izquierdismo en una organización como el MOEC) entendió que ninguna guerrilla, por fuerte que fuera, podría decretar la revolución ni suplantar las condiciones históricas ni la voluntad popular. Aún más, Mosquera hizo una vehemente defensa de la tradición leninista que aboga por la existencia de un partido, y la maoísta, que supedita lo militar a lo político, y con ello rechazó la estructura de las guerrillas y su militarismo. En otras palabras, hizo una exaltación de la lucha política.

El abandono del foquismo, del terrorismo, del uso del secuestro y de otras prácticas nocivas, y el planteamiento de la transformación del MOEC en un partido marxista leninista constituyeron no solamente una valerosa rectificación de una errónea concepción política sino también una valoración distinta de las secuelas del periodo de "La Violencia", de la guerra entre liberales y conservadores y de la responsabilidad política de una organización marxista y maoísta ante el escenario en el que le tocaba actuar.

Luego de décadas de violencia, ¿habría alguien que pudiera apostar por el triunfo de un proyecto armado? Tras una larga noche del terror, que produjo una generación que buscaba vengar a sus muertos, ¿era posible lanzar una nueva guerra? El país aún estaba asqueado por la interminable cadena de asesinatos, de manera que lo fundamental no era una aventura insurgente sino la consolidación de la democracia. La orientación de Mosquera en 1965 fue una voz solitaria que no fue escuchada en ese entonces. Ninguno de los grupos guerrilleros existentes, incluso los formados en los años setenta y ochenta, aceptaron que era un error el secuestro, el robo, la extorsión y el terrorismo, que tales métodos jamás permitirían obtener el apoyo de la población, ni lograr, la transformación de la sociedad. Por el contrario, los grupos insurgentes llegaron al extremo de someterse al narcotráfico para lograr el crecimiento de las guerrillas (Ferro Medina, 2002). El resultado fue una descomposición de las organizaciones, imposibilidad de establecer los límites en algunas regiones entre narcotráfico, paramilitarismo e insurgencia; guerra entre los grupos guerrilleros, especialmente entre el ELN y las FARC por el control de los cultivos; y el abandono de la acción política por parte de las guerrillas. La rectificación de los errores de la lucha armada hecha por el EPL, el M19, el Quintín Lame, el PRT y un sector del ELN a finales de los años ochenta y comienzos de los noventa, representaron un triunfo de la interpretación de Francisco Mosquera, evidenciando que estaba en lo cierto, que la lucha armada no tenía ningún futuro ni en Colombia ni en América Latina.

Surgimiento y Consolidación del Partido del Trabajo de Colombia (PTC), 1970-1982

La Nueva Izquierda, aquella que se creó en contra del Partido Comunista, y que actuaba en la década del sesenta se trazó como una de sus tareas primordiales la constitución de organizaciones sindicales independientes de los partidos tradicionales, al margen del control del Estado y claramente antiimperialistas, durante los años sesenta ganó un gran número de sindicatos y se aprestaba a crear su propia confederación.

A pesar de las diferencias, los grupos de izquierda se olvidaron momentáneamente de sus polémicas y programaron una primera reunión en Ibagué (de la que surgió una alianza entre Diego Montaña Cuellar y el sector del MOEC dirigido por Francisco Mosquera) y posteriormente una segunda reunión en la ciudad de Medellín en septiembre de 1969, a la cual asistieron, entre otros, el PC (ML), el trotskismo, el ELN y el MOEC. Como el objetivo era crear una confederación obrera de carácter nacional y claramente combativa se le asignó el nombre de Movimiento Obrero, Independiente y Revolucionario (MOIR).

Una de las primeras tareas del MOIR fue nombrar a Diego Montaña Cuellar como director de su periódico *Frente de Liberación* y, en segundo lugar, llevar a cabo la realización del Primer Encuentro Nacional de Trabajadores de los Servicios Públicos y la Empresa Privada el 17 y 18 de enero de 1970. En dicho evento, al que asistieron 120 organizaciones sindicales, se efectuó un análisis de la situación en que se encontraba la clase obrera colombiana ante las medidas antiobreras y represivas del gobierno, las cuales amenazaban con eliminar las conquistas y derechos alcanzados. El Encuentro acordó preparar un Paro Nacional Patriótico como respuesta a los atropellos cometidos por el ejecutivo.[9]

No obstante, las elecciones de 1970 plantearon una seria divergencia al interior del MOIR. Aunque todos los grupos políticos que actuaban en el Movimiento eran abstencionistas, la tarea de realizar un Paro Nacional Patriótico fue concebida de acuerdo a la postura que cada organización tenía sobre las elecciones. El periódico *Frente de Liberación* reconoció este hecho.[10]

Francisco Mosquera y el MOEC entendieron que el candidato de la Alianza Nacional Popular (ANAPO) tenía todas las condiciones para triunfar, pues el nombre del general Gustavo Rojas Pinilla gozaba de un amplio respaldo. Mosquera pensaba, sin embargo, que no le reconocerían la victoria en caso de lograr las mayorías en las urnas y que seguramente el presidente Carlos Lleras Restrepo y los partidos tradicionales inventaría algo para alterar los resultados y favorecer al candidato conservador Misael Pastrana Borrero. Por esta razón sostenía que el Paro debía efectuarse después de las elecciones. Para el trotskismo y los ML, abstencionistas en aquel entonces, lo mejor era realizarlo antes de las elecciones, en un claro intento de rechazar lo que se denominaba en aquel entonces la "farsa electoral".

Las diferencias no pudieron ser resueltas y salvo el MOEC, las demás organizaciones abandonaron el Paro. No obstante, los documentos públicos del MOIR mantuvieron la propuesta de la jornada de protesta para después de las elecciones, aunque sabía que ésta no tenía condiciones favorables. Tal como lo había calculado Mosquera, el 19 de abril de 1970 se produjo un fraude y se dio como triunfador al conservador Misael Pastrana. Aunque Mosquera intentó convencer al general Rojas y a la dirección de la ANAPO de la necesidad de defender el triunfo, no tuvo éxito y Rojas aceptó la derrota. Después del Paro, el trotskismo, el ML y el PC, entre otros, comenzaron a referirse al MOIR no como una organización sindical sino como el partido que dirigía Mosquera, el MOEC no hizo ningún esfuerzo por explicar las diferencias.

Mosquera percibió en 1970 que su proyecto de crear un partido marxista leninista, que había propuesto su debate contra el extremo-izquierdismo del MOEC en 1965, tenía todas las condiciones para realizarse. Por ello citó para el 1 de octubre de 1970 al XI Pleno del MOEC y proclamó la creación del PTC. No obstante, debido a las circunstancias (a que tanto el gobierno como la izquierda hablaban de MOIR y a la imposibilidad de citar al congreso de fundación) se aceptó emplear la sigla MOIR. La diferencia entre las siglas MOIR y PTC siempre generó problemas, pues al comenzar los años setenta para muy pocos era clara la distinción. No obstante, la militancia siempre que se ha referido al partido de Mosquera emplea la denominación PTC.[11]

El Movimiento Estudiantil de 1971

El principal frente político del PTC era el sindical, no obstante a finales de los sesenta se incorporó al trabajo universitario gracias a la crítica que se hacía al extremo izquierdismo, en particular al entender que la lucha por la cultura y la universidad no debían esperar a que cambiara el sistema político (Pardo y Urrego, 2003). Gracias a ello impulsó la fusión de grupos estudiantiles que actuaban en las universidades, en concreto logró que *Combate*, del cual hacía parte Marcelo Torres, y *Sol Rojo*, fundado por Ricardo Samper, se unificaran y fundaran la Juventud Patriótica (JUPA). La importancia de esta organización y de Marcelo Torres radica en que dirigieron el más importante movimiento estudiantil de la historia de Colombia del siglo XX.[12]

Las manifestaciones se iniciaron en el mes de enero de 1971 con la protesta de estudiantes de la Universidad del Cauca. Sin embargo, el acontecimiento más importante se presentó el 7 de febrero con el estallido de la huelga en la Universidad del Valle para presionar la renuncia del rector, la eliminación de los representantes del sector privado y la Iglesia en el consejo superior universitario y para rechazar las condiciones de los créditos otorgados por entidades internacionales a las instituciones educativas. Las protestas del día 26 de febrero fueron sangrientamente reprimidas por el ejército, los enfrentamientos dejaron un saldo de más de 20 muertos. De inmediato el gobierno impuso, por medio del decreto 250, el estado de sitio en todo el país.[13] A partir de este momento se iniciaron una serie de tomas de las instituciones que se repitieron en los meses siguientes (PECAUT, 1988, pp. 100-102, 148-149; *Crisis universitaria colombiana*, 1971, pp. 85-86).[14]

El gobierno, además de la represión militar y las expulsiones y detenciones, expidió nuevos decretos con el fin de restablecer "el orden público universitario" (decretos 580 y 581), dio plenos poderes a los rectores (decreto 1259) para expulsar estudiantes y remover personal.[15] Como si fuera poco, se amenazó a los estudiantes que habían sido expulsados o aquellos que se negaran a reintegrarse a las actividades académicas con el servicio militar obligatorio, medida anunciada por el comandante de la V Brigada.

Un hecho fundamental del movimiento estudiantil de 1971, que marca la diferencia con cualquier otra movilización de estudiantes conocida, fue la elaboración del denominado Programa Mínimo del Movimiento Nacional Estudiantil. Documento que comenzó a elaborarse a partir del II Encuentro Nacional Universitario, Bogotá marzo 13 y 14, dado a conocer el 25 de marzo y ratificado en el III Encuentro Nacional Universitario (Palmira 14 de abril).[16] Este documento era la síntesis de las aspiraciones políticas y educativas de los estudiantes. Concretamente el Programa Mínimo constaba de seis puntos:

1- Abolición de los Consejos Superiores Universitarios, en los cuales tenían representación los gremios y el clero, y sustitución por un organismo conformado por tres estudiantes, tres profesores, el rector y un representante del Ministerio de Educación; 2- Cumplimiento de la asignación del 15 por ciento como mínimo del total del presupuesto de educación para la Universidad Nacional. Además control oficial del fisco para las universidades privadas, congelación de matrículas y suspensión de las cláusulas lesivas a la nación colombiana contenidas en los contratos de las universidades con agencias internacionales; 3- Conformación inmediata de una comisión (tres estudiantes, tres maestros y un representante del Ministerio de Educación) que debía estudiar el carácter rector de la Universidad Nacional en la educación superior, liquidación del ICFES, financiación estatal y adecuada de la educación superior, investigación científica costeada exclusivamente por la nación y planificada por investigadores nacionales, revisión de todos los contratos celebrados con entidades extranjeras. Elaboración de un informe que debería ser aprobado previamente por un Encuentro Nacional Universitario y puesto en marcha por el gobierno; 4- Retiro definitivo de la Universidad del Valle de la Fundación para la Educación Superior (FES); 5- Legalización del derecho a crear organizaciones gremiales en cualquier tipo de establecimiento educativo; 6- Reapertura de la Facultad de Sociología de la Universidad Javeriana. (*Crisis universitaria colombiana*, 1971, pp. 85-88; López de la Roche, 1994)

Este programa fue sustentado formalmente por Marcelo Torres, miembro del Comité Nacional de Solidaridad Estudiantil, en el Consejo Nacional de

Rectores realizado el 27 de abril. En dicha reunión el dirigente estudiantil hizo una síntesis del programa, defendió la necesidad de cambiar la composición del Consejo Superior Universitario, la libertad de cátedra, la investigación científica acorde con las necesidades de la nación, la financiación estatal y adecuada de la universidad y exigió la reapertura inmediata, en condiciones democráticas, de las universidades cerradas (Torres, 1971, pp. 114-125).

El segundo logro del movimiento estudiantil de 1971 fue el establecimiento del cogobierno en la Universidad Nacional y en la Universidad de Antioquia. Las elecciones en la Universidad Nacional fueron ganadas por la JUPA con 3.490 votos, mientras la Juventud Comunista (JUCO) tuvo 818 y el Frente de Estudiantes Demócratas 817, por ello los representantes del PTC fueron electos al Consejo Provisional de Gobierno, allí promovieron la aplicación de los principales aspectos del Programa Mínimo. El gobierno al observar el debilitamiento del movimiento estudiantil decretó meses después, y al amparo del fin de año, la eliminación del cogobierno. Los estudiantes no pudieron enfrentar tal arremetida, además a algunos sectores de la izquierda no les interesaba la democratización de las universidades y esta importantísima conquista se perdió.

El tercer logro del movimiento estudiantil fue el haber desarrollado un debate en torno al Programa Mínimo y a la reforma de las universidades. El debate consistía en determinar si el Programa era reformista o si era una propuesta democrática, viable de ser respaldada por partidos revolucionarios. Un sector cuestionó la posibilidad de cambiar la universidad sin cambiar el sistema político, no privilegiaron al movimiento estudiantil ni su Programa e incluso hicieron apología de la lucha armada, razón por la cual miraron con desprecio y escepticismo el movimiento que se gestaba. Para otros, entre ellos la JUPA, se podía pelear por reformas que democratizaran la educación y las instituciones universitarias (*Crisis universitaria colombiana*, 1971; Torres León, 1975, pp. 92-127).

El abandono del abstencionismo y la participación en las elecciones

Un significativo giro dio el PTC en 1972 al abandonar el abstencionismo, dominante en la Nueva Izquierda. Con excepción del Partido Comunista, la izquierda fundada después del MOEC (1959) rechazó (por reformista o revisionista) la participación en elecciones. Mosquera entendió la ingenuidad de tal postura en un país como Colombia y, por ello, decidió buscar una alianza política que permitiera incorporar este tipo de lucha a la experiencia del PTC.

La primera determinación tomada fue la de crear una alianza con el Frente Popular Colombiano (FPC), dirigido por Alberto Zalamea, y el Frente de Intelectuales Revolucionarios (FIR) para participar en las elecciones a corporaciones públicas de 1972. El lanzamiento del Frente Popular-MOIR se realizó en el Capitolio Nacional durante el denominado Primer Encuentro del 26 y 27 de Febrero de 1972. El acto, además de proponer la candidatura de Zalamea al consejo de Bogotá, Cali y Medellín, sirvió para hacer una presentación del PTC ante grandes sectores de la población, a los cuales no se tenía acceso, y plantear un debate al resto de la izquierda sobre el abstencionismo.

En 1972 se inscribieron 97 listas al concejo municipal y 13 a las asambleas y consejos intendenciales. Por las primeras listas votaron 12.060 electores, obteniéndose 14 concejales (5 en Boyacá, 4 en Cundinamarca, 3 en Antioquia y 1 en Bolívar y Cesar). Por las segundas se totalizaron 13.814 sufragios. Las elecciones permitieron al PTC ganar, en un breve lapso de tiempo, presencia en algunos departamentos, especialmente en Cundinamarca, Antioquia, Valle, Nariño y Bolívar.

A partir de 1972 el PTC inició un desplazamiento de un importante número de militantes a regiones apartadas del país con el objeto de realizar trabajo político entre los campesinos y colonos. A esta política se le denominó *pies descalzos*. Los *descalzos* tenían un gran respeto al interior de la organización debido a su sacrificio, al estar al servicio del pueblo, al enorme riesgo que corrían sus vidas y al gran conocimiento que adquirieron del país. Los *descalzos* igualmente difundieron los programas de las distintas campañas electorales. Fue este grupo de militantes el que sufrió en la década de los ochenta la embestida de las FARC, algunos fueron asesinados y la mayoría logró escapar con vida cuando Mosquera dio la orden de regresar a las ciudades.[16]

La alianza con el Partido Comunista en la Unión Nacional de Oposición (UNO)

Lo que parecía imposible, la alianza con el Partido Comunista, se presentó para las elecciones de 1974. Como ya se ha dicho, la Nueva Izquierda colombiana se definió como anti-PC. Toda su energía se dirigió contra un partido al que consideraban revisionista, conciliador y radicalmente sectario. Además, el maoísmo del PTC lo había llevado a denunciar al social-imperialismo soviético y a desconocer el carácter socialista de la revolución cubana. Por ello, una alianza con su más decidido adversario en la izquierda parecía imposible. ¿Qué motivó esta alianza? Creemos que dos hechos.

En primer lugar, la formación de un amplio frente político constituye a juicio del PTC el instrumento idóneo para lograr las transformaciones que Colombia necesita. En segundo orden, la alianza con el PC constituía la unidad con el partido más destacado –por su trayectoria, historia y desarrollo organizativo—de la izquierda colombiana.

El primer frente político de izquierda, uno de los más importantes de la segunda mitad del siglo XX, por el momento en el que se formó, por la diversidad de fuerzas reunidas y por el amplio respaldo logrado, fue la Unión Nacional de Oposición (UNO). Esta se conformó con el Partido Comunista y el Movimiento Amplio Colombiano (MAC).[17] Varios hechos se deben destacar de la experiencia de la UNO.

Por un lado, el que a pesar de las grandes diferencias con respecto a la valoración de la Unión Soviética y Cuba; el inaceptable argumento del PC de que la isla constituía la guía de la revolución latinoamericana; y la imposibilidad de secundar su tesis de la combinación de todas las formas de lucha, se consideró que un acuerdo con el PC instauraba la unidad con las más destacada organización de izquierda del país. Por otra parte la aceptación de los comunistas de conformar el frente era el reconocimiento de la importancia de una organización como el PTC.

En 1974 la UNO alcanzó en la votación para senado 155.158 sufragios, los cuales se originaron especialmente en los departamentos con mayor concentración de trabajadores sindicalizados—el 38% se emitieron en Cundinamarca—; frentes de trabajo del PCC, como el departamento de Meta; aunque ciertamente no hubo un sólo sufragio en Choco, Norte de Santander y La Guajira.

A pesar de los buenos augurios, la UNO fracasó en los objetivos que se propuso y este hecho fue la razón por la cual el MOIR rompió su alianza con el PC. Mosquera anticipó—en su discurso en la Tercera Convención Nacional de la UNO, el 14 de julio de 1974—la ruptura de la UNO meses antes de presentarse. En efecto, allí centró su intervención en la explicación de la naturaleza del régimen de Alfonso López Michelsen, que al final fue el motivo de la discordia (Mosquera, 1976). El PC sostuvo que había aspectos "avanzados" en el gobierno de López que debían apoyarse.

En 1976 se inició la campaña electoral a corporaciones públicas, *Tribuna Roja* publicó la realización de actos políticos en los principales barrios de Bogotá. La amplia utilización de la propaganda, que incluía no solamente unos llamativos e inmensos carteles sino el empleo del grupo musical *Son del Pueblo* y un estilo muy reconocido de empleo de la propaganda llamaron ampliamente la atención de los ciudadanos.[18]

En este ambiente enrarecido se asistió a las elecciones de 1976. El informe que da cuenta de los resultados resalta dos hechos. En primer lugar el crecimiento del PTC y su rápida transformación en una fuerza con presencia nacional. En segundo lugar, haber alcanzado una significativa votación. En efecto, el MOIR logró 43.385 sufragios, recordemos que en las anteriores votaciones para asambleas departamentales, en alianza con el Frente Popular de Zalamea se obtuvieron 13.814. Aunque en un análisis riguroso no hay que confiar exclusivamente en los números, pues la votación nunca es creciente, o de propiedad de un partido, es decir, jamás el crecimiento es sostenido y los votos se pueden perder de una elección a otra, en aquel entonces era todo un acontecimiento.

En otro orden, las elecciones permitieron tener votación en todos los departamentos del país, lo cual mostraba la enorme posibilidad de conformar una fuerza con presencia nacional. Lo más destacable de éstos resultados fue el rápido crecimiento en departamentos con importante concentración obrera, como Valle (4.512 votos), Antioquia (3.905) y Santander (3.506) y, como siempre, la votación más importante, dada la cercanía a la capital del país, fue Cundinamarca (11.243).

Los mejores resultados se presentaron en las elecciones para Consejos Municipales, se habían inscrito 341 listas en todo el país, 61 más que el Partido Comunista, destacándose Antioquia (39), Cundinamarca (38), Valle (27), Boyacá (25), Santander y Tolima (22 en cada departamento). Allí el PTC obtuvo 42.349 votos con los que logró 29 concejales.[19] Obviamente por ser Cundinamarca el lugar donde se logró la más alta votación, allí fue donde más se benefició al lograr 8 concejales. Le siguió Cesar (4), Santander (3) y Cauca, Meta, Nariño, Valle y Casanare (2 cada uno). Finalmente, los buenos resultados electorales se tradujeron en la obtención de escaños a la Asamblea del Departamento de Cundinamarca.

El Frente por la Unidad del Pueblo (FUP)

El Frente por la Unidad del Pueblo (FUP) se originó por invitación que hizo la ANAPO al para participar en una reunión de sectores de oposición. La misiva era muy específica en los propósitos de la reunión:

> Pensamos que los siguientes pasos a dar, serían: la discusión de un programa mínimo, el establecimiento de las reglas de juego que ofrezcan garantías a todos los sectores, coordinar la lucha contra el gobierno y la discusión del procedimiento para escoger el candidato presidencial del Frente Revolucionario, en las elecciones de 1978, lo mismo que todo lo relacionado con la participación en el proceso electoral y en las luchas del pueblo.[20]

El 18 de febrero de 1977 se llevó a cabo en Bogotá el Foro Nacional de la Oposición Popular y Revolucionaria convocado por la Comisión Coordinadora de ANAPO, la amplia aceptación de la propuesta se reflejó en el variado tipo de asistentes: ANAPO, MOIR, los Comités Democráticos Populares Revolucionario (CDPR), el Movimiento Amplio Colombiano (MAC), la Anapo Socialista, la Organización Comunista Ruptura, el Bloque Socialista, el Partido Socialista Colombiano y los dirigentes revolucionarios Diego Montaña Cuellar y Hernando Garavito Muñoz, así como Javier Rozo, representante de la Unión Sindical Obrera (USO).[21]

El Foro no solamente se limitó a las intervenciones y a la manifestación de los buenos deseos sino que dio pasos en la definición de acuerdos a través de la Comisión Permanente por la Unidad del Pueblo, integrada por representantes de los partidos asistentes. Con relación al proyecto político se avanzó con respecto al de la UNO, especialmente con la eliminación de aquellos aspectos que podrían generar dificultades para la constitución del Frente, en concreto se precisó el programa y las normas de funcionamiento.

En el II Foro de la Oposición Popular y Revolucionaria, realizado el 15 de Julio de 1977, se proclamó la creación del Frente por la Unidad del Pueblo (FUP), encabezado por Jaime Piedrahita Cardona y José Jaramillo Giraldo (ANAPO); Gilberto Zapata Isaza y Jorge Regueros Peralta (MAC); Avelino Niño (CDPR) y Francisco Mosquera y Carlos Bula Camacho (MOIR). El certamen, a su vez, proclamó la candidatura a la Presidencia de Jaime Piedrahita Cardona, en aquella época uno de los dirigentes más honestos y comprometidos con las causas populares (Piedrahita Cardona, 2011).

Para el mes de octubre se hizo oficial el ingreso de Consuelo de Montejo y de su partido, el Movimiento Independiente Liberal (MIL), al FUP. Consuelo era directora del periódico *El Bogotano* y colocó a disposición de la campaña electoral las páginas del rotativo. Años más tarde el FUP proclamó la candidatura presidencial de Consuelo de Montejo (el 19 de Junio de 1981 en el Concejo de Bogotá). No obstante, la posterior disolución del FUP indicó que aún no estaban maduras las condiciones para acuerdos de más largo alcance.

De igual forma ingresó al FUP el Movimiento Nacional, Democrático, Popular (MNDP). El MNDP surgió y se desarrolló al interior del movimiento campesino, especialmente por la labor adelantada para consolidar a la Asociación Nacional de Usuarios Campesinos/Línea Sincelejo y para enfrentar el intento del gobierno de quedarse con la Asociación a través de la organización de un congreso espurio del cual surgió la ANUC/Línea Armenia.

Tres acontecimientos generaban preocupación del PTC en ese momento: la liberación de los detenidos por el paro cívico de 1977, la oposición a la presidencia de Alfonso López Michelsen (1974-1978) y la campaña electoral, más concretamente la gira del candidato presidencial del FUP Jaime Piedrahita Cardona.

La campaña avanzaba firmemente, pues tanto la orientación política como la enorme calidad humana y la honestidad del candidato facilitaron una rápida identificación con la población. A medida que realizaba su gira nacional fueron escuchándose las voces de apoyo, expresaron su respaldo la ANAPO del Valle del Cauca, la Unión Comunista Revolucionaria (UCR) y la ANUC. La campaña electoral se cerró en Bogotá y aunque no se pudo realizar la manifestación en la Plaza de Bolívar, pues se negó el permiso, si se efectuó una concentración en la gobernación (carrera 7 con Jiménez).

En las elecciones presidenciales de 1978 Jaime Piedrahita Cardona obtuvo 27.059 sufragios, destacándose la votación en Cundinamarca (6296), Antioquia (2589), y Sucre (2127); no se generaron sufragios en Guainía, Guaviare, Vichada y San Andrés. El PC igualmente participó en estas elecciones, aun con el aparato de la UNO, con la candidatura de Julio César Pernia logrando la no despreciable cantidad de 97.234 sufragios. Además, por ser el momento de mayor desarrollo del trotskismo, esta corriente también participó a través de UNIOS y la candidatura de Luz del Socorro Ramírez Vargas, y obtuvo 6.646 votos.

El resultado de las elecciones—desde el punto de vista de las votaciones a cargos de representación popular—fue altamente favorable, más de 60 mil votos a nivel nacional y un importante número de candidatos elegidos a consejos municipales, asambleas departamentales y el parlamento, quizás lo más significativo fue que se obtuvo votación en el 50% de los municipios del país. En Bogotá y Cundinamarca, con cerca de 15.000 sufragios, fueron elegidos Álvaro Bernal Segura, a la Cámara; Avelino Niño, a la Asamblea; y José Jaramillo Giraldo, al Concejo del Distrito. Se lograron, además, 50 escaños en consejos municipales.[22]

Es de anotar que las cifras de votación para presidente difieren del resultado obtenido a cargos a corporaciones públicas por cuanto se contabilizan las alianzas a nivel departamental, que no siempre se hicieron con el primer renglón del FUP, o se registró a nombre de los aliados, como la ANAPO.

El mayor éxito para el MOIR fue la constitución del FUP y que la campaña electoral facilitó la integración en el PTC de dos organizaciones de izquierda. En efecto, los Comités Democráticos, Populares y Revolucionarios y un sector del Movimiento de Izquierda Revoluciona (MIR) hicieron la propuesta, en el primer semestre de 1978, de hacer parte del PTC. Esta solicitud fue examinada y aprobada por la Conferencia Nacional del MOIR en el mes de julio y al año siguiente se hizo efectiva. Los CDPR actuaban fundamentalmente en la organización de los vendedores ambulantes de Bogotá, su máximo dirigente era Avelino Niño y como lo hemos visto fue elegido en las elecciones de 1978 a un cargo de representación popular.

Por su parte el MIR hacía arte de un mar de siglas, divisiones y subdivisiones de lo que genéricamente se denomina el campo ML. A finales de los sesenta y comienzos de los setenta sus disputas ideológicas internas fragmentaron a los ML en una gran variedad de grupúsculos con nombres tan significativos como: la Tendencia MLM, la Línea Proletaria, la Liga Marxista Leninista, etc. De este mar de siglas surgió el MIR en 1971 y a finales de la década se fracturó en varios sectores: uno se fusionó al PTC y otro continuó con el nombre de MIR y creó una pequeña organización insurgente, *Patria Libre*, que pronto se dividió: unos se reinsertaron y otros se integraron al ELN.

El final del período y el inicio de El Túnel, la etapa más difícil de la historia del PTC

El ascenso al poder de Julio Cesar Turbay Ayala (1978-1982) se caracterizó por el predominio de las medidas más represivas (especialmente por la aplicación del denominado Estatuto de Seguridad, instrumento con el cual pretendía combatir la subversión pero que se empleó para aplacar la protesta social) y por el predominio del tema de la paz y los derechos humanos, pues el país comenzó a debatir el proceso de paz, el desarme y la amnistía, que en opinión del gobierno sólo era posible con la entrega de las armas por parte de la guerrilla. Como las demás fuerzas políticas de izquierda, el MOIR sufrió los estragos de la represión.[23]

Cerró el año de 1979 con dos acontecimientos importantes: el triunfo del sandinismo en Nicaragua y la invasión soviética a Afganistán. Inicialmente se manifestó un fuerte apoyo al sandinismo, sin embargo a medida que el proceso se fue alinderando con Cuba y la URSS se expresó mucha preocupación por el escalamiento del conflicto en la región. Por su parte la invasión soviética se consideró el inicio de operaciones militares de gran escala que amenazaban con una conflagración planetaria.

La invasión a Afganistán y el fortalecimiento de la presencia soviética en Centroamérica, a través de la intervención cubana en los conflictos internos de la región, fueron considerados por el PTC hechos de extrema gravedad. La complejidad radicaba en la existencia en Colombia de una fuerza político-militar que era expresión de los intereses cubanos y soviéticos. Por ello, el principal problema para la nación a juicio del PTC lo representaba la amenaza de intervención del social-imperialismo soviético.

Adicionalmente dos hechos militarizaron a las izquierdas o en otras palabras las posiciones de extrema izquierda intentaron tomar el control de la política nacional: una errónea interpretación del Paro Cívico de 1977 llevó a los sectores armados a considerar que existía una condición "revolucionaria" y que la guerrilla estaba a las puertas del poder. Lo único que faltó en 1977—decían—había sido el uso de las armas. El segundo acontecimiento fue la VII Conferencia de las FARC (1982) que lanzó esta organización al diseñó de un vasto plan de trasformación para la supuesta toma del poder, en ese momento se decidieron a incrementar sus finanzas a través de la masificación del secuestro, la presión económica sobre empresarios agrícolas y la participación en el negocio de la droga. Adicionalmente decidieron expulsar de diversas regiones a quienes podían competir en la orientación de las masas rurales, de allí su persecución contra los cuadros descalzos del PTC.

El apoyo a la resistencia afgana se constituyó en la forma que adoptó la lucha contra la intervención soviética. Posteriormente y ante la campaña de aniquilamiento y expulsión de los militantes del PTC que emprendieron las FARC en la década del ochenta en diferentes regiones del país se hizo necesaria la ampliación de los criterios de alianza con personalidades de los partidos políticos tradicionales. Era la forma en que se aseguraba la protección a la vida de los militantes y la existencia de la organización. A partir de 1982 se inició un oscuro periodo del cual casi el PTC no logra sobrevivir como organización, a esta etapa se le denomina *El Túnel*.

Comentarios finales

La importancia del Partido del Trabajo de Colombia (como internamente se conoce al partido dirigido por Francisco Mosquera, o MOIR, que es el nombre con el que se le identifica públicamente) consistió en establecer una serie de transformaciones a su concepción política que el resto de la izquierda tardará décadas en seguir y asimilar. Como eco de los debates dados por Mosquera en 1965 al interior del MOEC, se reiteró la renuncia a todo proyecto extremo izquierdista, al terrorismo, a la dependencia política o económica externa y al empleo de métodos delincuenciales.

En otro orden, asumió la ciencia y la cultura como un campo de acción fundamental para un partido proletario. Por ello, consideró que la universidad era susceptible de ser transformada y que la consigna de quienes señalaban que mientras no cambiara el sistema no cambiaría la educación era errónea. La lucha por la transformación y democratización de los consejos superiores universitarios, la búsqueda de financiación estatal y la defensa de una ciencia que le interese a la nación fueron consignas defendidas durante el movimiento estudiantil de 1971.

En tercer lugar, elevó al más alto nivel la política de frente. Solamente con la más amplia unidad de sectores sociales y políticos en torno a un programa nacional y democrático sería posible iniciar las transformaciones que requiere el país. Esto no significa cosa distinta a la aplicación de un programa de Nueva Democracia. Toda la política del PTC se somete a la creación de este frente, primero con la unidad con sectores liberales, luego con el Partido Comunista y el MAC en la UNO y la ANAPO, los CDPR y el MNDP en el FUP, posteriormente con liberales y al comenzar la década del ochenta con el más variado tipo de personalidades democráticas.

Por último, el PTC fue el primer partido de la denominada Nueva Izquierda en Colombia que participó en la lucha electoral. Los argumentos que explican este giro en la táctica política fueron: la necesidad de difundir el programa del partido, avanzar en la conformación del frente político, lograr que la organización tuviese una presencia nacional y consolidar el conocimiento sobre el país, particularmente de su realidad y las condiciones concretas en la que vivía su población.

Notas

1   Creemos que la asistencia de miembros del Comité Ejecutivo del PC a las asambleas comunistas en Cuba y especialmente a la 81 Conferencia de los Partidos Comunistas, realizada en Moscú en 1961, es la circunstancia que explica la adopción de una postura prosoviética por los comunistas colombianos en el cisma del comunismo internacional.

2   Los ML se dividieron en una gran variedad de organizaciones a lo largo de los años setenta para luego ir desapareciendo lentamente. Tras la firma en 1991 de un acuerdo de paz por parte del PC (ML) EPL esta corriente se desintegró.

3   Los historiadores e intelectuales ligados al Partido Comunistas la emprenden contra el PTC por las alianzas con personajes de la derecha colombiana. No obstante, omiten mencionar el hecho de que éstas se hicieron en el momento en que las FARC asesinaban a los militantes del PTC y los obligaban a abandonar el trabajo campesino y que el antisovietismo, como las alianzas, fueron la vía para lograr su supervivencia. También olvidan mencionar que Mosquera emplazó públicamente a la dirección del PC para que cesaran los asesinatos por parte del grupo guerrillero.

4   El último intento por crear un foco fracasó en Planadas, en el departamento de Tolima.

5   El sector que se inclinaba por el foquismo alimentó diversos proyectos insurreccionales, como el del ELN, y se extinguió rápidamente.

6   Lo paradójico es que la primera acción pública del *ELN*, la toma del municipio de Simacota, fue un 7 de enero, fecha en la que también se había fundado el MOEC. Este hecho fue interpretado como un mensaje de los cubanos al MOEC, era el anuncio que su apoyo se dirigía al nuevo grupo guerrillero (Hernández 1998; Medina Gallego 2001).

7   En la historiografía colombiana se distingue La Violencia, con mayúsculas, para caracterizar el conflicto entre liberales y conservadores de los años cuarenta y cincuenta y para distinguirlo de otras coyunturas de conflicto interno.

8   El asalto al cuartel Madera en México refleja el delirio por la aplicación del modelo foquista. En efecto, un puñado de hombres, sin experiencia militar, con desconocimiento de las condiciones locales y sin amplia base social de apoyo, se lanzó en Chihuahua el 23 de septiembre de 1965 a la toma de un cuartel militar Madera. Tal acción terminó con la muerte de los insurrectos.

9   Frente de Liberación. (abril 3 de 1970). Comité Nacional del MOIR, 4, Bogotá, .

10   Ibídem.

11   En 1998 el MOIR se dividió y durante cuatro años actuaron dos "moires" que reclamaron el nombre de esta organización. En 2003 el sector orientado por Marcelo Torres abandonó la lucha por la denominación y se transformó en PTC, aunque agregando al final la sigla (M) para explicar su pertenencia histórica al "moirismo".

12   Marcelo Torres fue fundador del PTC, máximo dirigente del movimiento estudiantil de 1971, senador y quien en 1998 encabezó un debate al interior del MOIR que culminó en la creación de un sector que retomó el nombre histórico del partido: PTC (M).

13   La situación fue de agitación general en las instituciones educativas. El 7 de febrero se decretó paro en la Universidad Tecnológica de Pereira, el 12 los profesores de primaria decretaron un paro nacional, y el 19 se inició el cese de actividades en la Universidad de Cúcuta.

14   Desde el mes de marzo se había iniciado la toma de universidades, como sucedió el día 6 en la Pedagógica de Bogotá. No obstante, a partir de abril las ocupaciones y los operativos de las autoridades generaron choques más violentos, como por ejemplo en la Universidad del Atlántico y la UPTC de Tunja (Estudiantes se tomaron rectoría de U. de Tunja y Desalojadas directivas de U. del Atlántico. [abril 16 de 1971]. *El Tiempo*, Bogotá, p. 9.)

15   La persecución desatada contra los estudiantes tuvo un capítulo especial en el mes de junio cuando fueron encarcelados Leonardo Posada, dirigente de la Juventud Comunista (JUCO) y Marcelo Torres, el más reconocido líder del movimiento estudiantil.

16   Estudiantes de la U. Nacional levantan el paro. (marzo 16 de 1971).*El Tiempo*, Bogotá. En la década del noventa las FARC intentaron "legitimar" las ejecucio-

nes de los *descalzos* del PTC recurriendo a explicaciones como que el PTC era financiado por la CIA o que este partido le abrió las puertas al paramilitarismo.

17 EL MAC fue creado a finales de 1972 de una división de la Alianza Nacional Popular. Entre sus máximos dirigentes se encontraba Hernando Echeverri Mejía, quien fue elegido candidato presidencial de la Unión Nacional de Oposición.

18 El frente cultural del PTC en aquel entonces incluyó el Teatro Libre de Bogotá (TLB), uno de los más importantes del país; el grupo de salsa *Son del Pueblo*, ambos creados en 1973; y la revista *Teorema*.

19 El 18 de abril: contra el mandato de hambre vote por el MOIR. (abril de 1976). *Tribuna Roja*, 22, Bogotá.

20 Carta de Invitación al MOIR. (diciembre de 1976). *Tribuna Roja*, 24,Bogotá [Carta firmada por Comisión Coordinadora Nacional de la ANAPO).

21 Sentadas las bases del Frente Patriótico. (marzo de 1977). *Tribuna Roja*, 26, Bogotá,

22 Más de 60.000 votos a favor del Frente. (mayo de 1978). *Tribuna Roja*, 32, Bogotá,.

23 La imagen brutal de Colombia. (septiembre de 1979). *Tribuna Roja*, 34, , Bogotá,.

Referencias

Archila, Mauricio. (2008). El maoísmo en Colombia: la enfermedad juvenil del marxismo leninismo. *Controversia,* 190. Bogotá: CINEP.

Carrillo Bedoya, Jaime. (1981). *Los paros cívicos en Colombia*. Bogotá: Oveja Negra.

Crisis universitaria colombiana 1971. Itinerario y documentos. Medellín: El Tigre de Papel.

Delgado, Álvaro. (1978). El paro cívico nacional. *Estudios marxistas,* 15. Bogotá.

Ferro Medina, Juan Guillermo. (2002). *El orden de la guerra las FARC-EP entre la organización y la política.* Bogotá: CEJA.

Guevara, Ernesto. (1967). *Guerra de guerrillas un método.* Buenos Aires: Comuna Socialista.

Hernández, Milton. (1998). Rojo y negro Aproximaciones a la historia del ELN. Recuperado de http://www.cedema.org/uploads/rojoynegro.pdf.

López de la Roche, Fabio. (1994). *Izquierdas y cultura política ¿oposición alternativa?.* Bogotá: CINEP.

Medina Gallego, Carlos. (2001). *Elementos para una historia política del Ejército de Liberación Nacional: historia de los primeros tiempos (1958-1978).* Bogotá: Rodríguez Quito Editores.

Molano, Frank (2004). *El imaginario maoísta, 1965-1980, como mentalidad revolucionaria en la izquierda colombiana*. (Tesis de Maestría). Departamento de Historia, Universidad Nacional de Colombia, Bogotá.

Mosquera, Francisco. (1965). *Hagamos del MOEC un auténtico partido marxista leninista*. Mimeo.

Mosquera, Francisco. (1976). Somos los fogoneros de la revolución. Entrevista a Francisco Mosquera. En C. de la Torre (Ed.), *Colombia camino al socialismo. En la crisis liberal-conservadora*. Bogotá: Cuadernos de Alternativa.

Pardo, Miguel Ángel y Urrego, Miguel Ángel. (2003). *El movimiento estudiantil de 1971 en Colombia*. Ponencia. I Congreso Internacional Historia de las Universidades en América Latina. Córdoba.

Pecaut, Daniel. (1988). *Crónica de dos décadas de política colombina. 1968-1988*. Bogotá: Siglo XXI Editores.

Piedrahita Cardona, Jaime. (2011). *Colombia, una revolución siempre aplazada*. Bogotá: Hombre Nuevo Editores.

Ramírez, R. (1963). ¿Abstención beligerante?. *Documentos Políticos*, 24(35), 82-85.

Torres, Marcelo. (1971). La Nueva Economía Colombiana. *Revista de la Sociedad Económica de Amigos del País*, 6(3), 167-180.

Torres León. (1975). *Trayectoria histórica de la universidad colombiana. Modelo de interpretación*. Bogotá: Ministerio de Educación Nacional-ICOLPE.

Vásquez, Álvaro. (1959). Contra el dogmatismo y el revisionismo. *Documentos Políticos*, 15, s/p.

Proletarización y militancia fabril de una corriente
trotskista.
La disputa por la clase obrera del PRT–La Verdad y el Partido
Socialista de los Trabajadores en Argentina (1968-1976)

Martín Mangiantini
Instituto Ravignani – CONICET / Universidad de Buenos Aires

Bajo el impacto de la Revolución Cubana y de fenómenos de masas tales como las movilizaciones contra la guerra de Vietnam o la radicalización del movimiento estudiantil mundial, desde mediados de la década de 1960 se experimentó en Argentina el nacimiento de un número considerable de organizaciones revolucionarias posicionadas como alternativas ubicadas a la izquierda del ya existente socialismo y comunismo vernáculo. Como parte de este abanico de agrupamientos se destacó también la presencia del Partido Revolucionario de los Trabajadores (en adelante, PRT), organización que operó unificada entre los años 1965 y 1968.

Esta organización surgió como producto de la fusión entre dos trayectorias divergentes. Por un lado, el Frente Revolucionario Indoamericanista Popular (FRIP), fundado en 1961 y dirigido por los hermanos Santucho, que sostuvo planteos de índole nacionalista e indigenista con una paulatina adopción de concepciones marxistas y cuya inserción se limitó a las provincias de Santiago del Estero, Tucumán y Salta. Por otro lado, se encontraba la tendencia trotskista encabezada por Nahuel Moreno que, al momento de la fusión con el FRIP, adoptaba el nombre de Palabra Obrera.[1] En su breve existencia como entidad unificada, el PRT pugnó por consolidar su presencia en la clase obrera porteño-bonaerense, intentó insertarse aún más en el proletariado azucarero de Tucumán, participó de paradigmáticos conflictos como la huelga portuaria de 1966, construyó una tendencia dentro del movimiento estudiantil y, paralelamente, procuró dotarse de una política internacionalista. Sin embargo, en 1968, vivió un proceso de diferenciación interna que desembocó en la ruptura de la organización en dos estructuras diversas. Por un lado, el PRT–El Combatiente (liderado por Mario Roberto Santucho, entre otros dirigentes), que luego derivó en el PRT–ERP (con la creación del Ejército Revolucionario del Pueblo como brazo armado de la estructura partidaria); por otro lado, el PRT–La Verdad (PRT–LV), bajo la dirección de Moreno que daría lugar, cuatro años después, a la conformación del Partido Socialista de los Trabajadores (PST). Si bien esta ruptura estuvo determinada por diversas tensiones ya preexistentes en el seno de su dirección, su principal motivación recayó en el debate acaecido en torno al tipo de estructura política a construir, en las metodologías de inserción de tal organización entre los sectores trabajadores y, principalmente, en la viabilidad estratégica de la utilización de la lucha armada en el contexto argentino por entonces vigente (Mangiantini, 2014).

El objetivo del presente trabajo es analizar la continuidad de esta corriente política en los ocho años posteriores a dicha ruptura a través del abordaje de sus dos estructuras partidarias conformadas en este período, el PRT–LV (entre 1968 y 1972) y el PST (desde 1972 hasta 1976) respectivamente. Si bien se identifican en ambas organizaciones características comunes en su búsqueda de inserción en la clase obrera, se trata de dos momentos con sendas especificidades. La etapa de desarrollo del PRT–LV se insertó en la coyuntura abierta por el *Cordobazo*, signada por un ascenso de la conflictividad obrera, la radicalización político-ideológica, la emergencia del llamado clasismo y el inicio de una crisis orgánica que puso en jaque a la estructura económico-social argentina en el marco represivo y dictatorial iniciado en el año 1966 con el golpe de Estado que dio lugar a la sucesión de tres presidencias de facto (Onganía, Levingston y Lanusse). Por su parte, el nacimiento del PST se ubicó en un viraje político experimentado en la Argentina con la transición hacia el retorno democrático iniciada en el año 1972 ante la crisis del proyecto castrense dada la intensa radicalización de las luchas obreras y populares. La vuelta del peronismo al poder y el retorno al sistema electoral en 1973, no cerrarían las profundas contradicciones político-sociales ni la crisis orgánica abierta años atrás. Más aún, la muerte del propio Perón y el giro a la derecha de su gobierno desde el año 1974, con la conformación de grupos fascistas y paramilitares que, al amparo del propio poder estatal, emprendieron una encarnizada persecución contra el activismo partidario, sindical y juvenil, complejizaron esta convulsionada coyuntura. El golpe militar concretado el 24 de marzo de 1976 y el inicio del terrorismo de Estado, se convirtió en la única fórmula que permitió frenar la radicalización política e ideológica a través de la violencia estatal desarrollada en su máxima expresión.

En este marco, la militancia obrera de esta corriente trotskista es una temática escasamente explorada por la historiografía sobre las organizaciones revolucionarias más allá de ciertas referencias colaterales, introductorias o más generales.[2] No obstante, su abordaje permite una mejor comprensión de la convulsionada coyuntura de finales de los sesenta y mediados de los setenta y de la relación existente, en este contexto, entre la vanguardia obrera y las organizaciones revolucionarias que habitaban en su seno.

Cuantificar el grado de inserción que tuvo esta corriente en el seno de la clase obrera, presenta diversas dificultades. En primer lugar, porque tal militancia, se desarrolló durante buena parte de este período en el marco de una coyuntura represiva que obligó a estas organizaciones a un funcionamiento con metodologías propias de una práctica militante clandestina (entre 1968 y 1971) o semi-clandestina (desde mediados de 1974). Por otro lado, un elemento que dificulta la cuantificación en torno al grado de influencia de una organización revolucionaria en este período recae en la existencia de una clase obrera que, en un porcentaje amplio, autodefinía su identidad política con un anclaje en el peronismo. Ello puede llevar a conclusiones erróneas dado que el bagaje conceptual y metodológico que la izquierda revolucionaria argentina logró desarrollar dentro de la clase obrera aparece como un elemento determinante dentro de los rasgos característicos concretos de este sujeto social. Metodologías propias de la democracia obrera, el fenómeno del clasismo y la radicalización de los conflictos con prácticas como las tomas de fábricas o las huelgas de larga duración, dieron cuenta de una retroalimentación entre la izquierda revolucionaria y la clase obrera que iba más allá de la filiación identitaria (o electoral) de esta última. En relación con ello, tanto el PRT–LV, como luego el PST, fueron ejemplos de diversas expresiones políticas existentes dentro de esta clase y, simultáneamente, un reflejo del grado de radicalización de este sujeto en una coyuntura en la que parte de su vanguardia viró hacia posiciones de ruptura con el sistema capitalista, con las alianzas policlasistas y con las direcciones sindicales burocratizadas.

La ruptura del PRT y el debate en torno a la clase obrera y a sus organismos

La ruptura del PRT conllevó una importancia determinante para la comprensión de la estrategia que, con posterioridad, adoptó esta corriente dado que esta discusión supuso una reelaboración de los paradigmas organizativos a poner en práctica y la decisión de un profundo vuelco organizacional de su militancia en el seno de la clase obrera y en sus organismos de lucha. En este sentido, una de las polémicas que atravesó el debate en el PRT recayó en la caracterización en torno al sujeto que protagonizaría la transformación radical de la sociedad y en el que una organización revolucionaria debía insertarse y pugnar por su dirección. La tendencia encabezada por Moreno rechazó como precepto el paradigma *guevarista* impuesto tras el triunfo de la Revolución Cubana según el cual el campesinado se convertía en el sujeto revolucionario prioritario dado que era el actor que mejor se adecuaba a la táctica de la guerra de guerrillas a partir de la premisa que indicaba la necesidad de una dirección revolucionaria refugiada en el espacio geográfico agrario y a resguardo de la represión y la reacción. Se cuestionó este dogma campesino por tratarse de un esquema cerrado e inamovible alertando sobre el peligro de que tal concepción ignorara el protagonismo de masas urbano y obrero existente en diversas experiencias históricas (Moreno, 1964, pp. 14 y 22).

Esta advertencia se imbricó con el análisis de la coyuntura mundial existente. En ella, la radicalización obrera y juvenil que significaron diversos procesos acaecidos entre los años 1967 y 1969, tales como el *Mayo Francés, la Primavera de Praga*, la rebelión estudiantil mexicana o las masivas protestas juveniles contra la guerra de Vietnam, pusieron de manifiesto el retorno a las acciones de masas que tuvieron tanto al proletariado como a una juventud radicalizada como protagonistas. En esta coyuntura, la tendencia liderada por Moreno pronosticó la apertura, a nivel mundial, de una combinación de diversos métodos de lucha y formas organizativas e identificó un posible viraje en los métodos de enfrentamiento al sistema capitalista a partir de la probable transformación de las manifestaciones multitudinarias y desorganizadas en huelgas parciales o generales con características insurreccionales o pre-insurreccionales.[3]

Este debate se relacionó con el análisis particular de la coyuntura argentina en un marco en el que aún no se visualizaba el inicio de una descomposición acelerada del gobierno iniciado con el golpe de Estado de 1966. En relación con ello, una polémica central en el seno de la dirección del PRT recayó en la caracterización sobre el papel del movimiento obrero en una etapa signada por su retroceso y por la relativa estabilidad del régimen militar.[4] La facción que conformaría el PRT–LV argumentó que se trataba de una coyuntura defensiva y de luchas parciales de la clase obrera contra una burguesía que, en concordancia con el proyecto estatal, se lanzó a arrebatarle las conquistas laborales y organizativas antes obtenidas. Para esta corriente, las conquistas más temidas por la burguesía eran los Cuerpos de Delegados y las Comisiones Internas y, por ello, la principal consigna de la etapa recaía en la defensa de estos organismos de la clase obrera como así también de los sindicatos y de la CGT de todo tipo de ataque por parte del Estado y de las patronales.[5] A tal premisa, la tendencia posteriormente convertida en el PRT–El Combatiente rebatió con el argumento que afirmaba que estos organismos de la clase obrera gozaban de un carácter escasamente combativo y clasista por lo que se imponía la necesidad de formas de organización y métodos de lucha superadores en lugar de la recuperación y defensa de los ya existentes.[6]

En respuesta a ello, la corriente encabezada por Moreno afirmó que los viejos organismos de la clase obrera podrían aplicar nuevos métodos de lucha y viceversa, razón por la cual, la equiparación de los órganos sindicales existentes a una metodología indefectiblemente reformista se transformaba en un considerable error.[7] Paralelamente, se alertó sobre aquellas organizaciones que despreciaban el papel de las consignas mínimas y de transición para la movilización de los trabajadores o la importancia de que un partido revolucionario logre forjar una inserción en los organismos tradicionales del movimiento de masas. Sin embargo, al mismo tiempo, se advertía sobre la necesidad de no realizar un fetiche de los organismos ya existentes y, si el ascenso obrero lo permitía, pugnar por el surgimiento de formas organizativas superiores en combinación con las anteriores. En definitiva, desarrollar e identificar las nuevas formas organizativas de las masas era la tarea central de un partido revolucionario. El peligro recaería en imponer instancias organizativas ficticias y ajenas a las ya creadas por el propio movimiento.[8] Esta posición se convirtió en el eje central de la discusión del PRT dado que, desde la concepción del posterior PRT–LV, la creación de un ejército guerrillero era un intento de forjar una estructura artificial que despreciaba a las organizaciones existentes y que, al mismo tiempo, le planteaba la necesidad de armarse, no a las masas en sí, sino a una vanguardia ya movilizada con otros métodos (Moreno, 1989, p. 24).

En la práctica, para la tendencia dirigida por Moreno, la ruptura del PRT significó un profundo golpe que se manifestó con la migración de cuadros históricos y de jerarquía de la organización que se sumaron a las filas de los hermanos Santucho como así también en la pérdida prácticamente íntegra de regionales de peso como Córdoba, Tucumán y el Litoral. El flamante PRT–LV mantuvo su estructura casi intacta en el Gran Buenos Aires (con mayor fortaleza en la zona Norte) y en la región de La Plata, Berisso y Ensenada manteniendo una estructura con una cifra inferior a los 300 militantes.

A partir de diversos conflictos acaecidos en 1968, este partido vislumbró la apertura de una etapa que ubicaría al movimiento obrero y urbano a la cabeza de las luchas a través de sus métodos tradicionales (como las huelgas y tomas de fábrica) en combinación con otros nuevos (González, 1999, pp. 283-284) y, en concordancia con ello, comenzó su reconstrucción tras reafirmar el paradigma organizativo partidario leninista, pugnar por la penetración en el proletariado a partir de la participación en sus movilizaciones y, paralelamente, presentarse como alternativa de dirección de sus organismos ya existentes. En relación con ello, se planteó como premisa que un partido revolucionario no debía posicionarse por sobre los organismos que las propias masas se daban (como, por ejemplo, las comisiones internas y cuerpos de delegados) sino pugnar por su inserción en ellos a partir del esbozo de aquellas reivindicaciones que fueran capaces de colaborar con la elevación de las luchas existentes (Moreno, 1973: s.p).

Esta concepción se reafirmó y profundizó a partir del estallido del *Cordobazo* en 1969 y del cambio coyuntural que implicó.[9] Este partido caracterizó que esta insurrección generó en Argentina una situación prerrevolucionaria lo que se justificó con la visualización de cuatro características identificadas en la coyuntura política iniciada luego de este hecho. En primer lugar, la presencia de una situación de inestabilidad de los sectores burgueses que comenzaban a mostrar disputas entre sí de un modo más álgido. En segundo orden, la creciente oposición al gobierno de una pequeña-burguesía radicalizada. Por otra parte, la disposición para la lucha del movimiento obrero demostrada en la contundencia de las huelgas generales y, por último, el surgimiento de una vanguardia estudiantil y obrera, ya revolucionaria o con tendencias a adquirir posiciones de esa índole, dispuesta al enfrentamiento contra el gobierno y a la formación durante los conflictos de embriones de nuevas direcciones y organizaciones de masas que reflejaban la incipiente unidad obrero-estudiantil.[10] Según este análisis, una etapa prerrevolucionaria podría derivar en un retorno a una nueva estabilidad del régimen, o bien, hacia una situación revolucionaria (Moreno, 1997, p. 68). Desde esta perspectiva, si el *Cordobazo* no produjo la caída definitiva del régimen, su causa fue el retraso en la formación de una dirección clasista y en la conservación por parte de las conducciones sindicales burocratizadas del dominio de los organismos de masas, lo que impidió que la clase obrera gestara un cambio radical en la relación de fuerzas. Para esta corriente, las bases obreras compartían estas posturas pero ellas aún se expresaban más como un repudio y desprestigio de la burocracia sindical que en el reconocimiento y conformación de nuevas direcciones clasistas.[11] Sobre esta base, este partido reafirmó como tarea central la conquista de los cuerpos de delegados y las comisiones internas de fábrica y un fortalecimiento de la organización ligado a esta línea.[12] Tal determinación implicó la necesidad de reestructurar un partido político mermado por la ruptura preexistente a partir de la puesta en práctica de una diversidad de estrategias con la pretensión de insertarse en el movimiento obrero, en sus organismos de lucha y en su conflictividad.

El PRT – La Verdad: estrategias y problemáticas de su inserción en el mundo del trabajo

En la búsqueda de conformar un partido revolucionario cuya composición central fuera una militancia mayormente proletaria y, paralelamente, a partir del objetivo de erigirse como dirección reconocida de los organismos de masas, entre 1968 y 1972, el PRT–LV desarrolló diversas estrategias. El método inicial utilizado en su objetivo de reinserción en la clase obrera sería la denominada *peinada* que consistió en la búsqueda de entablar relaciones individuales con su vanguardia y forjar una red de contactos de la organización.[13] Su aplicación conllevó dos modalidades. Por un lado, la relación de la militancia partidaria con los trabajadores fabriles de base, prioritariamente a partir del diálogo en torno a las problemáticas cotidianas propias de su ámbito laboral para luego, paulatinamente, profundizar tal relación a partir de un vínculo de mayor contenido político y, por otro lado, la concurrencia a las fábricas para entrevistarse con sus delegados e interiorizarse de sus reivindicaciones, realizar un padrón acabado sobre la estructura fabril de cada espacio laboral y trazar una caracterización sobre la situación interna de cada ámbito de trabajo para, sobre esa base, ponderar los espacios de inserción de la militancia.

Simultáneamente, la estrategia más paradigmática de inserción recayó en la *proletarización* partidaria. Ella consistió en que una porción considerable de su militancia se insertara en los espacios fabriles a partir del ingreso laboral a diversos establecimientos y, una vez concretado ello, lograra una integración tanto al mundo del trabajo como a la cotidianeidad y a los espacios de sociabilidad de la clase obrera. Esta estrategia conllevó un fenómeno dialéctico para la organización: la paulatina transformación de diversos obreros en dirigentes partidarios y, simultáneamente, la consolidación de distintos cuadros partidarios como representantes del movimiento obrero.[14]

Una vez impulsadas, las estrategias de la peinada y la proletarización se arraigaron con fortaleza en el seno de la militancia partidaria construyendo un imaginario interno. En este sentido, son paradigmáticas ciertas historias que circulaban entre la militancia con respecto a la trayectoria de la propia corriente y de la tenacidad para lograr una inserción política por parte de algunos de sus dirigentes fundadores:

> [...] había una multiplicidad de formas de llegar y una idea que se tomaba de viejas tradiciones de que no era imposible entrar a ninguna fábrica si se trabajaba con paciencia. Una anécdota que circulaba del *Vasco* Bengochea, de una fábrica textil, Alpargatas debía ser, que era de miles y miles y no había forma de entrar, porque además eran todas mujeres, no se podía volantear porque te echaban a la mierda, querías parar a las compañeras para hablar y no te daban bola porque eras tipo, entonces Bengochea fue y se descompuso frente a la puerta, entonces fueron las compañeras, lo cuidaron, llamaron a la ambulancia, entonces a partir de ahí hizo contacto y relaciones con 2 ó 3, después él volvió a agradecerles. Se contaba eso siempre como ejemplo de que no había forma de no entrar a una fábrica.[15]

En una línea similar, se destaca un documento interno de la organización que circuló entre sus miembros y que aparece como paradigma de inserción de un militante partidario en un ámbito como la fábrica de neumáticos Pirelli. En dicho texto se reivindicaba que dicho militante se asimilaba al trabajo y a la gente de la empresa a partir de la ayuda a los nuevos obreros que entraban a la planta, su colaboración con otros compañeros en sus tareas, la participación en las charlas y discusiones cotidianas de los obreros, su preocupación por los problemas de sus pares (tales como familiares enfermos, sus relaciones personales, etc.). En definitiva, se presentaba como paradigma de militante proletarizado a aquel sujeto inserto entre sus pares que daba respuestas a las diversas problemáticas que surgieran, tanto laborales como personales, lo que le posibilitaba poner en práctica una labor educativa y un respeto personal por parte de sus compañeros.[16] Tanto la anécdota de Alpargatas como el ejemplo de Pirelli dan cuenta de un discurso e imaginario interno que circulaba entre la militancia partidaria relacionado con la moral y la tenacidad que suponía el proceso de proletarización. Es escasamente relevante la comprobación en torno al grado de veracidad de tales experiencias o el análisis sobre cómo estas historias fueron tomando un significado diverso y complejizándose con el paso del tiempo, pero ellas son sintomáticas de aquellas actitudes que se identificaban como valiosas para aquel miembro partidario que se volcara a la militancia obrera y como ejemplo del perfil que se esperaba de él.

Una vez puesta en práctica, la proletarización conllevó, en determinados casos, dos tipos de dificultades que obstaculizaban la real inserción fabril. Una de ellas recayó en aquellos militantes que fueron absorbidos en sus tiempos por las tareas laborales cotidianas y ello les impedía elevarse al rol de activistas dentro de la fábrica y establecer un diálogo político con sus pares. La otra problemática recayó en aquellos activistas que, en la búsqueda de erigirse rápidamente como dirigentes político-sindicales, adoptaron posiciones y encabezaron acciones alejadas del nivel de conciencia y del grado de construcción desarrollado por parte de las bases obreras, lo que trajo aparejada una brecha con respecto a aquellos sectores que se pretendía dirigir y el aislamiento o la exposición de estos cuadros a merced de las sanciones de las empresas o de las propias dirigencias sindicales burocratizadas.[17]

En la práctica, la relación del militante proletarizado con sus pares se produjo de dos modos paralelos. Por un lado, a partir del desarrollo de las tareas laborales propiamente dichas y, por otro, mediante la inserción en la sociabilidad obrera en el marco de las vivencias cotidianas que continuaban más allá de las relaciones existentes en el ámbito de trabajo. En lo pertinente al primer elemento, se imponía como línea la necesidad de una actitud de evidente esfuerzo y tenacidad en su práctica como un medio para alcanzar un respeto laboral que se convirtiera en el paso previo y necesario para la conversión del militante partidario en un referente político-sindical. Paralelamente, un modo de inserción fundamental recayó en la convivencia en aquellos espacios de sociabilidad existentes más allá de las relaciones entabladas al interior del espacio fabril. Ello fue posible a raíz de una coyuntura en la que, además de las horas de trabajo, la clase obrera compartía diversos espacios de recreación, distención o encuentro que, simultáneamente, eran un medio para forjar relaciones y, a partir de allí, pugnar por la politización de tal vínculo. Eran frecuentes las actividades deportivas (como la organización de torneos de fútbol internos de secciones de una empresa o campeonatos entre diversas fábricas), forjar relaciones en los tiempos de descanso en el marco de la propia jornada laboral en los comedores de las plantas fabriles, o bien, aprovechar la sociabilidad que excedía los días laborales como, por ejemplo, la realización de salidas colectivas los fines de semana tales como el cine, los asados, los cumpleaños de los hijos de los obreros. En una misma línea, era habitual la colaboración de los militantes con los obreros los días no laborables para la construcción de sus hogares, práctica que iba asociada, en ocasiones, con actividades pertinentes para un actor social cuyo entorno presentaba, en ciertas oportunidades, carencias estructurales como, por ejemplo, la realización de instancias de alfabetización del obrero o de sus familiares o la concreción de charlas explicativas sobre determinadas enfermedades.

Por último, una de las expresiones más acabadas de la proletarización recayó en una concepción que vislumbró que la inserción del militante en la clase obrera no solamente debía producirse en el marco de un ámbito fabril sino también en el espacio barrial y en la cotidianidad social. En concordancia con ello, fue frecuente que el militante proletarizado modificara la ubicación geográfica de su lugar de vivienda para alcanzar una integración completa al espacio obrero. Existen experiencias paradigmáticas como, por ejemplo, diversos estudiantes universitarios en los albores de recibirse que abandonaron sus estudios para forjar su ingreso a fábrica, o bien, migrar hacia el interior del país para posibilitar una apertura política del partido en un espacio no explorado. Cabría aquí el interrogante en torno a la existencia de una cierta tensión interna en la organización para conjugar la labor intelectual del militante con una evidentemente valorada praxis obrerista y sindical.

En un plano más teórico, un elemento de inserción ponderado por esta corriente recayó en el papel que podrían cumplir las consignas impulsadas por un partido revolucionario como medio de elevación del nivel de conciencia de la clase obrera. Éstas tenían como objetivo su capacidad de movilización de los trabajadores y, por ello, debían reflejar las necesidades y el nivel de conciencia existente en la clase en cada momento determinado (Moreno, 1989, pp. 212-213). En este sentido, se propuso la elaboración de un programa de transición en las diversas fábricas o secciones en donde se encontrara inserto como un medio de organización del activismo y de la base fabril a partir de su propio nivel de conciencia y como modo de aglutinamiento de una vanguardia que, paulatinamente, pudiera ser organizada como oposición a las conducciones sindicales existentes en cada espacio laboral.[18]

Vinculado a esta problemática, esta corriente utilizó dos conceptos para poner en práctica su estrategia discursiva de inserción en la clase obrera: la propaganda y la agitación. La primera de estas herramientas era identificada como la propiedad de una organización de brindar una elevada cantidad de ideas a un público reducido (Moreno, 1989, p. 196). Uno de los principales ejemplos de propaganda sostenido recayó en la venta del periódico semanal partidario en las puertas de fábrica y en los barrios obreros, la edición de publicaciones particulares para determinadas ramas o sectores laborales, o bien, las charlas personales con los trabajadores. La propaganda política era definida como un elemento determinante dado que, sin ella, el trabajador tendría como principal objetivo la concreción de triunfos sindicales y, en caso de no lograrlos, experimentar una desmoralización y derrotismo.[19] Por su parte, la agitación consistía en la capacidad de levantar unas pocas consignas (o bien, una sola) que dieran una salida para la lucha que el movimiento obrero tuviera planteada en un momento determinado. Esta herramienta se materializó a través de volantes, pintadas o, en el marco de concentraciones de masas, mediante el uso de la palabra.[20] Al mismo tiempo, fue un método sostenido como un medio de interpelación a la clase obrera al presentarle determinadas contradicciones existentes ya sea con el Estado, con las patronales, o bien, con sus conducciones sindicales.

La inserción partidaria en un ámbito laboral y el posterior proceso de captación de la vanguardia conllevó diversos momentos de tensión. El primero de ellos recayó en el inicio de la actividad político-sindical por parte del militante proletarizado con la necesidad de minimizar los riesgos de la exposición dada una coyuntura represiva imperante que obligó a prácticas de índole clandestinas. La colocación de volantes en lugares estratégicos de las plantas fabriles a disposición de sus trabajadores o, una vez entablado un diálogo político, el reparto del periódico partidario a partir de métodos solapados son algunos ejemplos de las prácticas utilizadas hasta el inicio del proceso de semi-legalidad y la transición hacia la democracia. La otra tensión, una vez forjado un vínculo político, se materializaba al pretender que los contactos obreros conocieran la dinámica partidaria y sus aspectos programáticos. Este proceso de captación se desenvolvió de diversos modos entre los que se destacó una combinación de la sociabilidad (ya existente) con la búsqueda de la formación y la propaganda política hacia el contacto logrado. Así, una estrategia consistió en la realización de plenarios de larga duración en los que no sólo se invitaba al obrero recientemente incorporado (o en vías de hacerlo) sino también a su familia y donde se practicaban actividades de índoles recreativas además de las políticas. El acercamiento partidario a la estructura familiar era un elemento ponderado dado que el ingreso a una organización revolucionaria por parte del obrero conllevaba una alteración de su dinámica doméstica que, a partir de estas prácticas, se buscaba minimizar en su impacto. Por su parte, con aquellos contactos férreos, la principal estrategia recayó en la utilización de la formación política alrededor de variadas temáticas. Generalmente, el punto de partida consistió en charlas o cursos sobre problemáticas específicas (por ejemplo, sindicales) y, a partir de tal experiencia, se buscaba profundizar el contenido político y las temáticas a abordar.

El PST y el llamado al Polo Obrero y Socialista

La transformación del PRT–LV en PST puede explicarse como una respuesta que, esta corriente, desarrolló ante los cambios políticos experimentados a nivel nacional. En relación con ello, la transición del gobierno de facto al retorno democrático supuso, para esta estructura partidaria, la necesidad de redefiniciones estratégicas con el objetivo de transformarse en una herramienta política que, aprovechando la legalidad y las mayores libertades por venir, motorizara un crecimiento como organización a partir de su extensión a escala nacional y en vías a transformarse, a su vez, en una opción también en el terreno electoral. Con estas premisas, el PRT–LV se unificó con un desprendimiento del tradicional Partido Socialista, el Partido Socialista Argentino, encabezado por el dirigente Juan Carlos Coral, dando lugar al PST. Bajo esta denominación, esta corriente logró nacionalizar su inserción política a partir de una exhaustiva campaña de afiliación y de apertura de locales partidarios en todo el país.

El proceso electoral fue el momento histórico en el que se visualizaron con mayor notoriedad las diferencias existentes entre las diversas expresiones revolucionarias. Diversas organizaciones optaron por el llamado al voto en blanco y al abstencionismo mientras que otras, simultáneamente, sostuvieron consignas tales como "ni golpe ni elección, revolución". Una excepción fue el Partido Comunista que participó del proceso electoral pero a partir de la formación de un frente de contenido policlasista y reformista denominado Alianza Popular Revolucionaria. Por su parte, partiendo de una caracterización que sostenía la necesidad de utilización de los márgenes de legalidad existentes, el PST se convirtió en el único partido revolucionario que se presentó como alternativa en el proceso electoral programado para 1973. La participación tuvo diversas motivaciones siendo la principal su utilización para la fortificación del partido al abrirle un camino de contacto más amplio con el movimiento de masas y con su vanguardia.[21]

Con esta premisa, esta corriente impulsó la estrategia de formación de un "polo obrero y socialista". Tal consigna recayó en la conformación de candidaturas provenientes de aquellos sectores de la nueva vanguardia obrera protagonista de la conflictividad reciente que, hasta ese momento, se había expresado solamente en un plano sindical. De allí que la convocatoria tuvo por objeto la elevación de esa vanguardia a un plano político para luego retomar la actividad sindical desde una perspectiva más amplia y no meramente economicista. Esta estrategia permitía, a su vez, exacerbar las contradicciones inherentes al peronismo ante el conjunto de las masas dado que, la formación de tal polo encabezado por referentes de las luchas obreras recientes posibilitaría una delimitación con aquellos candidatos de esta corriente provenientes del sindicalismo burocrático contra las cuales se producían enfrentamientos laborales cotidianos.[22]

Con relación a los mecanismos de inserción en la clase obrera, puede esgrimirse que, con la conformación del PST se mantuvieron determinadas metodologías en continuidad con la anterior etapa pero, al mismo tiempo, se manifestaron nuevas estrategias para la búsqueda de un crecimiento partidario ligado al mundo del trabajo. En este sentido, se sostiene como hipótesis que las campañas electorales de 1973 fueron un factor de crecimiento cuantitativo de esta organización. El impulso de un "polo obrero y socialista" con la pretensión de aprovechar la contienda electoral como medio de nuclear al activismo de los años preexistentes permitieron a esta corriente nutrirse de nuevos dirigentes obreros y, simultáneamente, lograr un mayor arraigo como organización en diversos espacios laborales y fabriles. En esta línea, en el marco de las sendas disputas electorales, a las estrategias ya utilizadas, se le agregaron otras tales como la realización de reuniones amplias o plenarios de diversas plantas fabriles en las que se invitaba a los candidatos a discutir con los trabajadores, o bien, la convocatoria al debate y a la aceptación de candidaturas por parte de dirigentes obreros combativos no enrolados en alguna estructura política, entre otras.[23]

Al mismo tiempo, entre finales de 1972 y mediados de 1974, una de las orientaciones estratégicas del PST recayó en los intentos de conformación y dirección de organismos sindicales intermedios tales como, por ejemplo, la conformación de agrupaciones sindicales (más amplias que la militancia del propio partido), la participación en elecciones sindicales junto a otras fuerzas y, sobre todo, el impulso a coordinadoras interfabriles que permitieran la ligazón de un activismo disperso.[24]

Posteriormente, entre mediados de 1974 y hasta la concreción del golpe de Estado en 1976, ante el avance de las organizaciones de extrema derecha y la violencia parapolicial contra el activismo obrero y las izquierdas en general, el PST continuó su proceso de inserción en los ámbitos fabriles y laborales pero adoptando diversos mecanismos y metodologías propias de una práctica militante semi-clandestina y a mayor resguardo de la exposición. Ello no se dio sin tensiones ni dificultades, no obstante lo cual, puede afirmarse que se trató de la etapa con mayor influencia de esta corriente en el movimiento obrero lo que no solamente se reflejó en un crecimiento cuantitativo de su activismo sino también en la posibilidad de transformarse en dirección (o bien, dirección compartida) de diversos y numerosos conflictos sindicales acaecidos en estos años.

Es de destacar que, entre 1972 y 1975, esta corriente cuadruplicó el número de militantes que poseía en los años del PRT–LV. Si bien este crecimiento no responde solamente a su inserción en el mundo del trabajo (dado el importante componente juvenil y estudiantil de la organización) es evidente que la combinación de estrategias de las etapas de clandestinidad con el aprovechamiento de los diversos resquicios legales que la coyuntura permitía redundó en un incremento no menospreciable de su militancia orgánica.

Experiencias de dirección en organismos y conflictos

Un eje central para la inserción de esta corriente en la vanguardia obrera recayó en la política adoptada en los momentos de conflictividad de un espacio fabril o laboral determinado. El compromiso de su militancia con los conflictos acaecidos y la participación para que ellos desembocaran en soluciones favorables para sus trabajadores fueron elementos fundamentales de su concepción. Ante un reclamo laboral, este partido desarrolló dos variantes. La primera de ellas consistió en la participación en aquellos conflictos en espacios en donde no poseía una ligazón política preexistente. Del relevo y contraste de testimonios se desprende una metodología aplicada esquemáticamente: la concurrencia de los militantes a dicho espacio para acercar la solidaridad de la organización con los trabajadores y, al mismo tiempo, ponerse a disposición de ellos para las diversas tareas necesarias para el sostenimiento de su lucha. Una vez entablado un vínculo, el papel del partido consistió en la puesta en práctica de iniciativas que se les proponían a los obreros en conflicto tales como el desarrollo de colectas en otras fábricas y en el movimiento estudiantil, la invitación a sus trabajadores a recorrer otros ámbitos laborales en los que el partido sí poseía un peso sindical, ofrecerles la impresión de un volante que narrara las causantes de tal reclamo y sus reivindicaciones, entre otras variantes que se combinaban.

La segunda alternativa de participación en los conflictos se produjo en aquellos ámbitos en los que esta corriente ya poseía una inserción política de su militancia y que, al momento de producirse una problemática laboral, se erigió como la dirección de ese proceso. Para ello, una herramienta que esta organización buscó construir en cada espacio laboral fueron las denominadas tendencias sindicales. Se trataba de conformar agrupaciones que, siendo dirigidas por esta corriente, tuvieran una composición más amplia que sus miembros. Junto a la militancia partidaria, en tales agrupamientos coexistían diversos actores que, en el plano sindical, actuaban conjuntamente con esta expresión política como, por ejemplo, activistas que no pretendían una militancia partidaria u obreros provenientes del peronismo que rechazaban a sus cúpulas sindicales burocratizadas y encontraban en estas tendencias un espacio de participación más allá de las diferencias teóricas. Ello le permitió al PRT–LV, y luego al PST, profundizar el proceso de captación política fabril dado que, a partir de un trabajo conjunto en el plano sindical en el marco de una misma agrupación, se profundizaba una relación que podía desembocar en la transición de un vínculo gremial a una participación partidaria.

En la medida en que la coyuntura política expresó un reanimamiento de la clase obrera con la paulatina crisis del régimen militar, el impulso a las tendencias sindicales se profundizó dado que, para esta corriente, las luchas obreras y el cambio en la conciencia ocasionaría que la nueva vanguardia tendiera a acudir a dichos agrupamientos como una forma de disputa con sus direcciones sindicales y fabriles burocratizadas. Entre las agrupaciones dirigidas por esta corriente se destacó la Tendencia Avanzada de Mecánica (TAM), que se desenvolvía al interior del gremio SMATA (Sindicato de Mecánicos y Afines del Transporte Automotor) en el que tuvo peso a partir de la dirección de las comisiones internas de Citroën y Chrysler. Otra tendencia importante fue Avanzada Bancaria, a partir de la inserción en el gremio bancario lograda tras la conquista de la comisión interna del Banco Nación. Como ejemplos más secundarios, impulsó agrupamientos como Resistencia Metalúrgica, El Activista de la Carne, Avanzada Textil Petroquímica, Avanzada Socialista de Prensa y Avanzada del Seguro, entre otras.

Paralelamente, la metodología de construcción central recayó en los intentos de conquistar los organismos de lucha que los propios trabajadores forjaban tales como las comisiones internas y los cuerpos de delegados y el sostenimiento en ellos de las reivindicaciones transicionales capaces de colaborar con la radicalización de los posicionamientos políticos de los trabajadores y de elevar sus formas de luchas para, simultáneamente, erigirse como la dirección reconocida en los conflictos. De esta premisa se desprendía la doble importancia de, por un lado, disputar a las estructuras sindicales burocratizadas los organismos de representación gremial y, al mismo tiempo, dar forma a un programa de transición en cada ámbito de trabajo que permitiera elevar el nivel de conciencia de sus trabajadores.

De los diversos ámbitos en los que el PRT–LV logró un peso político, el ejemplo más relevante recayó en la industria automotriz, particularmente en las plantas de Citroën (ubicada en el barrio de Barracas en Capital Federal) y de Chrysler (en San Justo). La búsqueda de inserción en este rubro no fue fortuita. Su desarrollo se debió a la caracterización que esta corriente esgrimió sobre los trabajadores de este sector a quienes identificó como la vanguardia del movimiento obrero argentino. Ello se debía a que las plantas automotrices se convirtieron en grandes industrias capitalistas, mayoritariamente de capital extranjero, con modernas tecnologías al servicio de una producción masiva lo que obligaba a que importantes núcleos de obreros realizaran tareas especializadas con un nivel de cualificación elevado y una alta concentración de trabajadores por unidad de producción. Por otra parte, otra característica de la industria automotriz consistía en la negociación de convenios colectivos de trabajo por fábrica y no de conjunto lo que redundó en un ambiguo resultado: por un lado, dificultaba la puesta en práctica de acciones colectivas de los empleados y fragmentaba los conflictos pero, al mismo tiempo, obligaba al activismo de cada unidad de producción a encarar sus problemas sindicales de forma directa y ello permitía la adquisición de una rápida experiencia de enfrentamiento con sus respectivas patronales.

En el caso de Citroën, el PRT–LV fue mayoría tanto de su Comisión Interna como del Cuerpo de Delegados entre los años 1968 y 1969 mientras que, entre 1970 y 1971, este partido controló los órganos de dirección de la planta de Chrysler. Su presencia como dirección sindical se manifestó en diversos elementos. En primer lugar, en la puesta en práctica de una metodología de conducción, antagónica a la desarrollada por las direcciones preexistentes, que tendió a fomentar instancias democráticas de participación y decisión del conjunto tales como, por ejemplo, la frecuente realización de asambleas, las constantes reuniones de delegados de las secciones o de la Comisión Interna, el contacto cotidiano con los trabajadores y la continuidad de las funciones laborales por parte de quienes ocupaban las representaciones gremiales de modo tal de no percibirse una brecha entre la dirección y la base.

Otro elemento distintivo consistió en la defensa de las reivindicaciones presentes entre los trabajadores aunque éstas fueran vislumbradas como mínimas e insuficientes en sus objetivos. En el caso de Citroën, entre 1968 y 1969, sus órganos de representación gremial impulsaron un notorio número de conflictos parciales como el quite de colaboración por el reclamo del cobro de un medio aguinaldo más, o bien, una lucha sostenida a partir de un episodio de insalubridad en el comedor de la planta tras servirse un almuerzo en mal estado lo que derivó en un reclamo que culminó con la obtención de una comisión de control obrero del alimento.[25] En Chrysler también abundaron los conflictos parciales como, por ejemplo, en oposición al aumento de los tiempos de producción o el freno de las actividades ante los desperfectos mecánicos que redundaban en condiciones de trabajo inseguras para los operarios.[26] En lo respectivo a esta planta, un rasgo distintivo recayó en los intentos del PRT–LV de forjar una mayor politización de sus trabajadores mediante la realización de cursos de formación política y la discusión en los espacios asamblearios de temáticas que excedían a la empresa (tales como los cambios políticos en la coyuntura nacional o el apoyo a los conflictos de otras unidades de producción).

Se desprenden de estos hechos dos elementos. Por un lado, más allá de tratarse de conflictos por reivindicaciones mínimas, el sostenimiento de tales exigencias por parte de la dirección gremial y la obtención de tales triunfos, le permitió al PRT–LV consolidarse como una representación reconocida y sostenida por las bases de las plantas. Por otro lado, más allá de tratarse de exigencias elementales, la aplicación de metodologías tales como el quite de colaboración o las huelgas de corta duración, se convirtieron en un cúmulo de experiencia para un proletariado que, posteriormente, protagonizaría conflictos de mayor envergadura.

Otro espacio de inserción destacado del PRT–LV fue la representación sindical del Banco Nación entre 1969 y 1972. Si bien el empleado bancario era un sujeto social con características diferentes al proletariado industrial, fue ponderado porque reflejaba un sector históricamente combativo y, al mismo tiempo, una expresión de los sectores pequeño-burgueses de la sociedad que experimentaban un proceso de radicalización ideológica. A partir de la agrupación Avanzada Bancaria, esta corriente formó parte de los organismos gremiales de este espacio y protagonizó conflictos de relieve (como la lucha de 1969 que desembocó en un contundente aumento salarial), o bien, la defensa de reivindicaciones mínimas tales como las mejoras en las condiciones de trabajo, el rechazo a los traslados de trabajadores a sucursales geográficamente lejanas y la oposición a la instalación de cámaras de televisión para supervisar a los empleados. Paralelamente, pugnó por la politización de sus trabajadores mediante la incorporación de discusiones que excedían las temáticas diarias tales como, por ejemplo, el debate en torno a la autarquía financiera o la defensa de la entidad ante las pretensiones de incorporación de los grandes grupos económicos internacionales.

Posteriormente, con la creación del PST, esta corriente caracterizó la presencia de ciertos matices y cambios en la conflictividad obrera existente desde el estallido del *Cordobazo*. Por un lado, geográficamente se vislumbraba un cierto desplazamiento dado que, mientras que entre 1969 y 1971 el epicentro de luchas obreras fue la provincia de Córdoba, desde ese momento se producía un incremento de la conflictividad en Buenos Aires. Por otra parte, y más notorio aún, se identificaban modificaciones en los actores sociales. Así, mientras que el período anterior estuvo marcado por una vanguardia perteneciente a los trabajadores automotrices, los conflictos acaecidos desde principios de los años setenta reflejaban un cierto desplazamiento hacia sectores profesionales tales como docentes, trabajadores de la salud, empleados municipales y estatales y, en menor medida, rubros mayormente precarizados tales como ceramistas, trabajadores de la alimentación o del vidrio, entre otros.[27]

Entre los años 1972 y 1974, el PST protagonizó un crecimiento de su militancia fabril y sindical. En Capital Federal y en el Gran Buenos Aires donde, más allá de su inserción en el gremio automotriz y en el bancario, tuvo presencia en el sector metalúrgico (para el que editó un periódico particular, *Avanzada Metalúrgica*) un rubro en crecimiento a partir de su vinculación con la industria automotriz y con el incremento del consumo de electrodomésticos. También desarrolló un crecimiento en ramas tales como docentes, trabajadores no docentes de universidades, médicos, empleados de Obras Sanitarias, entre otros rubros. En el gremio gráfico fue relevante el crecimiento de la agrupación Avanzada Socialista de Prensa. Otra región de peso para el derrotero de esta corriente fue La Plata, Berisso y Ensenada donde participó en la industria de la carne, principalmente en los frigoríficos Armour-Swift y en la industria textil como, por ejemplo, en Petroquímica.

Desde la creación del PST, se desarrolló un crecimiento en diversas regiones tales como Mar del Plata (principalmente en la industria del pescado y en docentes), Bahía Blanca (entre los trabajadores bancarios y en ferroviarios); La Pampa (estatales); Comodoro Rivadavia (docentes); Córdoba (con una mayor injerencia entre los trabajadores de la industria automotriz), Misiones (docentes y empleados públicos), Mendoza (bancarios) y Chaco (empleados municipales). Se destaca, a su vez, una inserción en Neuquén en la industria de la construcción en la que el PST fomentó junto a otras fuerzas la agrupación Movimiento Unitario de la Construcción y en Villa Constitución, en donde participó activamente en el conflicto iniciado en la planta metalúrgica de Acindar con el envío un centenar de militantes de su juventud, la edición de un periódico de huelga diario, la participación en la organización de apoyo barrial a los obreros y la propuesta de desarrollar una coordinadora de trabajadores combativos que articularan tales luchas.[28]

Simultáneamente, en estos años, el PST tuvo una participación directa en la dirección de conflictos tales como Matarazzo (fideeros), Blindex (industria del vidrio), Del Carlo (metalúrgica), y Terrabusi (industria alimenticia), entre otras.

En continuidad, el bienio 1974-1975 marcará una aparente paradoja. El proporcional menor crecimiento numérico de esta corriente con relación al período anterior se dio, en simultáneo, a una mayor influencia partidaria en diversos conflictos y huelgas laborales. Así, las fuentes dan cuenta de una participación directa y activa del PST en conflictos desatados en espacios tales como Propulsora Siderúrgica, Rigolleau, Centenera, la Lista Gris de los trabajadores gráficos, trabajadores del seguro, en los Ingenios Ledesma, entre los trabajadores de subterráneos, en los empleados judiciales y en la planta de Swift de Rosario, entre otros.

En base a lo desarrollado puede identificarse que, a lo largo del período abordado, la inserción de esta corriente política en el movimiento obrero pasó por tres fases distinguibles. Un primer momento entre 1968 y finales de 1971 (en coincidencia con el derrotero del PRT–LV) en el que una militancia clandestina dio lugar a un incremento paulatino de la inserción obrera y a la conquista de ciertos organismos de representación. A continuación, entre finales de 1971 y mediados de 1974, se presentó una etapa de militancia legal, mayormente expuesta, en la que el PST se transformó en una organización de alcance nacional. Ello redundó en el momento de mayor crecimiento numérico de su militancia y en una mayor inserción en el mundo del trabajo. Por último, desde mediados de 1974 y hasta el inicio de la dictadura cívico-militar en marzo de 1976, se experimentó un período en el que se mantuvo un crecimiento organizativo (aunque más moderado que en la etapa anterior) más allá de un retorno a prácticas militantes semi-clandestinas pero, al mismo tiempo, con un salto cualitativo en cuanto a la inserción y participación en conflictos y en organismos de representación gremiales.

Reflexiones finales

El análisis en torno al grado de inserción de esta corriente trotskista en la clase obrera argentina posibilita esbozar algunas reflexiones que exceden los aspectos cuantitativos de esa influencia. La militancia de estas organizaciones en el movimiento obrero y en sus organismos de lucha permite reflexionar sobre la coyuntura existente desde la radicalización política de los años 1968 y 1969. Puede afirmarse que la prédica y el tipo de participación de esta corriente en el proletariado dan cuenta de una expresión existente dentro de su misma vanguardia que se encontraba cercana e influenciada por aquellos valores y concepciones propias de una retórica clasista tales como el anticapitalismo, el insurreccionalismo o la necesidad de una ruptura con las construcciones sindicales burocratizadas a partir de la puesta en práctica de la democracia obrera como metodología. Partiendo de tales concepciones, tanto el PRT–LV como el PST entroncaron su ideario con parte de una vanguardia que, al compartir tales premisas, la diferenciaba de otras tendencias también existentes en su seno tales como el peronismo, el reformismo o las organizaciones revolucionarias político-militares. Puede argüirse entonces la existencia en este período de una retroalimentación entre esta corriente y parte de un activismo obrero al que influyó y del que se nutrió.

Desde el punto de vista interno, se desprende del análisis documental partidario que el proceso de proletarización de sus cuadros fue desarrollado como una política natural por parte de sus miembros. La principal discusión acaecida en el seno de esta corriente recayó en la dificultad existente, en determinadas oportunidades, de lograr que las numerosas relaciones sindicales forjadas en los ámbitos laborales, la participación en los organismos de dirección gremiales y la inserción en los conflictos se transformaran, a su vez, en vínculos políticos y, a partir de ello, la posibilidad de un crecimiento cuantitativo del partido a partir de la captación en la vanguardia del movimiento obrero.

La percepción de este límite llevó a la dirección partidaria a alertar sobre el peligro de una desviación sindicalista que debía encauzarse entendiendo por ella el error de vislumbrarse dentro de la organización una separación, de hecho, entre los militantes sindicales y los políticos.[29] Se evidencia en esta tensión un obstáculo del proceso de proletarización que partió de una asimilación y adaptación del militante a una labor sindical y a una vanguardia obrera en ciernes que hacían peligrar los objetivos de politización de las relaciones gremiales y de forjar, a partir de ellas, un crecimiento partidario. El mayor ejemplo de ello lo reflejaba la existencia de diversos ámbitos laborales en los que esta corriente tuvo un peso sindical (e incluso un rol de dirección) pero sin lograr aumentar su número de militantes partidarios en esos espacios. Como resolución de esta problemática, la dirección partidaria reorientó su estrategia de inserción en la clase obrera mediante una búsqueda de politización del trabajo sindical a través métodos tales como el desarrollo de campañas políticas, la venta masiva del periódico semanal y los cursos de formación teórica.[30] Las sendas campañas electorales y el impulso de candidaturas obreras pueden ser caracterizadas como una respuesta a esta problemática con ciertos resultados exitosos. En cualquier caso, e independientemente de su alcance, abordar la proletarización y la militancia sindical del PRT–LV y del PST, permite reflexionar en torno a las dificultades y características que atravesaba una organización revolucionaria que, en el contexto de finales de los años sesenta y hasta mediados de los setenta, pugnaba desarrollar una política de inserción en la clase obrera y erigirse como su dirección en un marco de proliferación de organizaciones con objetivos similares.

Notas

1   La corriente encabezada por Nahuel Moreno surgió en Argentina en la década de 1940 con la creación del Grupo Obrero Marxista (luego Partido Obrero Revolucionario) impulsado por un puñado de jóvenes que pugnaron insertarse en la clase obrera porteña y bonaerense para luego integrarse al Partido Socialista de la Revolución Nacional (un desprendimiento del viejo socialismo). Tras el golpe de Estado que derribó al gobierno peronista en 1955, la principal acción de esta corriente se desenvolvió dentro del movimiento obrero que resistió a la dictadura

a través de la práctica del *entrismo* en el peronismo. Esta táctica consistía en la entrada de los militantes a un movimiento ideológicamente no revolucionario pero absolutamente mayoritario entre los trabajadores (como era el peronismo) con la pretensión de influir en un viraje ideológico de sus integrantes hacia posiciones de izquierda. Con esta orientación, que duró hasta 1964, esta corriente se denominó Palabra Obrera que en 1965, tras la fusión con el FRIP dio lugar al PRT.

2 Coggiola, 2006; Werner y Aguirre, 2007; Pozzi y Schneider, 2000; Castillo, 2012.

3 "Informe Internacional". Comité Central del PRT-LV, Marzo de 1969, p. 3 y "Proyecto de tesis sobre la situación latinoamericana". Comité Central del PRT-LV, Julio de 1969, p. 1.

4 "Tesis sobre situación nacional". Comité Central del PRT, Mayo de 1967, p. 2.

5 "Una tendencia ultraizquierdista" [Firmado por "NM" – Nahuel Moreno]. Comité Central del PRT, Agosto de 1967, pp. 7-8.

6 "Proyecto de anexo acerca de las modificaciones propuestas a las tesis nacionales" [Firmado por Juan Candela – pseudónimo de Helios Prieto]. Comité Central del PRT, Agosto de 1967, pp. 2-3.

7 "Una tendencia ultraizquierdista". Comité Central del PRT, Agosto de 1967, p. 5.

8 "Proyecto de tesis sobre la situación latinoamericana". Comité Central del PRT, Agosto de 1967, pp. 8-9.

9 El *Cordobazo* fue una masiva protesta acaecida en la provincia de Córdoba protagonizada conjuntamente por el movimiento obrero y estudiantil que tuvo en jaque a la policía local y provocó una crisis profunda en el régimen militar iniciado tres años antes.

10 "Tesis sobre la situación nacional después de las grandes huelgas generales" [Firmado por "NM" – Nahuel Moreno]. Comité Central del PRT-LV, Junio de 1969, p. 1.

11 "1969". Comité Central del PRT-LV, 1969, p. 2.

12 "Tesis sobre la situación nacional después de las grandes huelgas generales". Comité Central del PRT-LV, Junio de 1969, pp. 7-8.

13 "Informe de actividades". Comité Central del PRT-LV, Julio de 1969, p. 1.

14 "Informe de actividades". Comité Central del PRT-LV, 1970, p. 2.

15 Entrevista a Aldo Casas hecha por el autor, septiembre de 2012.

16 "Proletarizaciones". Comité Ejecutivo del PRT-LV, 1970, p. 1.

17 "Logremos una nueva dirección del movimiento obrero". V Congreso Nacional del PRT-LV, 1970, pp. 9-10.

18 "Tesis sobre la situación nacional después de las grandes huelgas generales". Comité Central del PRT-LV, Junio de 1969, p. 8.

19 "La revolución latinoamericana, Argentina y nuestras tareas". IV Congreso Nacional del PRT-LV, 1968, p. 27.

20 "Sobre agitación y propaganda (para BI)". Comité Ejecutivo del PRT-LV, 1969, p. 1.

21 "Nuestra campaña electoral". I Congreso Nacional del PST, Diciembre de 1972, pp. 1-2.

22 "Nuestra campaña electoral". I Congreso Nacional del PST, Diciembre de 1972, p. 6.

23 "Boletín Interno Nº 53". II Congreso Extraordinario del PST, 28 y 29 de julio de 1973, pp. 4-5.

24 "Informe sindical". IV Congreso del PST, 15 y 16 de diciembre de 1973, pp. 16-17

25 Entrevista a Orlando Mattolini hecha por el autor, agosto de 2013.

26 Convertir el revés en victoria. *Revista Cristianismo y Revolución*. 30, Septiembre de 1971, p. 6.

27 "Orden del día del CE". Comité Ejecutivo del PSA, 03 de julio de 1972, p. 3 e "Informe sindical", IV Congreso del PST, 15 y 16 de diciembre de 1973, pp. 16-17.

28 El denominado *Villazo* fue un conflicto iniciado en la planta metalúrgica de Acindar cuando un sector de trabajadores combativos conquistaron su Comisión Interna generando la intervención de una burocratizada cúpula sindical lo que desata la toma de la fábrica al tiempo que estallaban conflictos en otras plantas de la zona como Metcom y Marathón para, finalmente, extenderse hasta las ciudades vecinas.

29 Informe de actividades. VI Congreso Nacional del PRT-LV, Septiembre de 1971, p. 2.

30 Algunos graves problemas organizativos. Comité Ejecutivo del PRT-LV, 1970, p. 2.

Referencias

Castillo, Christian. (2012). El PRT – La verdad durante 1968 en La Plata, Berisso y Ensenada: una visión a través de su prensa En C. Castillo y M. Raimundo (Comps.), *El 69 platense*. Argentina: Estudios Sociológicos Editora.

Coggiola, Osvaldo. (2006). *Historia del trotskismo en Argentina y América Latina*. Buenos Aires: Ediciones R y R.

González, Ernesto (Comp.). (1999). Palabra Obrera, el PRT y la Revolución Cubana. 1963-1969 (Vol. 2). En *El trotskismo obrero e internacionalista en la Argentina* (Tomo 3). Buenos Aires: Editorial Antídoto.

Mangiantini, Martín. (2014). *El trotskismo y el debate en torno a la lucha armada. Moreno, Santucho y la ruptura del PRT*. Buenos Aires: El Topo Blindado.

Moreno, Nahuel. (1964). *Dos métodos frente a la revolución latinoamericana. ¿Lucha guerrillera o lucha obrera y de masas?*. Buenos Aires: s/e.

Moreno, Nahuel. (1973). *Argentina y Bolivia: Un balance*. s/l: s/e.

Moreno, Nahuel. (1989). *Un documento escandaloso (En respuesta a 'En defensa del leninismo, en defensa de la Cuarta Internacional' de Ernest Germain)*. Buenos Aires: Ediciones Antídoto.

Moreno, Nahuel. (1997). *Después del Cordobazo*. Buenos Aires: Editorial Antídoto.

Pozzi, Pablo y Schneider, Alejandro. (2000). *Los setentistas. Izquierda y clase obrera, 1969–1976*. Buenos Aires: Eudeba.

Santucho, M, Prada, O y Prieto, H. (1998 [1968]). El único camino hacia el poder obrero y el socialismo. En D. De Santis (Ed.), *A vencer o morir. PRT-ERP. Documentos. (*Tomo 1). Buenos Aires: EUDEBA.

Werner, Ruth y Aguirre, Facundo (2007). *Insurgencia obrera en la Argentina, 1969-1976. Clasismo, coordinadoras interfabriles y estrategias de la izquierda*. Buenos Aires: Ediciones IPS.

Recabarrenismo y lucha de masas.
El Partido Comunista de Chile y su vinculación con los
movimientos sociales, 1965-1973

Rolando Álvarez Vallejos
Universidad de Santiago de Chile

La historia del movimiento obrero chileno durante el siglo XX estuvo estrechamente ligada a la de la izquierda marxista. El origen geográfico de ésta, en la salitrera provincia de Tarapacá, cuna del proletariado chileno, desvela esta realidad. En efecto, en junio de 1912, liderados por Luis Emilio Recabarren, se fundaba el Partido Obrero Socialista. Diez años más tarde, éste se convertiría en el Partido Comunista de Chile. Así, numerosos sindicatos y la Federación Obrera de Chile, la principal agrupación de organizaciones obreras de la época, tuvieron un fuerte influjo del POS y más tarde el PC. Años más tarde, tanto la Central de Trabajadores de Chile, fundada en 1936, como la Central Única de Trabajadores (1953), conocieron del influjo decisivo de la izquierda marxista. Hasta el golpe de Estado de 1973, comunistas y socialistas tuvieron una mayoría aplastante en la principal central de trabajadores del país (Angell, 1974). Sin embargo, algunos autores han cuestionado esta aparente continuidad de la práctica política de la izquierda chilena, que ligaba las luchas sociales con la política. Por el contrario, se ha planteado que en su origen, el movimiento obrero privilegió eminentemente el espacio social y no el político para desenvolver su proyecto de emancipación de la opresión del sistema dominante. Así, repudiaban los partidos y si creaban alguno, como el POS, era algo meramente instrumental y secundario respecto a su estrategia que privilegiaba desarrollarse en los espacios no estatales e institucinales. Más tarde, se señala, los partidos de izquierda abandonaron el proyecto original del movimiento obrero, al privilegiar la lucha política institucional (Salazar,

2003). En fuerte polémica con este planteamiento, se ha reivindicado "la historia de los sectores de los populares con la política incluida". Es decir, se propone entender la lucha política como un espacio en disputa, que no necesariamente implicaba abandonar las perspectivas de transformación social. Es más, como un lugar donde se ganaban y defendían los intereses de los sectores subalternos. Así, en vez de visualizar lo social y la política como una dicotomía irreconciliable, entender esta relación como una fórmula para comprender la proyección histórica de los sujetos populares (Grez Toso, 2005; Artaza, 2014).

Ubicado dentro de este debate, el presente artículo examina la relación del Partido Comunista de Chile con los movimientos sociales durante un período álgido de su historia. Esta organización, protagonista de la historia política y social de Chile durante el siglo XX por su importante influencia de masas, representó una particular modalidad para los partidos de izquierda en su búsqueda de articulación con las organizaciones sociales.[1] Por medio de una compleja trama de fusiones en la base social entre militantes y dirigentes populares, partidos y movimientos sociales establecieron relaciones en función de una autonomía relativa, que en ocasiones podía ser más o menos estrechas. En el caso del PC, esta modalidad la hemos denominado como el estilo recabarrenista de los comunistas chilenos. Esto alude a la conexión del PC con la tradición heredada del fundador del POS y PC en las primeras década del siglo XX chileno, que se caracterizaba por combinar el trabajo social con el político, sin entenderlo como algo incompatible. La raigambre obrera y popular de sus militantes le permitió a los comunistas encabezar numerosos movimientos sociales. Su activismo fue visualizado por los sectores más radicalizados de la izquierda chilena como típicamente reformista. Pero dentro de la cultura política comunista, las tareas de las organizaciones sociales se conectaban con el proyecto político revolucionario con lo que descartaban la dictomía entre lo reformista y lo revolucionario. A lo largo de su historia, esto fue muy influyente en la definición de su línea política y el período 1965-1970 así lo demuestra. Durante estos años, el Partido Comunista alcanzó su mayor influencia de masas, con presencia hegemónica en el movimiento obrero, estudiantil; disputando la conducción del movimiento de pobladores (pobres urbanos) y campesino; con una masiva presencia parlamentaria; con medios de comunicación de masas influyentes; destacada participación en el mundo de las artes y la música y, finalmente, alcanzando junto a otros partidos aliados, la presidencia con el dirigente socialista Salvador Allende Gossens.

Respecto al PC durante este período, algunos enfatizaron su supuesto carácter "parlamentarista", es decir, reformista y carente de perspectivas revolucionarias (Smirnow, 1976; Marini, 1974). Sin embargo, otras investigaciones han relativizado estos planteamientos, señalando que durante este período la línea del PC se radicalizó, aunque persistió rechazando la lucha armada como forma de lucha (Faúndez, 1993; Venegas, 2003; Casals, 2010).

De esta forma, es posible apreciar que al PC de los años '60 y principio de los '70 ha sido descrito como un partido moderado y reformista o, por el contrario, como una organización imbuida en la lógica radicalizadora de la época. Desde nuestra óptica, estos enfoques dan cuenta solo parcialmente de la línea política del PC en este período. Escasamente tomado en cuenta por los analistas, el factor articulador de la tesis política del PC era la "lucha de masas". Esta implicaba que cada actividad política desarrollada por la militancia comunista, debía estar acorde con el "estado de ánimo" de la gente, con su predisposición, con sus necesidades. Toda actividad de masas, por menor que pudiera aparecer, solo por esa condición, debía contar con la presencia y el respaldo de los comunistas. Entonces, cuando en los años sesenta surgieron movimientos sociales cuyas prácticas políticas eran más radicales (como el de los campesinos y pobladores), el PC se sumó a ellos, muchas veces alentándolos y otras tantas encabezándolos. Pero esto no implicaba renegar o avergonzarse de la "política de salón", de la labor parlamentaria o edilicia. Éstas, símbolos del llamado reformismo comunista, también eran visualizadas bajo la óptica de la "lucha de masas" ya que se estimaba que eran una actividad complementaria a ella.

De acuerdo a la hipótesis de este trabajo, la tradicional línea etapista de los comunistas, que visualizaba la necesidad que primero se cumplieran las tareas democrática-burguesas de la revolución posponiendo la perspectiva socialista, sufrió un proceso de radicalización durante este período. Al fragor del incremento de la lucha de clases en la década de los sesenta tanto en el campo como en la ciudad, los comunistas acomodaron su política. Ésta, definida como "no armada", no excluía actividades fuera de la institucionalidad, descartando solo la lucha armada. Este proceso se relacionó con su estrecha relación con los movimientos sociales, el que influyó en este desplazamiento político de los comunistas. Así, aunque tradicionalmente se enfatiza la influencia de los partidos en los movimientos sociales, este caso revela que también se puede producir el fenómeno inverso, obligando a los partidos a acomodarse a nuevas correlaciones de fuerza.

Luchas de masas y "vía no armada" al socialismo

En los años sesenta, el PC planteaba que la revolución democrático-burguesa aún era una tarea pendiente en Chile. Su realización debía hacerse bajo la conducción de la clase obrera, pero en alianza con sectores burgueses no monopólicos. Por lo tanto, una de las tareas principales de la política de los comunistas era la búsqueda de la unidad con sectores de centro. En lo sustancial, esta línea fue la que terminó dando origen en 1969 a la coalición conocida como Unidad Popular, donde confluyeron las fuerzas de la izquierda histórica (PC y socialistas), más sectores de la "nueva izquierda" (MAPU) y otros venidos del centro político (radicales y socialdemócratas). Como se ha dicho, el triunfo en la elección presidencial de 1970, marcó la coronación de una estrategia política de larga data.

Pero antes de ese histórico momento, las fuerzas de izquierda sufrieron una dura derrota en las elecciones presidenciales de 1964, a manos del centrista demócrata cristiano Eduardo Frei Montalva. Luego de éstas, el PC realizó su XII Congreso en el que se adoptaron dos tareas políticas estratégicas: "Una, multiplicar, extender, acentuar sus vínculos con las masas y, dos, asegurar que todos sus militantes tengan una participación viva y permanente en el cumplimiento de sus tareas". Es decir, el PC concluía que para poder lograr el triunfo electoral en las próximas elecciones, era necesario "enclavar más al Partido en las industrias, poblaciones y haciendas y extender su organización en el campo femenino, juvenil y estudiantil, entre los intelectuales y profesionales, así como entre los artesanos, comerciantes y pequeños industriales".[2] Estos planteamientos son claves para comprender el trasfondo de la concepción "recabarrenista" del PC. Para los comunistas, la inserción de base era clave para fomentar las luchas reivindicativas sectoriales. Por esta razón, la lucha de masas era por esencia multifacética: desde la exigencia de alumbrado público, alza de salarios, mejoramiento de las condiciones de trabajo, el fuero maternal hasta la toma de terrenos o fundos si es que así se consideraba necesario. ¿Cuál podía ser la importancia de las luchas "gremiales" aparentemente carentes de un contenido revolucionario? Para el PC, no había contradicción en esta praxis "reformista" con el objetivo revolucionario porque ésta conduciría al triunfo de un "Gobierno Popular". En el fondo, era fundamental acentuar la relación entre las luchas sociales con las políticas para ensanchar "las posibilidades de que la clase obrera agrupe a su alrededor a los más vastos sectores de la población".[3] El llamado era a redoblar su presencia en "los sindicatos de la ciudad y del campo, juntas de vecinos, centros de madres, comités de los sin casa, centro de padres y apoderados, organizaciones juveniles, instituciones culturales, etc", posicionándose "al frente de la lucha de las masas por la solución de sus problemas".[4]

La novedad que trajo la lucha de masas en el período 1965-1973 se relacionó con la otra definición esgrimida en los tiempos en que se efectuó el XIII Congreso del PC referida a la "vía no armada". Si bien no quedó plasmada en el cuerpo de resoluciones de dicho evento, algunas declaraciones hechas por los dirigentes del PC en la misma época del Congreso demuestran que su elaboración data de 1965.[5] ¿Qué significaba esta aparente diferencia solo semántica? Años más tarde, Luis Corvalán, secretario general del PC, lo aclaraba. Según él, no debía hablarse de vía pacífica o violenta en referencia a cómo se iba a alcanzar el poder, sino más bien de armada o no armada:

> [L]a violencia está presente, existe en mayor o menor grado, cuando el Gobierno la emplea, en las frecuentes movilizaciones policiales, el uso de la fuerza pública contra obreros, campesinos y estudiantes y la aplicación contra el pueblo de las leyes coercitivas del Estado ... las huelgas, los paros, las luchas callejeras, son formas de presión, formas de violencia, que son armas legítimas de los trabajadores en su lucha por el poder".[6]

Este desplazamiento de la línea política del PC hacia la izquierda, explica el carácter que adoptó la lucha de masas a partir de 1965. Formas "violentas" (tomas, huelgas ilegales, lucha callejera) se validaron, desde el punto de vista político, como parte integrante y fundamental del estilo recabarrenista de los comunistas. Sin embargo, esto no significó abandonar las prácticas tildadas por sus adversarios como "reformistas". Así se conjugó la tradición y el cambio en el PC.

El "reformismo" comunista: elecciones y trabajo territorial

Como es sabido, el PC asignaba una importancia estratégica a los eventos electorales. No se trataba solo de una forma de "tomarse el poder", sino que en la concepción recabarrenista de trabajo de los comunistas, todas las elecciones, incluidas las municipales y las parlamentarias, eran un momento que ofrecía condiciones para el crecimiento y consolidación de las "fuerzas revolucionarias". Su visión sobre las elecciones implicaba que éstas debían ser un aliciente más de la lucha de masas. Es más, el ideal era que ellas se realizaran "al fragor de la lucha del pueblo". Por otro lado, los comicios eran una instancia que le permitía a la militancia ganar terreno en su inserción a nivel del poder local y, además, interiorizarse de las problemáticas del pueblo. En definitiva, eran claves para cristalizar en la práctica la tesis de que las luchas reivindicativas locales representaban los pequeños pasos que conducían hacia la revolución chilena. Asimismo, implicaban desarrollar propuestas de solución a las problemáticas denunciadas a través de la campaña. Esta práctica fue uno de los motivos por los que al PC se le acusó de "reformistas" por sectores de izquierda, que veían a los comunistas más preocupados de "pequeños" problemas que de los "grandes problemas" de la revolución. Sin embargo, esta fórmula fue uno de los baluartes fundamentales que permitieron a la militancia comunista canalizar las demandas sociales a través de demandas políticas.

Para los comunistas, las campañas electorales eran una tarea revolucionaria de primer orden porque ofrecían la posibilidad para avanzar en "el esclarecimiento político de las masas, representaban una evidente oportunidad de diálogo y lucha ideológica". Los componentes propios de las campañas, como los "casa a casa" y los actos masivos, permitían a los comunistas "tomar contacto con numerosos conglomerados del pueblo (y) propagar los puntos de vista del Partido".[7] Desde este punto de vista, las campañas electorales representaban la oportunidad de desarrollar los tres aspectos claves de la lucha de masas: conocer los problemas del pueblo; ofrecer soluciones "de fondo" (revolucionarias) pero también concretas a estos problemas y, por sobre todo, agitar y promover la movilización popular, en la perspectiva que el propio pueblo obtuviera la resolución de sus demandas.

La mejor fórmula de propaganda para un candidato del PC era hacer campaña solidarizándose con una huelga o toma de terrenos, o bien, ayudando a facilitar la movilización popular en función de lograr reivindicaciones sectoriales o territoriales. Intentando demostrar que las críticas que sectores de izquierda le hacían eran injustas, el PC se esforzaba por demostrar que la actividad electoral era una cara más de la lucha de masas. En el caso de la campaña presidencial de 1970, el acuerdo entre las distintas fuerzas de izquierda que formaban la Unidad Popular fue que "el estilo de la campaña popular" opondría "la lucha de masas a las máquinas publicitarias de la derecha". Esto significaba que la campaña se daría "en el terreno de la lucha social y de los problemas concretos" del pueblo.[8] Por ejemplo, en la población "lo Saldes" en Santiago, las mujeres, "en plena lucha por conseguir un pedazo de sitio donde vivir, decidieron formar un Comité Femenino por la candidatura" de Orlando Millas.[9] En el sector de Barrancas, al poniente de Santiago, los candidatos a regidores del PC Susana Muñoz y Lorenzo de la Maza, en diálogo con pobladores que se habían tomado unos terrenos, "habían realizado todos los trámites para erradicar definitivamente a estos trabajadores que no tienen donde vivir".[10]

Una vez electos, la labor que cumplían los parlamentarios comunistas era, se decía, fundamental para promover la "Revolución Chilena". A los parlamentarios comunistas les tocaba cumplir una doble tarea: la primera, demostrar que no eran como la clase política burguesa, y a diferencia de ella, si cumplían un activo papel social en beneficio de los sectores populares. Por este motivo, el PC se preocupó especialmente de difundir las labores legislativas de sus parlamentarios. La segunda tarea se relacionaba con la labor de los parlamentarios. Aparte de denunciar las malas condiciones de vida del pueblo, debían promover la creación y movilización de las organizaciones populares. En otras palabras, ser hombres y mujeres de acción.

Cumpliendo esta doble tarea, los parlamentarios pasaban a ocupar un lugar vital en la estrategia política del PC. En efecto, la síntesis de su importancia se vinculaba con la tesis comunista que la lucha por las más pequeñas reivindicaciones sociales, terminaba por conectar a los sectores populares con las grandes luchas nacionales. Desde nuestra óptica, este enfoque microscópico fue clave para que el proyecto de la izquierda histórica cristalizara en la madrugada del 4 de septiembre de 1970, porque las soluciones concretas obtenidas por los parlamentarios de la izquierda le granjearon a ésta el respaldo de una importante base social.

La acción parlamentaria comunista tenía una clara definición, que buscaba diferenciarse con las conductas de los políticos burgueses: "el parlamento es un reducto de lucha que se combina con la acción extra parlamentaria, tras un objetivo concreto: la transformación revolucionaria de la sociedad".[11] Esta última definición era importante para el PC, que consideraba que esta perspectiva los alejaba del electoralismo. El aburguesamiento de la práctica parlamentaria de los comunistas se evitaba a través de la conexión con la lucha de masas y con otro tipo de medidas. En este sentido, destacaba constantemente que sus parlamentarios entregaban su dieta al Partido: "Como es sabido … los parlamentarios comunistas … no hacen uso personal de la dieta, sino que reciben del Partido un salario o sueldo en condiciones semejantes a las de cualquier otro funcionario, para subvenir (*sic*) modestamente a sus necesidades y obligaciones familiares".[12] Este elemento era importante porque permitía al PC mostrarse ante la gente como sus pares, no como un grupo de privilegiados.

La prensa partidaria dedicaba destacados espacios a la obra "realizadora" de los parlamentarios comunistas. Muchas crónicas referidas a problemas específicos, circunscritos a un sector muy particular de alguna ciudad del país, era ampliamente realzado a modo de ejemplo de lo útil que podía ser la labor de un parlamentario. Luis Guastavino, diputado por Valparaíso, "como buen deportista y conocedor del deporte de los cerros y de los sectores populares", logró hacer aprobar proyectos de ley relacionados con actividades deportivas a nivel local.[13] En una arista distinta a ésta, las parlamentarias comunistas María Maluenda y Gladys Martín presentaban una indicación a un proyecto de ley gubernamental que proponía la ampliación del fuero maternal.[14] Otra de las tendencias que tuvo la labor parlamentaria de los comunistas fue la presentación de proyectos populistas que buscaban tener un efecto mediático fácilmente comprensible por todos los sectores. Frente a las bajas pensiones, los diputados comunistas Manuel Cantero y Juan Acevedo proponían un proyecto de ley destinado a aumentarlo.[15]

Pero dentro de los parlamentarios, había una figura que destacaba por sobre sus camaradas parlamentarios. Orlando Millas era presentado por la propaganda partidaria como el arquetipo de lo que debía ser un legislador comunista.[16] Millas se empleó a fondo en el acuciante tema de la vivienda popular puesta en los primeros lugares de la agenda nacional por las tomas de terrenos realizadas por los pobladores. Gracias a sus gestiones, se aprobaron numerosas leyes a favor de este creciente sector de pobres de la ciudad.[17] Pero también participaba en luchas extra-institucionales, como las emblemáticas tomas de terreno, como la de la Chacra Santa Adriana.[18] De esta manera, la labor parlamentaria era esencial para demostrar la consecuencia entre el discurso y la praxis. En una instancia que se ganaba prometiendo soluciones y haciendo propuestas, era elemental poder cumplirlas aunque sea solo en parte. Esto explica el esfuerzo de los parlamentarios del PC, quienes debían demostrarle a sus electores la utilidad concreta que tenía votar por los comunistas. Así, obteniendo resultados pequeños, ligados a problemas locales, lograba penetrar en la base social y legitimar sus discursos más políticos relacionados con las transformaciones revolucionarias de la sociedad chilena.

Otro aspecto muy importante de la práctica desarrollada dentro de la institucionalidad por parte de la militancia comunista era su participación en los órganos de gobierno local, constituidos en Chile por las municipalidades. La modalidad de acceso al control de estos organismos era a través de campañas electorales, al igual que la lucha por llegar al parlamento. En ellas, como ya hemos visto, los comunistas se jactaban de ser los mejores conocedores de las problemáticas de la comunidad junto con diseñar propuestas concretas para solucionarlas. Así, la gestión municipal era un importante factor de acumulación de fuerzas de la lucha de masas comunista. Si bien el alcalde comunista no iba a encabezar una toma de terrenos o un acción ilegal, a través de su gestión en el gobierno local podía demostrar que la izquierda tenía capacidad de gestión desarrollando una eficiente administración de gobierno.

Aunque el ámbito municipal era el espacio en donde menos se expresaban formas más radicales de lucha, para el PC tenía un papel fundamental porque era la oportunidad de contar con recursos materiales y económicos para desarrollar una gestión a favor del pueblo. La oportunidad de gobernar una comuna representaba un momento más de demostrar la viabilidad práctica de apoyar a este partido.

La primera consideración que hacían los comunistas sobre la importancia de los municipios se relacionaba con la posibilidad que ofrecían de vincular el trabajo de masas del partido con la población. Pascual Barraza, alcalde de La Granja en la década de 1960, señalaba al respecto que "los municipios son los organismos más inmediatos a los que recurre el pueblo para resolver sus problemas".[19] Bajo esta óptica, entendiendo el rol estratégico que ocupaban los municipios, el PC apostaba a "un municipio de nuevo tipo", basado no solo en recoger las demandas de los habitantes de la comuna, sino que "busquen el despliegue de una constante crítica de masas, el esclarecimiento ante el vecindario de los problemas, la consulta a las Juntas de Vecinos y Centros de Madres, el trabajo conjunto con ellos".[20]

Durante el gobierno del demócrata cristiano Eduardo Frei Montalva, se desarrolló un programa denominado Promoción Popular que consistía en incentivar la creación de organizaciones territoriales. Se caracterizó por convertirse en fuente de clientelismo y plataforma para la penetración del partido de gobierno en los sectores populares. Ante este plan, en el Congreso de Municipalidades celebrado a fines de 1965, el PC presentó una propuesta alternativa sobre los gobiernos locales, cuyo énfasis se centraba en dotarlos de mayor autonomía, para evitar la instrumentalización por parte del gobierno central. Se remarcaba la necesidad de dotarlos de nuevas fuentes de financiamiento, a través de pago de permisos y contribuciones por bienes raíces.[21]

La tenaz oposición del PC a la "Promoción Popular", convertida en verdadera caja electoral de la DC y el énfasis en la defensa de las atribuciones, autonomía y recursos para las municipalidades, se relacionaba con la lucha por disputar el control entre las organizaciones de base. Junto a estas propuestas, el PC planteaba que se debía fomentar la participación de las "fuerzas vivas" de las comunas. Es decir, no solo el poder comunal "desde arriba" tenía que reforzarse, sino las organizaciones "de abajo". Una experiencia piloto levantada como un modelo a seguir, era la que realizaba la municipalidad de La Granja, encabezada por Pascual Barraza. En ella se organizó un Cabildo Comunal, que tenía atribuciones propositivas ante el municipio, y en el que podían participar todas las organizaciones comunales. Por ejemplo, ante la pobreza comunal, se proponía crear un parque industrial, que funcionara como un polo de desarrollo comunal.[22] Es evidente que este tipo de medidas locales dependían necesariamente de definiciones que escapaban de las atribuciones de la municipalidad. Pero este esquema era en el que se debía desarrollar la concepción de la lucha de masas del PC. En este caso, esta reivindicación comunal, al no poder ser resuelta a nivel local, conducía a movilizar a las organizaciones sociales contra quien impedía su realización, a saber, el poder estatal representado por el Gobierno central. El paso de lo local a lo nacional era casi automático en este tipo de situaciones. Este era el mecanismo que el PC visualizaba como fórmula para ganar conciencias y respaldo a favor de la "Revolución Chilena".

Esta concepción acerca del papel de las municipalidades en la lucha de masas, no sufrió modificaciones de fondo tras el triunfo de la Unidad Popular. Los regidores y alcaldes comunistas debían "convertir a los municipios en órganos de poder comunal, donde estén presentes: Centros de Madres, Juntas de Vecinos, Clubes Deportivos, Sindicatos". Bajo la responsabilidad de ser gobierno, los municipios debían asegurar el respaldo a la Unidad Popular, para lo que era indispensable no abandonar la perspectiva relativa a la importancia que tenía resolver los problemas cotidianos de la población.[23]

De acuerdo a la óptica comunista, la tarea de divulgar las realizaciones de sus obras era esencial para demostrar la eficacia de su labor. Pascual Barraza, alcalde de la comuna de La Granja, exponía con orgullo las obras de su administración: construcción de una piscina municipal, reacondicionamiento del matadero, reemplazo de los carretones de aseo por camiones, fomento para construir escuelas e industrias, subvención a policlínicos, extensión de la red de alcantarillado y alumbrado público en numerosas poblaciones, pavimentación de calzadas, etc.[24] En el caso de Ernesto Araneda, alcalde de San Miguel durante un período, publicitaba el legado de su administración: pavimentación; fin de los basurales; extensión del alumbrado; urbanización de poblaciones modestas; subvenciones a organismos educacionales, instituciones deportivas, culturales y sociales; construcción de plazas de juegos infantiles; creación de áreas verdes, etc.[25] Este tipo de publicidad se repetía en comunas con alcaldes comunistas, siempre enfatizando las dos dimensiones del trabajo alcaldicio: obras ámateriales y organización del pueblo para la lucha de masas.[26]

En resumen, la gestión municipal, al igual que la labor parlamentaria, debía intentar demostrar porque era conveniente para la población apoyar a los comunistas. Hacerlo podía significar para la gente el inicio de solución de algunos de sus más apremiantes problemas, es decir, tenía una dimensión práctica muy significativa. Por su parte, el PC se esforzaba por hacer realidad estas expectativas, generadas al calor de campañas electorales generosas en denuncias y propuestas. En función de esto, no vacilaron en utilizar mecanismos "reformistas" y pragmáticos de hacer política. Para ellos, todo se justificaba para materializar el objetivo de vincular cada vez más estrechamente a las masas con el partido.

El rupturismo comunista: tomas y huelgas ilegales

El PC de Chile se caracterizó a lo largo de su historia por su fuerte presencia al interior del movimiento sindical. Durante la década de 1960, este hecho estuvo acompañado por el respaldo prestado por la organización a las numerosas huelgas ilegales que se produjeron durante el gobierno de Eduardo Frei Montalva. Al respecto, existe consenso que las huelgas ilegales registraron un significativo aumento durante la década de los sesenta. Por este motivo, se ha afirmado que en esta década "el conflicto obrero desbordó toda la institucionalidad (ya que) la huelga ilegal sobrepasó a la legal" (Pizarro, 1986, pp. 153, 158).

La consigna de "Revolución en Libertad" enarbolada por la Democracia Cristiana, significó una dura prueba para las fuerzas de izquierda. La aparición de un centro con una política que se autodenominaba portadora de una revolución implicaba entrar en una batalla ideológica por demostrar quienes eran realmente los revolucionarios: la DC o la izquierda agrupada en el FRAP. Desde este punto de vista, se entiende la obsesión del PC por demostrar la falacia que significaba considerar como una "Revolución" la administración de Eduardo Frei Montalva.[27] Bajo esta óptica, y en su afán de diferenciarse tanto de la derecha como de la Democracia Cristiana, el PC promovió huelgas tanto en contra del Gobierno, como en contra de empresarios nacionales y extranjeros. Éstas no se limitaron a respetar la legalidad para ser llevadas a cabo.

El gobierno de Frei intentó restringir el derecho a huelga, herramienta tradicionalmente utilizada por los trabajadores chilenos para defender sus derechos. Por ejemplo, se promovió el mecanismo de forzar la vuelta al trabajo interviniendo las empresas, designando como administradores a integrantes de las fuerzas armadas o querellándose contra los dirigentes sindicales por el delito de sedición. La oposición de los comunistas fue total. Estas persecuciones provocaron publicitados encarcelamientos y cinematográficos escapes de dirigentes sociales de las manos de la "Policía Política", cuerpo perteneciente a la Policía de Investigaciones de Chile. A tal punto llegó la defensa del derecho a huelga que, en 1967, la CUT organizó un exitoso paro nacional contra el llamado proyecto de los "chiribonos", que establecía la suspensión del derecho a huelga y evitar que las demandas salariales de los trabajadores excedieran del reajuste que establecía la ley (Rojas, 2004, p. 161).

En este marco de aumento de las disputas gremiales, el PC se abocó a la promoción de todo tipo de huelgas, legales e ilegales, las que cobraron especial relieve. En 1965, frente a las alzas de precios de algunos servicios básicos y un reajuste que no cubría el 100% del IPC del año anterior, se extendió una oleada de huelgas y manifestaciones ilegales contra el gobierno. Como la describía la jerga comunista de la época, esta "lucha de masas" fue "multifacética": marchas de los mineros de *La Disputada de Las Condes*; paro nacional de los trabajadores de la salud; lucha callejera contra Carabineros de los trabajadores ferroviarios en San Bernardo y huelgas, numerosas huelgas ilegales, entre las que destacaba la de obreros y empleados de ENAP en Santiago, Valparaíso y Magallanes.[28]

La huelga de los trabajadores de *Cemento El Melón*, iniciada a fines de 1965, simbolizó la manera como el PC se ponía a la cabeza de una huelga ilegal apoyando las demandas reivindicativas de los trabajadores. Pero, de acuerdo a la óptica de la lucha de masas del PC, esta lucha gremial era reenviada hacia el espacio político, utilizándose como un ejemplo más del carácter reaccionario del gobierno. Para combatirla, el gobierno había decretado la vuelta forzada al trabajo, tras más de 40 días de paralización designando un interventor militar. A pesar de estas medidas, el gobierno terminó cediendo a las demandas de reajustes salariales de los trabajadores. Evaluando el fin exitoso de la movilización, el PC culpaba al gobierno tanto por provocarla como por haberla extendido tantas semanas.[29] Otra huelga que puede ser considerada representativa de la comodidad con la que los comunistas se movían en movimientos huelguísticos ilegales fue la movilización de los trabajadores de la salud durante el mes de diciembre de 1966. Fue organizada por la Federación Nacional de Trabajadores de la Salud (FENATS), encabezada por el militante comunista Mario Merino. Esta huelga, que duró casi un mes, tuvo todos los condimentos como para considerarla un ejemplo de cómo se manifestaba el estilo recabarrenista. Se originó en demandas netamente gremiales; fue decretada unilateralmente por la FENATS (es decir, sin importar su carácter ilegal); y sus dirigentes se rebelaron ante la represión gubernamental, la que dictó una orden de aprehensión en contra de Mario Merino, acusado de "sedición". Éste decidió pasar a la clandestinidad unos días asistiendo a actos públicos de manera relámpago para escabullirse de la "policía política". Si bien la movilización no consiguió todas las demandas exigidas, logró hacer retroceder al gobierno en puntos centrales como, por ejemplo, desistirse de la querella que perseguía a los dirigentes de la FENATS.[30] En resumen, las huelgas ilegales fueron parte integrante de la lucha de masas cotidianamente alentada por los comunistas. A contrapelo de lo que habitualmente se ha señalado sobre su supuesto carácter "legalista", la lucha política en espacios ilegales era un aspecto relevante de su estrategia.

Por su parte, la participación del PC en el movimiento de pobladores, se inscribía en la dinámica de desarrollar la lucha de masas por las reivindicaciones populares, sin importar violar la legalidad. De una manera más notoria, fue en el movimiento de pobladores en donde destacó el entrecruzamiento de las prácticas "reformistas" y "rupturistas". En efecto, la participación de diputados y senadores comunistas en las tomas de terrenos, no se limitaba solo a solidarizar con ellas, sino que muchas veces implicó participar en la preparación previa de las mismas. Más tarde, una vez efectuada la toma, los parlamentarios del PC se convirtieron en uno de sus más connotados defensores públicos. Los pobladores, a diferencia del movimiento sindical, no contaban ni con un movimiento con tradición de lucha ni con dirigentes con experiencia. En ese punto, los parlamentarios de izquierda cooperaban con estos movimientos difundiendo su causa. De esta manera, una forma de lucha ilegal, como las tomas de terrenos, fue defendida e impulsada por el PC. Además, sus militantes de base, se convirtieron en algunos de los principales dirigentes de pobladores, gracias a lo que ganó mucho prestigio convirtiéndose en un importante nicho de apoyo popular.

Después del triunfo en la presidencial de la Unidad Popular en 1970, el PC restó importancia a las tomas de terrenos como forma de lucha del movimiento poblacional. Como se sabe, privilegió la moderación política para brindar gobernabilidad. En todo caso, esto no significó que los comunistas abandonaran el ámbito territorial, donde contaban con gran popularidad producto de su papel en las tomas de terrenos ocurridas en los años '60. Cuando comenzó el desabastecimiento, el PC concibió a los pobladores como uno de los ejes en torno a los que se construiría el poder popular. Las populares Juntas de Abastecimiento y Precios (JAP), eran embriones de poder popular bajo la óptica de respaldar al gobierno. Las JAP representan la flexibilidad táctica del PC ya que luego de años de apoyar una lucha de masas cuyo método era ilegal, elección presidencial mediante, esos mismos militantes, se la jugaron por la lucha legal en torno a las JAP y el apoyo al gobierno. En el estilo recabarrenista del PC, estos cambios de práctica política formaban parte de las necesarias adecuaciones que el quehacer político exigía cuando sus condiciones sufrían modificaciones.

La relación entre los comunistas y el movimiento poblacional es bastante anterior a la década de los sesenta. Desde mediados de la década de los cuarenta, el PC penetró con cierta rapidez en el mundo territorial. Así, sus militantes fueron partícipes, promotores o defensores de las primeras tomas de terreno, como la de *La Victoria* o *La Legua*, a fines de los 40 y la década de los '50. Más tarde, durante el gobierno de Jorge Alessandri, el PC encabezó lo que ha sido considerado la expresión práctica de la"crítica política" en contra del programa habitacional del gobernante derechista: la toma de la Población Santa Adriana (Garcés, 2002, p. 196).

Regularmente, hasta el triunfo de Salvador Allende en 1970, el PC avaló las tomas de terrenos. Entre 1965 y 1970, entre las múltiples tomas de terrenos que se produjeron, destacaron por el efecto mediático que tuvieron las que dieron origen a las poblaciones *Herminda de La Victoria* y *Violeta Parra*. En ambas, tanto pobladores como dirigentes nacionales del PC, tuvieron una destacada actuación. Sobre la primera, se ha afirmado que su alto nivel organizativo y el discurso de los pobladores que cuestionaba la política habitacional y social de la DC, unido a la notable presencia comunista en la toma, simbolizan el fin de la hegemonía DC sobre el movimiento de pobladores y el inicio del auge de la izquierda (Espinoza, 1988, p. 349). La unión de esta toma de terrenos con el imaginario comunista, la concretó el músico Víctor Jara, quien grabó un disco con canciones que relataban distintos aspectos del proceso.

Por su parte, el movimiento que dio origen a la población "Violeta Parra" prosiguió el camino iniciado por la toma de la "Herminda de La Victoria", en el sentido que "se estaba produciendo ... una creciente politización de los pobladores", ante un gobierno cada vez más incapaz de cumplir "las expectativas generadas por la Operación Sitio". El movimiento de pobladores, de la mano de la izquierda, se hacía cada vez más "inmanejable" (Garcés, 2002, p. 370).

De acuerdo a Mario Garcés, esta toma fue producto de unos tres comités de sin casa, de orientación política diversa. En el caso del PC, su cara visible fue el dirigente de pobladores Juan Araya, que había cobrado notoriedad 1967 con ocasión de la toma de *La Herminda de la Victoria*. El papel de los parlamentarios comunistas dejaba clara la coordinación entre éstos y los pobladores: Cuando recién "los sin casa aún clavaban sus banderas, en los terrenos que vivirían, llegaron los parlamentarios comunistas Volodia Teitelboim y Gladys Marín y el regidor Luis Neira".[31]

En síntesis, el accionar del PC al interior de las tomas de terrenos fue un factor de autoafirmación de su identidad política. A fines de 1969, cuando la polémica con otros sectores de izquierda que cuestionaban el estilo recabarrenista era pública, una dirigente del comité central del PC desafiaba orgullosa a sus adversarios de izquierda: "A los que nos dicen reformistas y cobardes, que le pregunten a los pobladores golpeados y masacrados, quiénes iban al frente, quienes cayeron, que parlamentarios han prestado ayuda en todo momento. Y si esta no es lucha revolucionaria, no sabemos de cuál hablan".[32] La "vía no armada" alcanzó sus máximas cotas de expresión en las ilegales y violentas tomas de terrenos del movimiento de pobladores.

La problemática agraria copó la agenda de todos los partidos políticos durante el período 1965-1973. Fuera para detenerla, moderarla o acelerarla, ningún sector quedó indiferente frente a ella. La reforma agraria fue uno de los pilares de las denominadas *reformas estructurales* promovidas por la administración de Eduardo Frei. La aprobación en 1967 de la ley que la autorizó, junto a la de sindicalización campesina, constituyó uno de los principales hitos de su mandato. El PC no quedó al margen del debate agrario. Los terratenientes, junto a la burguesía monopólica y el imperialismo, se definía como los "enemigos principales" del proceso de cambios sociales y políticos en Chile.

Siguiendo un esquema similar al utilizado en las huelgas urbanas y al interior del movimiento de pobladores, el PC repitió en el campo su esquema de lucha de masas, característico de su estilo recabarrenista. Por un lado, se convirtió en un esfuerzo principal aumentar su influencia política en las organizaciones campesinas. Por otro, luchó en el frente legal e ilegal en función de cumplir las demandas reivindicativas campesinas. Finalmente, no tuvo problemas en fomentar conflictos solamente reivindicativos, con escasa o nula vocación de cuestionar el sistema de dominación. Como lo hemos visto en otros frentes de masas, lo que para otros sectores de izquierda era el reflejo de las insuficiencias "reformistas" de la izquierda histórica, para los comunistas constituían micro-batallas que a la larga, serían claves para "crear conciencia", y terminar por sumar al movimiento campesino en la lucha por la construcción de un "Chile Nuevo".

En 1965, el XIII Congreso del PC había definido aumentar y solidificar su presencia en los frentes de masas como una de las tareas decisivas. A cuatro años de esa definición, sacaba cuentas alegres: "La Organización campesina ha surgido impetuosamente. Las luchas campesinas han estremecido al país... Nuestro Partido ha entrado a establecer células Comunistas en muchos fundos y haciendas, o sea, comenzamos a penetrar en el propio dominio del latifundio".[33] La aparición de la organización campesina "Ranquil", creada por el PC y sus aliados socialistas, unidas a numerosas huelgas y tomas de terrenos durante el gobierno de Frei, eran la manifestación del evidente crecimiento de la izquierda en el agro (Pizarro, 1986, p. 166).

Independiente de la discusión parlamentaria para aprobar la ley de reforma agraria, el PC insistía en que "los propios campesinos deben ser el motor de la Reforma Agraria".[34] Esto significó que el partido respaldara y fomentara las luchas reivindicativas sin importar su carácter fundamentalmente de tipo gremial. Tal como lo consignaba José Bengoa en 1972, las huelgas y la movilización campesina hasta fines de los sesenta, tuvo un carácter legalista, básicamente en función de sus intereses "inmediatos" (Bengoa, 1972, p. 65). Este aspecto, negativo para un sector de la izquierda, no era problema para los comunistas, quienes consideraban que este tipo de luchas, motivadas por aspectos solo gremiales y específicos, era el comienzo de la toma de conciencia. Las diferencias de valoración entre la izquierda "gradualista" y la "rupturista" sobre este tipo de luchas populares, estaban en la raíz de sus discrepancias políticas.

El campo ofrece un buen ejemplo de la mezcla entre la lucha legal e ilegal que promovía el PC. Las investigaciones demuestran que aumentaron las huelgas campesinas ilegales y de las tomas de terrenos (Huerta, 1989, p. 264). Detrás de muchas de ellas, sin dudas, estuvo la izquierda, primero a través de la Federación Nacional Campesina e Indígena, dirigida por el comunista José Campusano y posteriormente por la Confederación Ranquil. Sin embargo, esta forma de lucha ilegal y violenta (aunque no armada) era considerada una manera de lucha democrática ante el accionar de la derecha. En el fundo *La Primera* de Longaví, los dueños de tierras hirieron a ocho campesinos (uno a bala), como forma de rechazar la aplicación de la reforma agraria en el lugar. Para el PC, siempre preocupado de ligar los problemas locales con los nacionales, establecía que la acción de los latifundistas se enmarcaba en un contexto de lucha contra "los planes sediciosos de los latifundistas". La derrota de éstos "debilitará inmediatamente el conjunto de las maniobras antidemocráticas en que se encuentran embarcados elementos golpistas y reforzará la lucha general de las fuerzas mayoritarias que en el país están por los cambios".[35]

En este caso, podemos visualizar tres movimientos clásicos del estilo político comunista. Primero, avalar (y seguramente fomentar) las medidas de fuerza (o sea ilegales) de los campesinos contra los latifundistas que los agredieron. La actitud de los campesinos eran consideradas una legítima manera de defenderse. Segundo, un problema local, en un fundo particular, era extrapolado a la coyuntura política nacional. Es probable, como dice José Bengoa, que el conflicto de Longaví no tuviera contenido político y que los campesinos no estuvieran luchando por una transformación social de fondo en el país. Sin embargo, de igual manera, este caso era realzado a nivel nacional como *lucha contra la sedición* en el medio de una coyuntura política marcada por rumores de golpe de Estado. Tercero, a pesar de la violencia armada de los patrones, el PC nunca se planteó siquiera (al menos públicamente) la posibilidad de enfrentar en ese mismo plano a los terratenientes. Para comunismo, lo que finalmente inclinaba la balanza en las luchas sociales no era quien tuviese mejor armamento, sino quien era capaz de sumar a la mayoría tras su postura.

Más tarde, en los tiempos del gobierno de Salvador Allende, y al igual que ocurrió con las tomas de los pobladores, el PC se opuso a tales prácticas en el campo. Primaba por sobre ellas, la necesidad de dar gobernabilidad al gobierno. Con la nueva situación creada luego del triunfo de la Unidad Popular, "las tomas indiscriminadas son, precisamente, una forma anárquica de trabajo que no corresponde ni a los planes ni a la orientación del gobierno Popular".[36] En el esquema político general del PC, este cambio no era un giro oportunista ni una traición al anterior respaldo prestado a este tipo de acciones. Las formas de lucha no tenían un valor per se, si no que debían adaptarse a las condiciones políticas de cada momento. En todo caso, el factor que debía guiar esas decisiones, era la de sumar la mayor cantidad de "masas" a las posiciones de izquierda.[37]

Conclusiones

El recabarrenismo fue el estilo político característico del comunismo chileno en los años de su apogeo. A través de la lucha legal, pero también de la ilegal, junto con el acceso a amplios recursos materiales que le permitían poseer medios de comunicación de masas a nivel nacional, el Partido Comunista de Chile se convirtió en un factor político y cultural imprescindible de la historia chilena del siglo XX. Desde nuestro enfoque, el estilo político comunista, basado en la *lucha de masas*, explica esta aparente contradicción o paradoja sobre su línea política en este período. Estimamos que no se termina de comprender la política de los comunistas centrándose solo en una de sus dimensiones ("reformista" o "revolucionaria"). Por el contrario, es necesario hacer una mirada de conjunto sobre sus actividades para entender la lógica del actuar del PC en aquellos años. Su cultura política, "el recabarrenismo", se basaba en la acción agitadora y realizadora cotidiana. Dependiendo de las especificaciones de cada "frente de masas", era el carácter que la lucha de masas adquiría (más o menos radicalizada).

Por otra parte, el examen de la relación de los comunistas chilenos con los movimientos sociales, permite matizar la tradicional mirada sobre la relación entre lo social y lo político, que ha planteado la subordinación de las organizaciones sociales ante los partidos. En la historiografía chilena, dado el protagonismo de éstos y el peso de las actividades institucionales, ello provocó que se haya resaltado una mirada que asigna a los partidos un alto poder de manipulación del mundo social. Sin embargo, a la luz de la revisión conjunta de las trayectorias de las líneas políticas, políticas partidarias y el desarrollo de los movimientos sociales, es posible señalar que también hubo influencia "desde abajo", obligando a los partidos a adaptarse, en parte, a las direcciones tomadas por los movimientos sociales. El riesgo que corrían, de no hacerlo, era perder la conexión con la base social, y, en definitiva, su capacidad de incidencia política.

En este sentido, como lo expusiera Arturo Valenzuela (1977), el sistema político chileno previo a 1973 contempló un complejo entramado de relaciones clientelares entre los gobiernos locales y la base social, que le permitió canalizar de manera existosa las demandas sociales. La izquierda, partícipe de este sistema partidario, no estuvo exenta de estas prácticas. Es más, es posible afirmar que al menos una parte de su exitosa inserción social, fue producto de su capacidad para responder y adaptarse a las demandas desde abajo.

Notas

1   Una primera versión de este texto fue publicado bajo el nombre "¿Reforma o revolución?: lucha de masas y la vía no armada al socialismo. El PC chileno 1965-1973" (Concheiro, Modonesi y Crespo, 2007). En la presente versiòn se ha enfocado el interés a otras preguntas y problemas.
2   Corvalán, Luis ¡A redoblar la lucha de masas! *El Siglo* 25 de marzo de 1965.
3   A través de la lucha reivindicativa hacia la conquista de un gobierno popular en que la clase obrera tenga las principales responsabilidades. *El Siglo*, 10 de octubre de 1966.
4   Zorrilla, Américo. Misión histórica del PC: Abrir camino del pueblo al poder. *El Siglo*, 15 de marzo de 1969.
5   Texto íntegro de Conferencia de Prensa de dirigentes del PC. Es su propia política la que está conduciendo al gobierno a su fracaso. *El Siglo*, 02 de mayo de 1965.
6   Corvalán, Luis. Solo el poder del pueblo hará cambios profundos. *El Siglo*, 10 de agosto de 1968.
7   Las adhesiones y los cambios revolucionarios. *El Siglo*, 27 de enero de 1967.

8   Izquierda opondrá lucha de masas a las máquinas publicitarias de la derecha. *El Siglo*, 28 de diciembre de 1969.

9   Luchando por sitio propio proclaman a candidatos PC. *El Siglo*, 19 de enero de1969.

10   Reciben solidaridad los sin casa de Barrancas. *El Siglo*, 09 de febrero de 1967.

11   Campusano, Julieta, Nuestra acción parlamentaria forma parte de la lucha revolucionaria. *El Siglo*, 02 de junio de 1968.

12   Cantero, Manuel, Hay que abrir paso con decisión a la alternativa revolucionaria. *El Siglo*, 12 de septiembre de 1966.

13   Valparaíso de pie con la Izquierda. *El Siglo*, 14 de febrero de 1965.

14   *El Siglo*. 21 de junio de 1965 y 17 de enero de 1966.

15   PC propone aumentar pensiones del S.S.S. *El Siglo*, 30 de julio de 1966.

16   Millas: el diputado que más ha legislado. *El Siglo*, 31 de enero de 1965.

17   Liquidan dividendos reajustables; vivienda será inembargable. *El Siglo*, 13 de enero de 1965 y Así cumplen los comunistas en el tercer distrito. *El Siglo*, 07 de febrero de 1965.

18   Acción diaria, tesonera, por cambios de verdad. *El Siglo*, 31 de enero de 1965.

19   Hay que ganar a la gran masa que permanece inorganizada. *El Siglo*, 15 de octubre de 1965.

20   Millas, Orlando, Personalidad jurídica y atribuciones para las Juntas de Vecinos. *El Siglo*, 15 de mayo de 1966.

21   Proyecto del PC 'sacó roncha' en Congreso de Municipalidades. *El Siglo*, 12 de diciembre de 1965; Millas, Orlando, El pueblo organizado. *El Siglo*, 19 de junio de 1966; y Municipalidades y Juntas de Vecinos deben ser organismos modernos y dinámicos. *El Siglo*, 21 de junio de 1966.

22   Creación de zona industrial acordó Cabildo de La Granja. *El Siglo*, 13 de marzo de 1966.

23   Chacón, Lucía, Las municipalidades deben ser efectivamente órganos de poder comunal. *El Siglo* 06 de junio de 1971.

24   La administración comunista de La Granja. *El Siglo*, 07 de febrero de 1965.

25   Alcalde comunista de San Miguel terminó con basurales en la comuna. *El Siglo*, 31 de enero de 1965.

26   *El Siglo*, 31 de diciembre de 1965.

27   González, José, Estructuremos el movimiento de masas de mayor magnitud que haya conocido Chile. *El Siglo*, 16 de abril de 1966.

28   *El Siglo*, 23 de marzo de 1965.

29   *El Siglo*, 05 de enero de 1966 y 22 de enero de 1966.

30   *El Siglo*, 14, 15, 17, 21, 23, 25, 26 y 27 de diciembre de 1966, 2 y 17 de enero de 1967.

31   La primera noche de la Población Violeta Parra. *El Siglo*, 11 de febrero de 1969.

32   Chacón, Lucía, La lucha revolucionaria de los pobladores. *El Siglo*, 02 de diciembre de 1969.

33   Araya, Bernardo, La alianza obrero-campesina ha comenzado a concretarse por primera vez en la historia. *El Siglo*, 30 de noviembre de 1969.

34 *El Siglo,* 29 de agosto de 1966 y 28 de noviembre de 1965; Corvalán, Luis. Sin lucha campesina no habrá reforma agraria. *El Siglo,* 19 de octubre de 1966.

35 Longaví: nueva acción sediciosa. *El Siglo,* 20 de mayo de 1968.

36 Reforma Agraria con las masas y contra la sedición reaccionaria. *El Siglo,* 14 de febrero de 1971.

37 Corvalán, Luis. Reforma Agraria de acuerdo con la actual ley. *El Siglo,* 14 de febrero de 1971.

Referencias

Angell, Alan. (1974). *El movimiento obrero y los partidos de izquierda.* Ciudad de México: Ediciones Era.

Artaza, Pablo. (2014). De lo social a lo político en el movimiento social salitrero: el caso de la mancomunal de obreros de Iquique, 1900-1909. *Atenea,* 509, 139-158. Concepción: s/e.

Casals, Marcelo. (2010). *El alba de una revolución. La izquierda y el proceso de construcción estratégica de la "vía chilena al socialismo", 1956-1970.* Santiago: Lom Ediciones.

Concheiro, Elvira; Modonesi, Massimo, y Crespo, Horacio. (2007). *El comunismo, otras miradas desde América Latina.* Ciudad de México: UNAM.

Espinoza, Vicente. (1988). *Para una historia de los pobres de la ciudad.* Santiago: Ediciones Sur.

Faúndez, Julio. (1993). *Izquierdas y democracia en Chile, 1932-1973.* Santiago:Bat Ediciones.

Garcés, Mario. (2002). *Tomando su sitio. El movimiento de pobladores de Santiago, 1957-1970.* Santiago: Lom Ediciones.

Grez, Sergio. (2005). Escribir la historia de los sectores populares ¿con o sin la política? A propósito de dos miradas de la historia social (Chile siglo XIX). *Política,* 44, 17-31. Santiago: s/e.

Huerta, María Antonieta. (1989). *Otro agro para Chile. La historia de la Reforma Agraria en el proceso social y político.* Santiago: CISEC-CESOC.

Marini, Ruy Mauro. (1974). *El reformismo y la contrarrevolución.* Ciudad de México: ERA.

Moulian, Tomás y Torres, Isabel. (1988) ¿Continuidad o cambio en la línea política del Partido Comunista de Chile? En A. Aras, (Comp.), *El Partido Comunista en Chile. Un estudio multidisciplinario.* Santiago: FLACSO-CESOC.

Pizarro, Crisóstomo. (1986). *La huelga obrera en Chile,* Santiago: Ediciones Sur.

Rojas, Jorge. (2004). Los trabajadores y la nueva legalidad, 1924-1973. En Varios autores, *Sociedad, trabajo y neoliberalismo. Apuntes de las Escuelas de Formación Sindical*, Santiago: RLS-ICAL.

Salazar, Gabriel. (2003). Luis Emilio Recabarren. Pensador, político, educador social, tejedor de soberanía popular. En Varios Autores, *Patriotas y ciudadanos*. Santiago: CED.

Smirnow, Gabriel. (1976). *La revolución desarmada*. Ciudad de México: ERA.

Venegas, Hernán. (2003). El Partido Comunista de Chile: Antecedentes ideológicos de su estrategia hacia la Unidad Popular (1961-1970). *Revista de Historia Social y de las Mentalidades, 7*(2). Santiago: s/e.

Valenzuela, Arturo. (1977). *Political Brokers in Chile. Local Government in a Centralized Polity*. Durham:Duke University Press.

Izquierda, revolución y ámbitos de masas en el Uruguay pre-dictadura (1966-1973)[1]

Eduardo Rey Tristán
Universidad de Santiago de Compostela (España)

El 1 de enero de 1959 tiene lugar el acontecimiento que marca un antes y un después en la historia de la izquierda latinoamericana: el triunfo del proceso insurreccional cubano y el inicio del período revolucionario. Un movimiento que podemos considerar de nuevo tipo (en tanto en cuanto rompe con las tradiciones, propuestas, discursos y repertorios de acción vigentes y dominantes hasta los cincuenta en la izquierda latinoamericana) lograba derrocar a un dictador e iniciar un proceso de cambio revolucionario, con la oposición frontal, activa y peligrosamente cercana de Estados Unidos. Todo ello ocurrió en plena guerra fría, esto es, el momento probablemente más delicado para ello; o quizás por esta misma razón, el único en el que algo así podía producirse.

El triunfo revolucionario cubano supone un parteaguas en la historia de la izquierda en América Latina, en un momento convulso a nivel internacional que implicó cambios en el comunismo tanto a escala global como nacional. La izquierda latinoamericana ya no volvería a ser la misma. Un nuevo actor había llegado para quedarse, y su relevancia vino sin duda marcada por dos hechos: primero, el mismo éxito de la insurgencia cubana, que removió conciencias e iluminó (e inclinó) adherentes hacia una nueva propuesta de acción, aún relativamente indefinida en 1959, pero que rápido cobraría forma; Cuba supuso un desafío en las lógicas de muchos jóvenes militantes, de izquierda o no, y pronto pasó a representar en los imaginaros de la región una nueva forma de militancia político-revolucionaria. Segundo, la elaboración, por parte de los líderes del proceso revolucionario cubano, de una doctrina coherente y práctica acerca de la revolución para aquellos que quisiesen seguirla; un discurso y una propuesta de acción alternativa a la dominante (aunque no exclusiva) hasta el momento en la izquierda latinoamericana: la comunista.

Estos dos hechos son clave para comprender el objetivo de este trabajo: la relación del Movimiento de Liberación Nacional–Tupamaros (MLN–T) uruguayo con los ámbitos de masas de su país. Por una parte, porque sin el triunfo revolucionario en Cuba no comprenderíamos el surgimiento del MLN–T. Con ello no establecemos una relación causal directa, sino que ponemos de relieve que el éxito castrista actuó como detonante para el desarrollo de una oleada revolucionaria en América Latina, de la que sin duda es parte el MLN–T uruguayo.[2] Por otra parte, porque el mismo factor detonante de la oleada, la revolución cubana, y especialmente su construcción ideológico-política de una nueva propuesta revolucionaria que vino a competir con la de orientación comunista dominante hasta entonces, establecieron lógicas muy definidas para la relación de las nuevas organizaciones revolucionarias con los ámbitos de masas; lógicas que diferían notoriamente de las conocidas previamente y defendidas por las distintas tendencias de la izquierda del momento.

La comprensión de todo ello, de las ideas establecidas por el castrismo en torno a la revolución, el sujeto y las clases revolucionarias, la vanguardia y el foco, será el punto de partida de este trabajo. Esa construcción fue la que orientó las organizaciones revolucionarias surgidas en los años sesenta, entre ellas el MLN–T; y a partir de ella se definió una determinada relación con los ámbitos de masas que es la clave para comprender tanto el discurso como la actividad tupamara en este sentido. Estos dos aspectos, discurso y práctica, serán nuestros otros dos focos de atención: cómo se planteó el MLN–T su relación con los ámbitos de masas, y cómo se llevó a cabo ésta, a modo de ejemplo, a través del sector más combativo del movimiento sindical.

La oportunidad para la reflexión es más que adecuada. El estudio de las luchas revolucionarias latinoamericanas posteriores a 1959 ha recibido un importante impulso en la última década y media; de modo general en la región, y sobre todo específico en cada país. La producción sobre la temática se ha disparado respecto a los años previos, y poco a poco ha ido dejando su carácter testimonial y memorial para adquirir un nuevo perfil analítico (Oikión, Rey y López, 2014; Rey, 2014). Pero si bien la investigación ha avanzado mucho en los últimos años, de modo dispar según los países sin duda, hay notorias lagunas todavía. Una de ellas la constituye el tema que nos ocupa en este trabajo: la relación entre la izquierda revolucionaria y los movimientos de masas, sobre todo (aunque no sólo) el movimiento obrero.

En relación con el caso uruguayo, cabe señalar que la producción existente hasta la actualidad, especialmente sobre el MLN–T, ha prestado atención de modo casi exclusivo a las cuestiones políticas, organizativas, ideológicas y de acción, y sólo puntualmente se ha abordado la relación con los ámbitos de masas (Rey y Yaffé, 2014). Nuestro aporte en esta ocasión bebe de lo realizado, sobre todo de nuestro principal trabajo acerca del MLN–T y la izquierda revolucionaria uruguaya (Rey, 2005); si bien en esta ocasión nos proponemos, con aquellas fuentes y experiencia y profundizando en aspectos entonces no abordados, una mirada específica y singular sobre el tema que centre la atención en aquellos aspectos hasta ahora menos estudiados, buscando comprender cómo se dio la relación del MLN–T con los ámbitos de masas uruguayos de la época, y qué bases e ideas nos ayudan a comprender el por qué fue así.

Nueva izquierda y ámbitos de masas

La gran novedad de la izquierda latinoamericana post 1959 fue la aparición de una nueva corriente, una *nueva izquierda*, que vino a quebrar el tradicional dominio que habían ostentado en los años previos comunistas y socialistas. No fue un fenómeno exclusivo de América Latina ni algo homogéneo. La encontramos igualmente en Europa o en Estados Unidos, y abarcó múltiples movimientos y grupos: desde los no violentos, caso de organizaciones de derechos civiles, anti guerra de Vietnam, contraculturales, o estudiantiles en EEUU y la Europa de fines de los sesenta; a grupos que incorporaron la violencia política a sus repertorios como los *Panteras Negras* norteamericanos y, por supuesto, los grupos revolucionarios latinoamericanos de la década (Gosse, 1993).

A pesar de esta enorme diversidad, hay ciertos rasgos básicos que nos permiten hablar de la nueva izquierda como conjunto. Sus aspiraciones de transformación social a través de nuevas formas de acción y movilización, y su definición en oposición a la izquierda tradicional son los fundamentales. Además, fue un movimiento que afectó a grupos sociales principalmente urbanos y con fuerte presencia universitaria, estuvo vinculado a los movimientos de liberación del Tercer Mundo, reaccionaba frente al imperialismo, y en él participaban igualmente marxistas, cristianos progresistas, anarquistas o nacionalistas.

En América Latina la nueva izquierda nació estrechamente vinculada con la revolución cubana, por cuanto ésta replanteaba cuestiones teóricas y prácticas fundamentales en relación con las posibilidades, la naturaleza, los métodos y la forma de la lucha revolucionaria en el continente. Las condiciones especiales que dieron pie a su eclosión determinarían también sus características. La incidencia de la revolución cubana se puede resumir en dos sentidos. Por una parte, actualizó la herencia revolucionaria latinoamericana y rehabilitó la violencia como arma política justificada para la transformación social. Su propio éxito frente a una dictadura y su consolidación a pesar de la oposición directa y frontal de Estados Unidos, hicieron que desde muy pronto se convirtieran en una alternativa muy sugerente los jóvenes de clase media (componente predominante de los movimientos guerrilleros de muchos países). El *foquismo guevarista* les ofrecía la inmediatez de una rápida solución, y al tiempo una legitimación a través de su participación en el proceso revolucionario, a pesar de su origen no proletario (Miller, 1989, pp. 49-54). El triunfo castrista fue por tanto el detonante para el desarrollo de una conciencia subversiva en la juventud de todo el continente.

Por otra parte, Cuba ofreció una doctrina coherente y práctica acerca de la revolución para todos los que quisiesen seguirla. Según coinciden diversos autores (Lamberg, 1979; Rodríguez, 1990) ésta no fue aquello de lo que partieron los revolucionarios cubanos cuando embarcaron en el *Granma*, sino una reconstrucción a posteriori que por un lado pretendía recoger las experiencias vividas y por otro justificar la posición cubana en el concierto socialista internacional del momento. En los textos fundamentales sobre los que se asentó el nuevo *corpus* teórico revolucionario se encuentran las bases que caracterizaron a la nueva izquierda latinoamericana en los sesenta.[3]

De las diversas reacciones y lecturas que generó el éxito revolucionario cubano, destacamos ahora la realizada por ciertos sectores de clase medias, por cuanto dio lugar al desarrollo de la nueva izquierda en la región. Desde 1959, estos sectores se sentían como "los conductores esperados de la revolución continental, tricontinental y planetaria". A ellos pertenecía la dirigencia cubana, aquella que hizo su revolución sin someterse a organización de clase ni a centro político internacional alguno, y para quienes la teoría marxista estaba en un segundo plano. De esa misma dirigencia había partido la lectura básica del proceso cubano que estaba en el origen de la nueva izquierda, la cual mostraba una revolución resultado de la decidida acción de un puñado de hombres que desataron la fuerza de un pueblo, de sus campesinos especialmente (los nuevos protagonistas) dirigidos por un líder carismático; y que en poco tiempo lograron que el país pasase de una economía "semi feudal" a otra socialista, sin etapa democrático-burguesa, solucionando además el citado problema ideológico existencial de algunos sectores medios (Rodríguez, 1990, pp. 29-31).

De los diversos elementos que pasaron a definir y caracterizar la nueva idea de revolución surgida de Cuba, es de especial relevancia la consideración de las clases sociales y su potencial revolucionario. La burguesía dejó de ser estimada como válida para contribuir a la conducción del proceso, lo que implicaba también el abandono de la tradicional idea comunista de la revolución democrático burguesa como paso previo a la socialista (Debray, 1967, pp. 72). Además, el proletariado dejaba de ser visto como fuerza motriz, pues estaba contaminado por años de integración al sistema. La conclusión era el nacimiento de un nuevo sujeto histórico revolucionario, el campesinado, quien sería guiado por una nueva vanguardia que sustituía al partido: las clases medias, urbanas e intelectuales radicalizadas, en alianza con las clases potencialmente revolucionarias y en el marco de nuevas formas de lucha.

Esta lectura implicaba una clara oposición a la izquierda tradicional, especialmente al comunismo, con quien mantuvo una polémica constante en los años sesenta. La nueva izquierda, habiendo nacido de una experiencia definida como era la cubana, no podía menos que rechazar las formas de lucha política defendidas por la izquierda tradicional como vía de acceso al poder. Su propuesta, única salida posible, era la lucha armada, para la que Cuba ya había señalado el camino y ofrecido las enseñanzas para llevarla a la práctica.

La lucha armada adoptó generalmente el modelo cubano teorizado por Guevara y Debray: la noción de *foco*; es decir, la implantación de pequeños grupos armados en zonas rurales y montañosas, que contribuiría a la creación de las condiciones subjetivas de organización y concienciación, y en el cual se encontraría en germen el futuro Partido Revolucionario. Su acción acabaría por ganar a la población, desmoralizar al ejército enemigo y desenmascarar al régimen vigente, que perdería así el escaso apoyo popular que tuviese. La propuesta se puso en práctica de modo casi inmediato desde 1960, y sus reiterados fracasos hasta 1967 acabaron mostrando su inviabilidad tal como fuera concebida.

El MLN–T se gestó entre julio de 1963 e inicios de 1966 e implicó una reformulación de los postulados castristas. De la etapa de formación, conocida como el Coordinador, se obtuvieron varias conclusiones en torno a la necesidad y forma de la lucha que habían de desarrollar. Además de la inevitabilidad e imperiosidad del recurso político a las armas, observaron que la propuesta emanada del castrismo no era viable tal como estaba definida en un país de las características físicas del Uruguay, sin condiciones para un foco guerrillero rural.[4] Pero si bien no compartían la dimensión física del foco, sí lo hicieron con la política: como movilizador de conciencias revolucionarias. Éste fue el sentido que recogieron los tupamaros de la propuesta guevarista, interpretando el foco de modo sutil como núcleo activista cuestionador y aglutinador; esto es, desde un punto de vista cualitativo, en el que su mayor influencia no era la estrictamente militar, sino su capacidad para conmover mentalidades revolucionarias. La lucha armada como método se convertía por tanto en apoyo a la lucha principal, la política; como recurso para movilizar a otras fuerzas de la izquierda y la sociedad. El foco tupamaro era ideológico y propagandístico, y en él fundamentaba su estrategia el MLN–T (Rey, 2005, pp. 178).

Las ideas dominantes en la nueva izquierda sesentista y de inspiración castrista, y muy especialmente aquellas propias que a mayores desarrolló el MLN–T, marcaron definitivamente el modo de relacionarse de esta organización con los ámbitos de masas de su país. La primacía de la vanguardia de modo genérico, si bien es cierto que adaptada y matizada por los tupamaros; el rol que se atribuye al foco y por tanto a la organización en su doble dimensión política de concientización y movilización; la renuncia a otorgar un papel específico como sujeto al movimiento obrero, que en el caso uruguayo además tampoco podría desempeñar el campesinado (a pesar de los orígenes del MLN–T en relación con los trabajadores cañeros del noroeste del país); y el inevitable rol de las clases medias urbanas y educadas, potenciado en este caso por la centralidad de la actividad revolucionaria en el ámbito urbano y por ser aquel el perfil social dominante en los años sesenta en el país;[5] nos ofrecen las claves básicas para comprender cómo el MLN–T entendió su relación con los ámbitos de masas, cómo construyó un discurso específico en relación con su sociedad y los diferentes actores de ésta (carente como veremos de conceptualización clasista), y cómo definió su forma de actuar y de movilizar a los distintos grupos de trabajadores y estudiantes con los que tuvo un contacto más estrecho.

El MLN–T buscó un espacio propio en la sociedad uruguaya a partir de una propuesta político-ideológica y de acción que quiso ser innovadora, diferente de las demás. Su referencia era la nueva izquierda revolucionaria latinoamericana, de clara influencia castrista, que supo combinar muy hábilmente, a través de una elaborada propuesta simbólica, con las luchas populares uruguayas pretéritas desde la independencia (Artigas), lo cual le proporcionó legitimidad y su ubicación en el imaginario de las luchas sociales nacionales. Su repertorio de acción básico, y el elemento definitorio central de su estrategia, fue la lucha armada, adaptada a las circunstancias locales y vinculada igualmente con las tradiciones insurreccionales populares del país.

Si esas eran sus señas de identidad (nueva izquierda y lucha armada), su esfuerzo por la atracción de las simpatías o la aprobación de la sociedad uruguaya, y especialmente de su izquierda (partidaria o no, pero sobre todo la segunda) debía tener eso mismo como fundamento, más cuando el dominio político y de organización del comunismo era notorio en todos los espacios de izquierda y sociales. Sus definiciones y su propuesta de trabajo para los movimientos de masas habían de partir y respetar estos principios; comprenderse en el plano de la aspiración por la revolución socialista a través de la vía armada.

Los ámbitos de masas en la estrategia tupamara

El elemento central de la estrategia tupamara es por tanto la lucha armada, y el papel principal en el proceso lo juega la organización revolucionara.[6] Ambos elementos nos transmiten la centralidad de la idea de vanguardia en la concepción revolucionaria tupamara (claramente foquista) y el sometimiento del resto de formas de organización y lucha. Y son las claves desde las que comprender la relación del MLN–T con los movimientos de masas en el Uruguay de fines de los sesenta.

En el discurso tupamaro no existe una concepción de clase, y mucho menos una defensa del proletariado como clase revolucionaria. La oposición fundamental se establece entre pueblo y oligarquía, definiendo al primero en función de un doble criterio de categoría y actitud frente a la revolución que no diferenciaba entre trabajadores y sectores medios. El MLN–T nunca quiso ser una organización ni proletaria ni del proletariado, y más allá de referencias puntuales a la clase obrera en sus documentos, la idea dominante es la de *pueblo trabajador*.

Sí hay, en todo caso, y desde pronto, una preocupación constante por el trabajo de masas. Algunos de sus principales documentos tuvieron apartados específicos que abordaron la cuestión, y desde 1969 "jugar la carta de las masas" (como la denominaron en el *Documento nº 4*) pasó a ser la clave de su estrategia.[7] Ésta vino dada por dos principios básicos para la organización: su concepción foquista de partida y la elusión del debate en el seno de la izquierda. "Nuestra acción presente debe tender a facilitar nuestra acción futura, no entorpecerla", se señalaba en el *Documento nº 3*. Esta idea, presente desde los inicios del Coordinador (y que en cierto modo se resumía en una expresión con la que suele ser identificado el MLN–T, "las palabras nos separan, los hechos nos unen") es reflejo de la renuncia al debate acerca de las formas y vías de la revolución en pro de su puesta en práctica, otorgando a ésta el carácter definitorio de juez respecto a la validez de las diferentes estrategias en el seno de la izquierda. Por otra parte, desde los primeros documentos con referencia al movimiento sindical se estimaba que la polémica no aportaba resultados positivos pero sí podía restar eventuales adherentes, por lo que preferían la constatación por la vía de los hechos y dejar siempre las puertas abiertas en la relación con el resto de militantes y simpatizantes de izquierda. Finalmente, hay un constante rechazo a una eventual organización política o sindical de notoriedad pública, por cuanto se defendía que esa exposición de sus militantes permitiría su identificación por los agentes de la represión, hipotecando su futuro.

La valoración que hizo el MLN–T del movimiento sindical refleja, ya desde el *Documento nº 1*, una idea central: su respeto por su trayectoria, organización, capacidad de convocatoria y defensa de los trabajadores, e inclusive la existencia de un proyecto político de soluciones para el país en el seno de la Convención Nacional de Trabajadores (CNT). Pero por otra parte destacaban lo que consideraban limitaciones desde el punto de vista revolucionario, tanto por la dirección dominante de la CNT y los principales sindicatos (orientados por la línea del Partido Comunista del Uruguay, PCU), como sobre todo por la desconfianza del potencial revolucionario del sindicalismo dada su exposición a la represión y su incapacidad para enfrentar ésta una vez se produjese una escalada en el enfrentamiento. Para pasar a etapas superiores de la lucha de clases, señalaba el citado documento, debía existir una organización revolucionaria. La organización de los trabajadores se veía como adecuada para las luchas circunstanciales, transitorias y economicistas. Pero ni esa ni en general los trabajadores como clase eran vistos como capaces de ir más allá sin contar con "otros elementos que la enriquezcan", y que debían provenir de las organizaciones revolucionarias.

En resumen, el MLN–T insistió en sus varios documentos o referencias sobre la cuestión en el agotamiento de organización de los trabajadores vigente hasta la fecha, tanto por la dirección "reformista" del movimiento sindical, como porque la realidad del país había cambiado y la escalada tanto de la movilización como de la represión habían sobrepasado las posibilidades de respuesta del sindicalismo del estado batllista dominante hasta los sesenta.

A partir de esta posición general, el MLN–T no rechazó el trabajo en los movimientos de masas en general ni en el movimiento sindical en particular. Pero en función de sus ideas de partida, tanto como organización revolucionaria armada, de inspiración foquista, como por la lectura que realizaba de la situación nacional y del movimiento sindical, hacía una propuesta particular de trabajo en los ámbitos de masas. Ésta tenía como características principales su carácter subordinado respecto a la lucha armada y a la organización revolucionaria, y su perfil instrumental, en función de los objetivos que se propugnaban para la militancia en esos ámbitos.

El carácter subordinado se explica a partir de la lectura realizada respecto a las limitaciones del movimiento sindical en la coyuntura del momento. Para superarlas, entendían que era preciso la orientación de la organización revolucionaria, en tres aspectos principales cuando menos: las consignas, para que superasen su carácter coyuntural y se enmarcasen en un discurso y una reivindicación política más amplia que cuestionase no hechos concretos o situaciones particulares, sino éstas en el marco de las limitaciones del sistema; los métodos, radicalizando las luchas de modo que los trabajadores tomasen conciencia de su propia fuerza y capacidades, buscando soluciones en función de ésta, y no de eventuales negociaciones políticas externas (crítica directa a la gestión del sindicalismo comunista); la organización, necesaria para la efectividad y coordinación de las acciones del gremio, incidiendo además en la participación activa de la masa en sus decisiones, para lo que sería preciso la organización de pequeños núcleos de militantes afines y de espacios de trabajo más amplios e intermedios entre los trabajadores y las asambleas, caso de listas y agrupaciones, que luego además fuesen útiles en la eventualidad de medidas de seguridad, golpe o represión aguda.

Estas ideas, recogidas en el documento *La acción en el plano sindical*, orientaron su actividad, que se ejercería por una doble vía: desde afuera, como organización política, la cual debía promover acciones "de simpatía sindical" cuya resonancia abarcaba fácilmente a amplias masas de trabajadores. Y desde adentro, a través de los militantes inmersos en las organizaciones, a cuyas formas de militancia y objetivos nos referiremos a continuación.

El perfil instrumental venía dado por la misión y objetivos trazados para el movimiento sindical por parte del MLN–T. "La misión de las organizaciones de masas debe ser la de auxiliar la lucha armada", se señalaba en el *Cuaderno de respuestas de las 32 preguntas a los militantes sindicales*. Esta idea, que incidía además en la de subordinación ya expuesta, se concretaba en los objetivos que la organización fijaba para sus militantes. De todos los señalados en los diversos documentos que abordaron el tema, tres proponían un impulso de las luchas sindicales hacia lo que se denominaba una orientación revolucionaria, coadyuvante a la organización; y otras tantas fueron de carácter estrictamente instrumental para ésta, aquello que le podía aportar el trabajo en los ámbitos de masas:

> Radicalizar las luchas, de modo que contribuyesen a superar la orientación
> dominante y llevasen al pueblo a posiciones revolucionarias (a crear las con-

diciones necesarias).

Contribuir a la reorganización de las estructuras sindicales, de modo que se facilitase una más amplia discusión y debates a todos los niveles.

Profundizar políticamente las consignas y las formas de lucha, superando las orientaciones dominantes.

Apoyar a la organización revolucionaria, proporcionando cobertura, información, medios y hombres para la guerrilla.

Actuar como de caja de resonancia de esta última, por cuanto estaban en un medio que podía reproducir ampliamente la propaganda de la organización y ayudar con ello a crear una opinión favorable.

Conectar o coordinar a la guerrilla con el pueblo y sus luchas.[8]

La estrategia tupamara tuvo un punto de inflexión, al menos en su planteamiento, en 1969. En enero, el *Documento nº 4* planteaba definitivamente "jugar la carta de masas" como clave fundamental para la pervivencia y desarrollo de la organización: "Si no contamos con el pueblo deberemos enfrentar los aparatos represivos solos, mano a mano, como ellos. Ese pleito lo perderemos. Si contamos con el pueblo entonces ellos no tendrán que derrotar al MLN, tendrán que derrotar al pueblo", señalaba. La clave era la creación de nuevas estructuras a nivel gremial y estudiantil que permitiesen encuadrar a las masas, garantizando así la continuidad de la organización. Esto es, un trabajo de masas pensado en función de las lógicas de la organización armada (apoyo, militancia, información, recursos) y no de las luchas sociales propiamente. Incluso en el *Balance 1969* se advertía claramente sobre el peligro de una identificación excesiva del movimiento con cualquier sindicato o lucha concreta, pues una eventual derrota de estos podría presentarse como la de la organización.

En todo caso, esa opción estratégica que quería representar "jugar la carta de masas" necesitaba de una concreción orgánica de la que carecía. La organización de los núcleos más combativos de trabajadores y estudiantes relacionados con el MLN–T, así como de aquellos militantes sociales o barriales próximos a la organización pero sin posibilidad de participar en ella orgánicamente, se realizaría a partir de 1970 a través de la denominada Columna 70, finalmente el auténtico frente de masas clandestino tupamaro que acogía en sus tres frentes (estudiantil, obrero y barrial) al grueso de la influencia generada por la organización y que no podía ser integrada a la organización armada (Rey, 2005, pp. 152-153).

Finalmente, y en una organización cuyo elemento estratégico central es la lucha armada, cabe señalar la relación de los ámbitos de masas con la violencia. El análisis tupamaro sobre el movimiento sindical se completaba, en este sentido, con una reflexión relativa al cariz de sus luchas, por lo general circunstanciales y economicistas. En ellas, cuando aparecía la violencia, lo hacía de modo espontáneo, irracional y no metódico. El aporte de los militantes tupamaros en el medio sindical debía ser precisamente (según recoge el *Documento nº 1* y en línea con el objetivo continuado de radicalizar las luchas sindicales, tanto en consignas como en método) apoyar esa violencia para guiarla, para que fuese metódica, organizada, una herramienta de lucha propia del movimiento obrero; convirtiéndola además en una "herramienta táctica de las organizaciones revolucionarias". Con ello las organizaciones revolucionarias contribuirían a preparar al pueblo y la clase trabajadora para desarrollar su lucha en extremos de violencia represiva, respondiendo a ésta con la violencia revolucionaria.

Tendencia combativa y MLN–T

A partir de 1968, tanto en el movimiento sindical como en el estudiantil, y en general en toda la izquierda, se puede constatar la presencia de dos líneas claramente enfrentadas: una más radical y otra más moderada. Las discrepancias fundamentales entre ambas giraban en torno al modo de encarar la lucha sindical y en los distintos criterios respecto a las formas de organización y participación sindical. La línea radical fue conocida desde 1968 como la *Tendencia combativa*. Sus posiciones fueron minoritarias en el seno de la CNT en todo el período previo al golpe de Estado, si bien llegó a tener una fuerza de masas considerable y a ganar el control de algunos importantes sindicatos. La evolución política del país a partir de junio de 1968 fue clave, tanto por la crisis económica como por la línea política dura del gobierno de Pacheco Areco, que provocó una radicalización general de las luchas sociales. Fue a partir de entonces que las posiciones de Tendencia comenzaron a definirse con más claridad, y a representar el ala más combativa del movimiento de masas.

Tendencia no tuvo estructura orgánica. Nació de forma más o menos espontánea, a raíz del acercamiento de diferentes agrupaciones sindicales que coincidían en sus posturas acerca de cómo encarar sus luchas y organización. Agrupó en consecuencia a militantes anarquistas, pro chinos, socialistas, independientes o pro castristas; esto es, a aquellos núcleos combativos que se oponían a la tendencia mayoritaria en la CNT y que a su vez se vinculaban con los grupos más combativos del movimiento estudiantil. Los militantes tupamaros en el medio sindical encontraron en estos espacios su lugar natural, algo que era además indicado por los propios documentos de la organización, caso del *Cuaderno de respuestas de las 32 preguntas a los militantes sindicales*. Pero Tendencia no estuvo vinculada al MLN–T ni mucho menos. Incluso cabe señalar que su único intento de organización, la Resistencia Obrero Estudiantil (ROE), conformada a partir de junio de 1968 con presencia de todas las posiciones citadas, acabó siendo desde 1971 el ámbito de masas de referencia del anarquismo, perdiendo la amplitud que había tenido en su primera época (Rey, 2005, pp. 240-241).

En líneas generales, se puede decir que las agrupaciones sindicales de Tendencia defendían una participación constante en las cuestiones del sindicato, así como el fomento de instancias de discusión amplias y democráticas (como asambleas, juntas de delegados, etc.). El objetivo era, a través de la democracia sindical y la participación de todos los trabajadores de forma continuada (y no sólo ante las elecciones), ampliar la masa sindical, el activo militante, y así lograr también una mayor capacidad organizativa y de movilización (Cores, 1984).

Pero lo que caracterizó a Tendencia fue su línea combativa. Su diferencia fundamental con la mayoría de la CNT no radicaba en el análisis de la coyuntura del momento, ni en un diferente programa de soluciones, sino en las vías a través de las que desarrollar la lucha para poner en práctica aquel programa. Cuestionaba el sistema en la medida en que lo hacía el programa de la CNT, que representaba un auténtico proyecto de transformación de las estructuras. Pero mientras que la línea mayoritaria de la central apostaba por fórmulas de acción sindical moderadas, por un proceso de luchas que fomentasen la acumulación de fuerzas, Tendencia propugnaba afrontar la crisis con medidas radicales, acumular en la lucha.[9]

La consigna defendida por las agrupaciones y sindicatos de Tendencia en todo el período 1968-1973, y que permite caracterizar claramente ambas posiciones, fue el *plan de lucha*. La CNT había establecido un programa y se había dotado de una declaración de principios en la que incluía una posición muy clara acerca de la situación nacional. Pero no había definido más que unas líneas generales para orientar la movilización. En julio de 1968 seis sindicatos demandaron a la CNT el establecimiento de un plan de lucha conjunto que expresase "el alto nivel de combatividad y conciencia logrado por vastos sectores del proletariado", ya que, dada la situación política y social del momento (definida como "golpe de estado legal, a través de la escalada contra los sindicatos, contra las libertades, el nivel de vida y la independencia del país"), no cabía ya espacio para el diálogo.[10]

El plan de lucha que Tendencia presentó al Primer Congreso de la CNT en mayo de 1969 buscaba coordinar las acciones de todos los sindicatos en sus luchas particulares, "encadenando cada conflicto con la perspectiva de llegar a una movilización general de carácter decisivo por la plataforma decidida contra la actual política del Gobierno". Sería lo que superase la debilidad que el movimiento obrero había tenido desde el año anterior frente a la "escalada del Gobierno", lo que aprovechase la potencialidad y fuerza combativa de los trabajadores, y permitiese el éxito de las movilizaciones coordinando los apoyos entre los sindicatos. A través del plan se podría articular y dar continuidad al enfrentamiento con la política gubernamental, y así pasar a la ofensiva por la plataforma política de la CNT.[11] La moción no fue aprobada, si bien logró el apoyo de casi un tercio de los delegados, indicativo del peso de Tendencia tenía en la CNT.

A la demanda del plan de lucha, constante en todo el período y definitorio de cada una de las posiciones, desde 1969 se añadió la cuestión de la opción por la huelga general indefinida, desestimada también por la mayoría de la CNT. Ambas banderas definen claramente la diferencia de posturas entre las dos orientaciones en el movimiento obrero: una más radical, con raíces en el viejo sindicalismo combativo y de acción directa, que entendía la lucha como medio para la creación de condiciones y avanzar en una situación revolucionaria que permitiese la aplicación del programa de la CNT; la otra, de posiciones moderadas y vinculada a la línea del PCU, cuya estrategia pasaría por acumular, estructurar y organizar a la clase obrera para agruparla detrás de las fuerzas progresistas. Esto motivaba que la acusación de fondo de Tendencia fuese la de búsqueda de rentabilidad política de cara a los comicios de 1971. En el fondo de ambas concepciones estaba la cuestión del poder y las formas para su consecución, tema que dividió a la izquierda en todo el período.

En general, el porcentaje de sindicatos y de trabajadores que agrupaba Tendencia no era muy elevado, como reflejaba aquel 27% de votos en el Primer Congreso de la CNT. Pero si a nivel cuantitativo su presencia no amenazaba la mayoría en la central sindical, a nivel cualitativo los sindicatos de Tendencia representaban sectores industriales importantes y tenían una fuerza considerable en el movimiento estudiantil. Y por encima de eso, fueron los protagonistas de las más combativas luchas del período, los que tuvieron mayor presencia en las calles.

De todos los sindicatos, agrupaciones y movilizaciones de Tendencia de la época, hemos elegido un caso que consideramos representativo para comprender las luchas y diferencias existentes entre esta línea combativa y aquella otra orientada por la mayoría de la CNT. Se trata de la huelga bancaria de 1969, uno de los conflictos más destacados del período. A través de él, además, intentaremos acercarnos a las eventuales relaciones entre grupos revolucionarios y agrupaciones combativas en el medio sindical.

La Asociación de Empleados Bancarios del Uruguay (AEBU), nacida en 1942, había mantenido durante sus primeros años un perfil netamente conservador, con luchas moderadas y estrictamente relacionadas con cuestiones económicas propias, no participando ni en los espacios de coordinación de los sindicatos de clase ni de sus debates. Esta posición comenzó a cambiar a fines de los años cincuenta a raíz de algunas transformaciones de calado en el sector y, ya desde principios de los sesenta, por la situación socioeconómica del país. Las primeras se debieron, por una parte, al importante crecimiento que tuvo el sindicato a fines de los cincuenta, con la expansión de la banca por todo el país, lo que implicó la llegada de numerosos trabajadores jóvenes y de extracción principalmente universitaria, que habían estado presentes en conflictos como la reforma universitaria de 1958, y posteriormente participarían en las movilizaciones de apoyo a Cuba. Por otra parte, y vinculada también con el crecimiento, cabe señalar la reforma estatutaria aprobada en octubre de 1960, que implicó un importante cambio en la estructura del sindicato: del Consejo único existente hasta entonces, en el que estaban representadas tanto la banca privada como la banca oficial, se pasó a dos consejos, uno para cada sector, y un Consejo Central que reunía a presidente y secretario de cada uno de los anteriores, más cinco miembros elegidos directamente.[12]

El deterioro socio-económico del país, que comenzó a manifestarse a fines de los cincuenta y a agravarse sobre todo iniciados los sesenta, tuvo también repercusiones en un gremio como el bancario que hasta ese momento podía considerarse privilegiado dentro del conjunto de los trabajadores. Tradicionalmente había estado integrado por gente con un nivel educativo medio o medio alto, con ingresos más o menos elevados, y una situación de clase media acomodada. Pero la incipiente crisis primero y las devaluaciones después, afectaron a los bancarios (especialmente en el sector oficial) como al resto de trabajadores.

Hay tres hitos reseñables en la evolución del sector en la década. En primer lugar, una movilización en 1960 en la que se organizaron paros solidarios con otros sectores y una colecta entre los afiliados para reunir fondos con los que apoyar la huelga.[13] En segundo lugar, un conflicto por el convenio colectivo en 1962, que mostró los primeros cambios en las formas de movilización: si hasta entonces éstas pasaban principalmente por medidas de presión tendentes a rápidas negociaciones y acuerdos, y sin relación con el movimiento obrero, ahora se dan paros parciales y sorpresivos, trabajo a reglamento y difusión de información tanto dentro del sindicato como cara a la opinión pública. Durante el conflicto, que se prolongó durante más tiempo de lo que hasta ese momento era habitual en la banca, se produjeron además los primeros hechos de represión policial sobre bancarios. Se empezaba a abandonar el *cuello duro* y a participar de experiencias más cercanas al resto del movimiento obrero.[14] En tercer lugar, en 1965, estalló un grave conflicto relacionado con la quiebra del Banco Trasatlántico del Uruguay. La lucha del sindicato fue definitiva para lograr que no se perdiesen puestos de trabajo y que todos los empleados fuesen asumidos por la patronal, lo que sin duda fue clave de cara a la cohesión y la confianza del gremio en los años posteriores. Esta lucha por el empleo, especialmente en el sector privado (de más alta afiliación), reforzó la credibilidad del sindicato.[15] La quiebra de esa dinámica será el principal factor de la radicalización de la huelga de 1969.

La identificación e integración progresiva de los bancarios con el resto del movimiento obrero fue plena tras 1964 al sumarse AEBU a las instancias de unificación sindical (Congreso del Pueblo), que en 1966 dieron lugar a la creación de la CNT. Los discursos de los dirigentes bancarios no dejan lugar a dudas respecto a la transformación vivida:

> [S]e ha tratado de convencernos de que nosotros los Bancarios no pertenecemos a la Clase Trabajadora, de que estamos por encima del obrero, de que no podemos rozarnos con los Cañeros, con los Textiles ni con los Peones de nuestros campos. Y nosotros contestamos llamando al Cañero, al Obrero Textil, al Peón explotado para decirles: hermanos, ustedes y nosotros haremos la lucha común, estamos orgullosos de pertenecer a la misma clase [...]. El mismo sable que hirió hace pocos días al Cañero, fue el que descargó sobre la espalda del Bancario Privado en abril del año pasado [...]. La pelea no es entre blancos o colorados o cualquier otro grupo político: la pelea es entre la clase trabajadora y la clase dominante.[16]

A mediados de los sesenta AEBU avanzaba definitivamente hacia una concepción de clase y un análisis de la coyuntura del momento que mostraba la voluntad de superar las limitaciones del sindicalismo economicista anterior, "por el mero ajuste salarial", para pasar a incluir en sus discursos las propuestas de movilización por "reformas en las estructuras", para lograr pleno empleo, un desarrollo económico que asegurase los recursos a la enseñanza, salud o asistencia social.[17]

Desde mediados de los años sesenta AEBU vivió además una transformación política clave para comprender la presencia de las diversas posiciones de izquierda en su seno y, a partir de ello, las diferentes propuestas políticas y de acción en los importantes conflictos de fines de la década. La competencia electoral en el sector bancario es reflejo de la polarización política del momento en la izquierda, y las propuestas de acción sindical de cada una de las listas muestran claramente los debates en torno a la transformación social en aquellos años.

Los equilibrios políticos en AEBU tenían cierto paralelismo con los existentes a nivel general desde 1964, con diversas listas que representaban otros tantos sectores políticos tradicionales, democristianos y de izquierda (con sus variedades). Desde aquel año hasta 1968, a medida que avanzaba la crisis por una parte y se transformaba el gremio por otra (en tamaño, politización y relaciones con el resto del movimiento sindical), tuvo lugar un cambio definitivo que marcaría el devenir y actividad del sindicato en el siguiente lustro. La redefinición política y realineación de posiciones dejó como resultado un sindicato con una lista dominante, la Lista 3, de orientación comunista e identificable con la línea mayoritaria en la CNT; la Lista 19, de izquierdas, con posturas más radicales y alineada con Tendencia; y la Lista 55, cuyo componente principal eran los cristianos de izquierda y algunos independientes, y que era la principal minoría en el gremio.[18]

De forma general se puede decir que las diferencias entre las Lista 3 por un lado y la 19 y la 55 por otro, respondían a las que a nivel más amplio se estaban dando en diferentes ámbitos de la izquierda: la 3, desde una posición ciertamente moderada, levantaba sobre todo reclamos propios del gremio y no se refería en su propaganda a banderas generales que abarcasen otros aspectos más amplios, del conjunto de los trabajadores. Por su parte las Listas 19 y 55 defendían postulados de mayor profundidad, en los cuales ubicaban la lucha bancaria. La 19 enmarcaba las reivindicaciones sectoriales en otras globales y en la lógica de enfrentamiento dominantes vs. dominados; y defendía la lucha como vía para enfrentar la presión y represión de la oligarquía, bregando por ella no sólo a nivel bancario, sino para lograr que, a través de ella, la CNT se convirtiese en una fuerza combativa y poderosa. La lista 55 por su parte se encontraba a medio camino entre la 3 y la 19, insertando también los reclamos propios del gremio en los más amplios del pueblo uruguayo, y propugnando cambios estructurales aunque no desde posiciones tan radicales como las de la Lista 19. [19] [20]

En 1968, las listas 19 y 55 se unieron para conformar la Lista 1955, desde entonces la principal lista de Tendencia en el sindicato bancario, y una de las más destacadas de todas. En ella se encontraron representadas todas las agrupaciones radicales y revolucionarias del momento: militantes tupamaros (alguno con responsabilidad en el sindicato), miembros de los Grupos de Acción Unificadora (GAU), de la ROE, del Movimiento de Independientes "26 de Marzo" (vinculado al MLN–T), e incluso del Movimiento Revolucionario Oriental (MRO) o del Movimiento de Izquierda Revolucionaria (MIR). En 1968 Tendencia, a través de la 1955, se hizo con el control de Banca Oficial. Y tras las elecciones de mayo de 1969, por la representación lograda en Banca Privada, con la mayoría del Consejo Central de AEBU. Se abrían las puertas, por tanto, para encarar las luchas del sindicato bancario desde una óptica diferente a la impulsada por la mayoría anterior y, como veremos, enfrentada también a la de la CNT.

Los conflictos bancarios de 1968 y 1969 fueron la más clara representación de la divergencia de posturas en el seno de la izquierda y del movimiento sindical en éste período. La gran diferencia entre sectores radicaba en la forma de encarar las movilizaciones y de llevar adelante la lucha por las reivindicaciones concretas, como quedó de manifiesto en el conflicto de 1969. En éste no se partía de posiciones radicales. La moción que declaró el pre-conflicto incluía sólo cuestiones particulares relativas a la actualización de salarios convenida con la patronal (y no efectiva desde principios de año por la congelación decretada por el Gobierno), a la negociación de un convenio colectivo y cuestiones relativas a sanciones económicas al personal.

El conflicto, en sus primeros pasos, siguió la dinámica reivindicativa habitual. El 18 de junio el gremio anunció su decisión de trabajar a reglamento, sin horas extras, y con previsión de medidas de lucha posteriores de aplicación progresiva. En pocos días la actividad bancaria comenzó a verse paralizada, y el 24 (en una decisión no vinculada directamente con el conflicto bancario) el gobierno decretó medidas de seguridad en todo el país y comenzó a arrestar a dirigentes sindicales y estudiantiles. A partir de ahí la escalada fue en aumento, con progresivas sanciones y una espiral generalizada de acción-reacción: congelación de pagos, militarización de funcionarios de empresas públicas, paro general de la CNT para el día 18 de julio y, estrictamente en el conflicto bancario, desoimiento de los emplazamientos de la patronal por los bancarios que implicó despidos. Esto último pasó a ser la clave del conflicto innegociable por ambas partes, y la causa alegada por el Ejecutivo a fin de julio para decretar la militarización de los funcionarios bancarios y su paso a la Justicia Militar como desertores en caso de no reintegrarse en el plazo fijado.

El grueso de los trabajadores no lo hicieron, siendo capaz el gremio de mantener su organización en la clandestinidad con una compleja red de contactos organizada por barrios, de forma que se mantenía informados a todos los huelguistas diariamente.[21] El 3 de septiembre el Ejecutivo militarizó a todos los funcionarios de instituciones bancarias privadas, y pocos días después el MLN–T secuestró a uno de los dirigentes de la Asociación de Bancos como fórmula de presión. Una nueva fórmula de mediación negociada por el Ministro de Trabajo de forma secreta con algunos dirigentes bancarios y sindicales (incluido el presidente de la CNT José D'Elía), fue finalmente votada el 11 de septiembre y con ella se puso fin al conflicto. Aquella asamblea, un hito del gremio, aprobó la moción de la minoría del Consejo Central, mostrando las profundas discrepancias en la gestión del conflicto entre los grupos de Tendencia y los próximos a la mayoría de la CNT. La moción criticaba la conducción del conflicto y a sus dirigentes, y proponía una salida que ofrecía como pragmática para desbloquear la situación, garantizar la continuidad del sindicato y buscar nuevas fórmulas para el reintegro de los despedidos.[22]

La resolución del conflicto bancario de 1969 supuso un fuerte golpe para el sindicato, que en los siguientes años perdió la fuerza que había tenido anteriormente. Y significó una derrota importante para las posiciones de Tendencia. No solamente por la forma en que se acabó la huelga, sino porque después de eso perdieron la mayoría del Consejo Central, que pasó a ser ocupada permanentemente por la línea moderada.

En el desarrollo del conflicto fueron patentes las grandes diferencias existentes entre las líneas de acción sindical existentes tanto en AEBU como en la CNT. En primer lugar, la propia radicalización del conflicto. Ésta no tiene por qué haber sido consecuencia de la dirección de una lista de Tendencia. Sí es cierto que las primeras medidas en el mes de junio fueron contundentes. Pero la evolución política del momento no lo era menos, con decreto de medidas de seguridad y movilización de funcionarios públicos. Por otra parte, la Asamblea del sector había aprobado la primera fórmula de medicación del Ministro de Trabajo de fines de julio, que en cambio rechazó la Asociación de Bancos. Aquel día se decretó la primera militarización, medida radical a todas luces desde el Gobierno, y primera ocasión en que se decretaba contra un gremio del sector privado.

En segundo lugar, desde Tendencia se acusó a la CNT de falta de apoyo a la huelga. Las medidas de solidaridad sindical con los bancarios fueron tomadas por otros gremios de forma independiente y voluntaria, en ningún momento por disposición de la central u organizadas por ella. Y no es difícil concluir que en caso de que la huelga, con todo lo que representaba (combatividad y resistencia sindical frente a la presión de gobierno, prensa, patronal y hasta ejército, encargado de la militarización y mediación), hubiese tenido éxito, la línea oficial de la CNT habría quedado desprestigiada; y eso constituiría un mensaje nítido respecto a cómo avanzar en las reivindicaciones populares. Incluso la negociación final del conflicto no había estado en manos de quienes lo habían dirigido, sino que fueron el Presidente de la CNT y el del Consejo Central de AEBU (de la misma orientación), quienes la llevaron a espaldas del resto.

En el balance realizado por el Consejo Central de AEBU después de la huelga, encontramos la más clara exposición del momento de una línea de Tendencia (Cores, 1984). El conflicto habría demostrado: 1) que era posible dar el enfrentamiento a la dictadura, para lo que era necesario dotar al gremio de la organización adecuada para enfrentar la represión en sus formas más diversas y violentas, de orientarlo constantemente y de coordinar los esfuerzos con los otros trabajadores y sectores del pueblo; 2) que la lucha no sólo no era negativa, sino que era "lo determinante en el proceso de unidad y liberación de los trabajadores y el pueblo", como expresaron las medidas de solidaridad durante el conflicto, a pesar del aislamiento realizado por la mayoría de la CNT; 3) que la lucha generaba contradicciones en el enemigo y obligaba a definiciones en el conjunto de la sociedad; 4) que era posible organizar un gremio aún en las peores condiciones de clandestinidad, hecho que además era un cuestionamiento directo del sistema; si bien era al tiempo un factor de desgaste propio, pues hubo que enfrentar la represión en todos sus ámbitos, y la capacidad de respuesta de un sindicato en ese momento era limitada, lo que llevaba a "el problema de la estrategia global del movimiento obrero y popular".

Si bien la experiencia demostraba la posibilidad de la lucha, también lo hacía con la dificultad de llevarla adelante si ésta era parcial, aislada; experiencia que también habían sufrido otros sindicatos. Frente a eso, la conclusión de los grupos de Tendencia era la necesidad de una "estrategia elaborada, coordinada y promovida desde los órganos centrales de la CNT", pero que no se había dado porque precisamente allí era obstaculizada. La necesidad de un plan de acciones escalonadas se planteaba entonces como incompatible con las denominadas "concepciones reformistas" predominantes en la central, que defendería el tradicional método de conflictos aislados. Entendían que lo más negativo de eso era que no se trataba de errores, sino de someter la acción sindical a intereses particulares político-partidarios.

Conclusiones

A través del conflicto bancario de 1969 se manifestaron algunas formas de relación de los grupos revolucionarios clandestinos con la Tendencia combativa del movimiento sindical. Parece obvio que una huelga secundada por más de siete mil trabajadores difícilmente podría estar dirigida por ningún grupo clandestino, menos con el grado de desarrollo que tenían en aquellos momentos. A lo largo de la movilización bancaria, tanto en las posturas de sus dirigentes como en la de muchos de sus militantes, se adivinaban posiciones tan radicales o más de las que podían sostener los grupos clandestinos armados. Eso es indicativo de la importancia de ciertas ideas en algunos sectores de la sociedad uruguaya del momento. Pero como señalaba un bancario entrevistado, miembro también del MLN–T, la función de los militantes tupamaros en el gremio era acompañar las movilizaciones y trabajar por su desarrollo. En muchas ocasiones no eran ni siquiera quienes en las asambleas tenían las posturas más radicales: "conocí muchísima gente en nuestro propio sindicato, que eran tremendamente radicales, pero que se terminaba el conflicto y se le terminaba su radicalización, y se le terminaba su participación social".[23]

En el caso de la huelga bancaria de 1969 sí hubo presencia de dirigentes radicales en la movilización: Hugo Cores, presidente del Sector de Banca Oficial en esos momentos, era militante de ROE, ámbito de masas de FAU; Aníbal Collazo, hermano del dirigente del MRO Ariel Collazo, era también militante de este grupo, que también había apostado, aunque sin trascendencia, por la lucha armada (Rey, 2004, pp. 274-294; Cortina, 2012); o Kimal Amir, no directamente implicado en la dirección del conflicto, pero sí miembro de las listas de Tendencia que lo encabezaban, más adelante fue uno de los cuatro miembros de la Mesa Ejecutiva del M. I. "26 de Marzo".

Esto no significa que hubiese coordinación entre su acción y la de los grupos clandestinos, MLN–T y Organización Popular Revolucionaria 33 (OPR-33, anarquista) en este caso. Ambos actuaron en medio del conflicto bancario: el primero secuestró a uno de los principales negociadores de la patronal a comienzos de septiembre, y la segunda colocó un artefacto explosivo en las oficinas informáticas de la Asociación de Bancos a fines de julio. Eran acciones contempladas como apoyo a la lucha de los trabajadores bancarios, pero según los testimonios, de forma independiente por parte de las organizaciones y sin ningún tipo de coordinación.[24] Más allá de eso, la única colaboración establecida que hoy conocemos fue la utilización, por parte de militantes tupamaros, de un *lanzavolantes* del MLN–T para difundir propaganda sobre el conflicto.[25]

La relación del MLN–T con los ámbitos de masas uruguayos hasta 1973 fue constante pero limitada. Sin duda hubo tanto una preocupación como una estrategia específica desde muy temprano en la organización. Pero ello no quiere decir que ésta tuviese una orientación definida (ni clásica desde luego) hacia ningún ámbito de masas en general ni hacia el movimiento obrero en particular. Las lógicas con las que afrontaba esta cuestión son las propias de la nueva izquierda de la época, de una izquierda que nace de una experiencia determinada y que se define de modo claro contra aquella dominante en el período. La concepción foquista y de vanguardia hacía primar la organización revolucionaria sobre los ámbitos de masas, y marcaba las distancias y formas de relacionarse con ellas, así como aquellas ideas de subordinación e instrumentalidad señaladas.

Poco útil parece que sea contar la presencia en sindicatos de militantes tupamaros; o el número de obreros en las filas del MLN–T (más allá de la parcialidad y poca fiabilidad de los pocos datos existentes). El encuadre que la organización buscó para las simpatías despertadas en amplias capas de la población uruguaya no se pretendió a través de estructuras clásicas, sino de otras específicas y creadas por ellos mismos como la Columna 70 inicialmente (gran periferia de la organización, no integrada en el aparato pero en situaciones, para muchos militantes, que rayaban con la clandestinidad) y el Movimiento de Independientes 26 de Marzo en 1971 (de cara a los comicios de ese año en el seno del naciente Frente Amplio). Las estructuras de estos auténticos frentes de masas tupamaros, con sectores obrero, estudiantil y barrial en ambos casos, fueron el gran espacio de masas tupamaro.

Con todo, la relación MLN–T y ámbitos de masas (especialmente el movimiento sindical) es un tema prácticamente sin tratar, y carecemos de investigaciones específicas sobre sindicatos, por ejemplo. Quizás un avance en este sentido, con nueva evidencia empírica de micro estudios, pueda proporcionarnos otra visión. En todo caso, es probable que las ideas generales aquí trazadas sigan siendo válidas a nivel interpretativo global. Queda sólo aguardar que jóvenes investigadores nos confirmen, desmientan, pero sobre todo, superen con nuevos trabajos que enriquezcan el conocimiento de la historia de la izquierda latinoamericana.

Notas

1   Este trabajo ha sido realizado en el marco del proyecto de investigación "La oleada de la nueva izquierda en América Latina y Europa", MINECO, HAR2013-43311-P (España).

2   Tomamos como referencia conceptual para la definición de oleada las ideas propuestas por el artículo clásico de David Rapoport (2004), y que para el caso de América Latina ya hemos desarrollado en Martín y Rey (2012).

3   Se trató de *Guerra de Guerrillas* (Guevara 1974 [1960]), la *Segunda Declaración de La Habana* (Castro, 1976 [1962]), que ampliaba y cimentaba ideológicamente las tesis de Guevara; y el trabajo de Debray (1967) ¿Revolución en la revolución?, que llevaba más lejos los postulados anteriores al recoger las experiencias guerrilleras hasta 1966.

4   Debate que recogieron principalmente en un documento más tardío, *Foco o Partido, falso dilema*, de agosto 1971 (Rey, 2005, pp. 138-141).

5   Sin duda podemos caracterizar a la sociedad uruguaya de los sesenta como un sociedad de clases medias y urbana: en 1963 casi el 50% de su población activa estaba ocupada en el sector terciario frente a un 28% en el secundario y apenas el 18% en el primario; y casi el 70% de su población concentrada en núcleos urbanos (de más de 10.000 habitantes), congregando solamente Montevideo al 44% de la población total (Benvenuto, 1971, p. 23).

6   MLN–T, *Documento nº 3*, apartado "Apuntes sobre la acción frente a las masas", mayo 1968.

7   Este apartado es resultado del análisis de la documentación interna tupamara que contenía referencias a la cuestión entre 1967 y 1970. Los argumentos sobre el tema estuvieron presentes generalmente en varios de los documentos, que repiten, enriqueciendo aunque sin grandes cambios en sus líneas fundamentales, las ideas elaboradas desde 1967. Se trató de: *Documento nº 1*, junio 1967; *Documento nº 3*, mayo 1968; *La acción en el plano sindical*, junio 1968; *Documento nº 4*, enero 1969; *Cuaderno de respuestas de las 32 preguntas a los militantes sindicales*, 1969; y *Balance 1969*, enero 1970. Todos ellos fueron consultados en el Archivo de Lucha Armada "David Campora", actualmente en el Centro Interdisciplinario de Estudios Uruguayos de la Universidad de la República, Uruguay.

8   El resumen de estos objetivos, repetidos por lo demás con diferentes fórmulas y en diversos documentos, se hace sobre todo a partir del *Documento nº 1* y el *Cuaderno de respuestas de las 32 preguntas a los militantes sindicales*.

9   Según el antiguo dirigente bancario y militante de la ROE Hugo Cores (1984), la tendencia era "la búsqueda de una alternativa real de cambio y no la ilusoria espera de una supuesta maduración de las condiciones objetivas. [...] una concepción de la acumulación de fuerzas que buscó desarrollar al máximo el potencial y la capacidad de lucha de los trabajadores y el pueblo, no para ganar nuevos escaños en el parlamento sino para poder producir una ruptura revolucionaria" (p. 2).

10   Carta a la CNT. (diciembre de 1968) *Rojo y Negro*, 2, pp. 177-181: .

11   "Moción de la Tendencia al Primer Congreso de la CNT", mayo de 1969, en Cores 1984, Apéndice.

12   Asociación de Bancarios del Uruguay (AEBU), 12/6/1960, nº 104, "Organigrama de la Asociación"; 28 de noviembre de1960, 109: "Se aprobó nuevo Estatuto en plebiscito".

13 *AEBU*, 10 de octubre1960, 107: "Resoluciones adoptadas". Estas acciones simbólicas pero de solidaridad efectiva fueron experiencias fundamentales en el movimiento obrero uruguayo desde los años cincuenta, vínculos que acercaron posiciones entre los más diferentes sindicatos y tendencias.

14 *AEBU*, 6 de octubre de1966, 230: "Los hechos que han gestado la ABU", Santiago Ratto.

15 La cuestión de la afiliación es un dato no menor. Según Hugo Cores, uno de los principales dirigentes en aquellos años, rondaba el 90-95% en el período en el sector privado, siendo algo más baja en el sector oficial. Y era automática una vez se entraba a trabajar en la banca (entrevista con el autor, Montevideo, diciembre 2000).

16 *AEBU*, 27 de mayo de1964,173, p. 5: "Palabras del Presidente del Consejo de Sector de la Banca Privada". Artículos en tono similar haciendo hincapié en la unidad con el resto de la clase trabajadora, así como otros acerca de movilizaciones de otros sindicatos, son frecuentes desde ahora en *AEBU*.

17 *AEBU*, 11 de junio de1964, 174, p. 3: "La unidad de los bancarios", editorial.

18 Para la reconstrucción detallada de esta cuestión, así como de los conflictos de esos años, las referencias fueron las informaciones de *AEBU* y las entrevistas realizadas a los antiguos dirigentes bancarios Aníbal Collazo (entrevista con el autor, Montevideo octubre de 2000), Hugo Cores y Carlos Coitiño (entrevista con el autor 21/4/2002, Montevideo). Para un análisis más detallado véase Rey (2005, pp. 378-391).

19 *AEBU*, 19 de mayo de1966, 219, p. 4: "Construyendo para el sindicato", Comité Ejecutivo de la Lista 55.

20 El análisis de las posiciones de estas tres listas se ha realizado a partir de sus reclamos y propaganda electoral en el boletín *AEBU*, de 28 de marzo de1968, 268.

21 La organización clandestina de esta huelga fue una de las experiencias de movilización más logradas del sindicalismo uruguayo a lo largo de su historia. Nótese que este conflicto afecta a unos 7.500 trabajadores, y fue uno de los más importantes del Uruguay en aquellos años.

22 Actas de AEBU, Asamblea General Extraordinaria, Archivo AEBU, Montevideo. Su texto puede consultarse además en Carámbula (1997).

23 Entrevista del autor con militante tupamaro y bancario anónimo, Montevideo, noviembre 1999.

24 Entrevistas del autor con Aníbal Collazo, Carlos Coitiño y Hugo Cores. Este último señala además que en ningún caso el gremio aceptaría eso, por radicales que fuesen sus posturas o simpatía que profesasen a las organizaciones armadas. Era muy celoso de su independencia y negaba la subordinación con cualquier grupo, fuese legal (partido político) o clandestino.

25 Entrevista del autor con militante tupámaro anónimo, Montevideo, noviembre 2000.

Referencias

Asociación de Bancarios del Uruguay (AEBU). (1971) Organigrama de la Asociación. En Benvenuto, L. y otros (Eds.). Uruguay Hoy. Buenos Aires: Siglo XXI. (Boletín 104 publicado originalmente en 1960).

Asociación de Bancarios del Uruguay (AEBU). (1971) Se aprobó nuevo Estatuto en plebiscito. En Benvenuto, L. y otros (Eds.). *Uruguay Hoy.* Buenos Aires: Siglo XXI. (Boletín 109 publicado originalmente en 1960).

Carámbula, R. (1997). *Bancarios 1969. Cronología de una huelga histórica.* Montevideo: s/e.

Castro, F. (1976 [1962]). *Obras escogidas de Fidel Castro.* Madrid: Fundamentos.

Cores, H. (1984). *Reflexiones sobre el movimiento obrero y la crisis política uruguaya, 1968-1973.* Edición de autor.

Cortina Orero, E. (2012). Entre la institucionalidad y la acción revolucionaria. Una historia del Movimiento Revolucionario Oriental (Uruguay, 1961-1973). *Contemporánea*, 3, 189-211. Montevideo.

Debray, R. (1967). *Revolución en la Revolución.* La Habana: Casa de las Américas.

Gosse, V. (1993). *Where the Boys Are. Cuba, Cold War America and the Making of a New Left.* London/New York: Verso.

Guevara, E. (1974 [1960]). *Obra revolucionaria.* México: ERA.

Lamberg, R. F. (1979). *La guerrilla en Latinoamérica.* Madrid: Editorial Mediterráneo.

Martín Álvarez, A. y Rey Tristán, E. (2012). La oleada revolucionaria latinoamericaca contemporánea, 1959-1996. Definición, caracterización y algunas claves para su análisis. *Naveg@mérica*, 9.

Miller, N. (1989). *Soviet Relations with Latin America, 1959-1987.* Cambridge, RU: Cambridge University Press.

Oikión Solano, V., Rey Tristán, E. y López Ávalos, M. (2014). *El estudio de las luchas revolucionarias en América Latina (1959-1996). Estado de la cuestión.* Zamora y Santiago: El Colegio de Michoacán y Universidad de Santiago de Compostela.

Rapoport, D. C. (2004). Modern Terror: The Four Waves. En A. Cronin y Ludes, J. (Eds.), *Attacking Terrorism: Elements of a Grand Strategy* (pp. 46-73). Washington, D.C.: Georgetown University Press.

Rey Tristán, E. (2005). *La izquierda revolucionaria uruguaya, 1955-1973.* Sevilla: Universidad de Sevilla, Diputación EEHA-CSIC.

Rey Tristán, E. (2014). La producción bibliográfica acerca de las luchas revolucionarias latinoamericanas contemporáneas: balance cuantitativo. En E. Rey Tristán, Cortina Orero, E. y Oikión Solano, V. *El estudio de las luchas revolucionarias en América Latina (1959-1996). Repertorio Bibliográfico* (CD-ROM). Zamora y Santiago: El Colegio de Michoacán y Universidad de Santiago de Compostela

Rey Tristán, E. y Yaffé J. (2014). Izquierda y revolución en Urugua (1955-1973). Balance historiográfico y perspectivas. En V. Oikión Solano, Rey Tristán, E. y López Ávalos, M. (2014). *El estudio de las luchas revolucionarias en América Latina (1959-1996). Estado de la cuestión* (pp. 355-386). Zamora y Santiago: El Colegio de Michoacán y Universidad de Santiago de Compostela.

Rodríguez Elizondo, J. (1990). *La crisis de las izquierdas en América Latina.* Madrid/Caracas: Instituto de Cooperación Iberoamericana – Editorial Nueva Sociedad.

CONFLICTO LABORAL, TENSIONES SINDICALES Y EL PAPEL DE LA COB
DURANTE LOS DOS PRIMEROS GOBIERNOS DEL MAS (2006-2014)

Alejandro M. Schneider
UNIVERSIDAD DE BUENOS AIRES / UNIVERSIDAD NACIONAL DE LA PLATA

En el convulsionado año de 1985, comenzó a cerrarse el ciclo abierto con la Revolución de mediados del siglo XX. El ascenso al poder del líder histórico del Movimiento Nacionalista Revolucionario (MNR) Víctor Paz Estensoro marcó el cierre de una etapa, en la que él fue un protagonista destacado. A partir de entonces, con el Decreto Supremo (DS) 21060, se abrió un ciclo político, económico y social signado por una fuerte ofensiva capitalista sobre la sociedad. En ese sentido, por medio de esta norma jurídica, se establecieron toda una serie de medidas de estabilización monetaria que buscaron reordenar la economía en torno a los principios neoliberales aconsejados por los organismos financieros mundiales. Así, el mencionado mandatario, desde los inicios de su nueva presidencia, dispuso un drástico proceso de modificaciones estructurales que cambiaron la Bolivia hasta ese entonces existente.

Tras proclamar que "Bolivia se nos muere", Paz inauguró un drástico programa de medidas económicas, que acarreó un nuevo acuerdo de dominación sobre la sociedad civil. Se buscó recrear y restablecer la autoridad estatal perdida en los últimos años, en particular, sobre la clase obrera y el campesinado. En ese escenario, el mundo de la minería expresó los cambios más radicales. La crisis del mercado internacional del estaño y el constante quebranto de la productividad en las minas fueron los argumentos que se emplearon para iniciar el desmantelamiento progresivo de las empresas productoras.

El núcleo central de las reformas estructurales impulsadas desde el Palacio Quemado fue el desmantelamiento de la poderosa Corporación Minera de Bolivia (COMIBOL). En el plazo de un año, se cerraron más de cincuenta minas estatales. La citada empresa despidió a más de las dos terceras partes de sus obreros, incrementando las tasas de desocupación y subempleo, convirtiendo en pueblos fantasmas a numerosos distritos erigidos alrededor del trabajo del subsuelo. A la par de este fenómeno, como parte del mismo modelo económico implementado, fue creciendo el sector informal a través del comercio al menudeo y de los servicios. En otras palabras, desde entonces se fue configurando un mundo laboral distinto al producido por la Revolución de 1952.

A partir de 1985 se inició la debacle de la hasta entonces principal organización obrera del país: la Federación Sindical de Trabajadores Mineros Bolivianos (FSTMB). Este fenómeno fue acompañado no sólo por el aumento del desempleo, sino también por una dispersión (eufemísticamente llamada relocalización) del proletariado del subsuelo a través de todo el territorio. Sin embargo, si bien su presencia militante disminuyó, el ciclo de rebeliones abierto a partir de las guerras del agua (2000) y del gas (2003) junto con la llegada al gobierno del Movimiento al Socialismo (MAS) lo volvió a instalar en la escena política.

El ascenso a la presidencia de Evo Morales Ayma, en enero de 2006, representó un momento de esperanza para extensos sectores de la población. Aunque el gobierno logró una cierta redistribución de la riqueza, tras varios años de intensas disputas regionales y políticas, la situación económica y social de la mayoría de la ciudadanía no se modificó en sus aspectos sustanciales. A pesar de ello, en los comicios de 2009, con una fuerte campaña electoral centrada en la búsqueda de transformar a Bolivia en un país desarrollado, una gran parte de la población renovó la confianza en el MAS.

En ese escenario de permanente transformación, el presente artículo busca analizar y reflexionar sobre una serie de cuestiones que hacen referencia a las relaciones laborales que se establecieron entre la clase trabajadora y los gobiernos de Evo durante sus dos primeras presidencias (2006-2014). En particular, aquí se abordan algunas problemáticas referidas a los conflictos sindicales suscitados entre el proletariado y el mencionado dignatario. Como parte central de este análisis, se indagará sobre los distintos comportamientos gremiales y políticos que fue adoptando la Central Obrera Boliviana (COB) frente a un gobernante de extracción campesina e indígena. Asimismo, cabe indicar que interrogarse sobre el trabajador minero en Bolivia implica, sobre todo, estudiar a un protagonista central de la historia del país por su irradiación combativa y contestataria en la sociedad.

Algunas características generales de las presidencias del MAS

En términos globales, las administraciones del líder cocalero se caracterizan por continuar con el sistema primario exportador que identifica al territorio desde la llegada de los españoles. Aunque el vicepresidente Álvaro García Linera (2006) ha manifestado que se busca crear un estado fuerte y desarrollado denominado "capitalismo andino amazónico", esto aún no se ha logrado; la base económica permanece atada a una lógica extractivista nutrida por los altos precios mundiales de algunas materias primas. La producción primaria de bienes no renovables sigue teniendo un peso central en la estructura económica del país. Esta situación acarrea una serie de consecuencias estrechamente ligadas: primero, reafirma una dependencia respecto a los recursos minerales no reemplazables; segundo, genera una alta vulnerabilidad de la economía frente a las fluctuaciones del mercado internacional y tercero, reproduce un mercado de trabajo con escaso empleo. De esta manera, el modelo vigente se alimenta sobre la captación de la renta proveniente de las exportaciones y su posterior transformación en ayudas sociales como el bono escolar "Juancito Pinto" y la "Renta Dignidad" para los ancianos. Pese a los discursos a favor de la industrialización, en ambas gestiones se avanzó muy poco en una agenda posextractivista de mediano plazo; aún se mantiene el ciclo rentista donde cerca del 90% del valor exportado se genera por la venta de gas natural, soja, petróleo, plata, oro, estaño, entre otros bienes (INE, 2011).

Este panorama económico tiene su correlato en el ámbito de la ocupación. Al igual que en otros países de la región, los datos sobre el nivel de desempleo difieren, según si las cifras son emitidas por oficinas estatales o por sectores privados. De este modo, de acuerdo con datos del órgano oficial, Instituto Nacional de Estadísticas (INE), la tasa de desempleo en 2011 fue de 5,5%; mientras que para el Centro de Estudios para el Desarrollo Laboral y Agrario (CEDLA) fue de 7,9% (INE, 2011; CEDLA 2012a). A esto se debe agregar que el 83% de los empleos son considerados como precarios: los trabajadores se desempeñan sin contrato de trabajo, carecen de seguro social, jubilación e indemnización. En cuanto al índice de subempleo, de acuerdo con el CEDLA, presenta un incremento del 17% en 2011 con relación al año 2010 (CEDLA, 2011, 2012b).

A esta situación hay que sumar que, por un lado, el CEDLA afirma que más del 60% de la población que figura en las estadísticas como empleada, debe considerarse como autoempleada, debido a que se desempeña en actividades económicas informales. La mayor parte de las fuentes de trabajo poseen un escaso nivel de productividad, tanto sea en el área de comercio, los servicios, como en las faenas agropecuarias de subsistencia donde se abonan los salarios más bajos. Por otro lado, a partir de 2011, el trabajo por cuenta propia (en particular, en la construcción, los servicios personales y el transporte público) permitió el aumento de la ocupación. Sin embargo, no se informa que es muy seria la precariedad laboral en esas ramas. En ese sentido, el porcentaje de trabajadores que tienen una ocupación estable, bien remunerada y protegida por la seguridad social se redujo en la última década a sólo 20,9%; el resto tiene un empleo precario (79,1%). Asimismo, cabe indicar que las mujeres son las más perjudicadas, no sólo por la segregación que soportan cuando efectúan tareas análogas a las de los hombres, sino por su exclusión a los empleos menos calificados (CEDLA, 2013). En resumen, la generación de nuevas ocupaciones tuvo lugar a expensas de su calidad.

La flexibilidad laboral, por un lado, sobre todo en lo que refiere a la precarización en los contratos de empleo, se transforma en una herramienta de primer orden para incidir en el deterioro constante de los haberes percibidos. De este modo, los bajos salarios continúan siendo una de las principales variables que caracteriza a este modelo que favorece al capital, representado en multinacionales, terratenientes y cooperativistas, convirtiéndose en un especial atractivo para la inversión extranjera en la producción primaria. Por su parte, la industria manufacturera no le va a la zaga: ésta se identifica por ser liviana, pequeña y de escasa innovación tecnológica. En general, su competitividad radica en el *aumento de la intensidad del trabajo y la suba del volumen de producción sobre la base de la* reducción del empleo de mano de obra; en ese sentido, no pocos empresarios tienden a la subcontratación y externalización de diversos procesos o servicios auxiliares, disminuyendo el personal en los establecimientos.

Por otro lado, existe una amplia brecha social, ya que la riqueza se concentra en pocas manos: el 20% de la población más rica acapara más del 60% de los ingresos, mientras que el 20% más pobre sólo recibe el 2%. Según un informe elaborado por el Programa de las Naciones Unidas para el Desarrollo (PNUD), se observa que siete de cada diez bolivianos son indígenas y están insertos en el sector familiar del mercado laboral, con escasas remuneraciones. Por el contrario, en el estrato de mayores ingresos, seis de cada diez no son indígenas y se insertan en el sector empresarial con sueldos relativamente altos y con mejores condiciones ocupacionales (PNUD, 2010). Al igual de lo que sucede en materia de empleo, las mujeres perciben menos salarios e ingresos que los hombres, por idénticas tareas.

El patrón de desarrollo vigente siguió privilegiando al capital por encima de la fuerza de trabajo. A pesar de las nacionalizaciones de los hidrocarburos y de algunos sectores mineros, el poder real lo siguieron detentando las empresas transnacionales, aportando al fisco porcentajes insignificantes en relación con sus ganancias. De igual modo, el gobierno aumentó sus reservas financieras, manteniendo las mismas en la banca privada y en bonos del tesoro de los países centrales. La pobreza continuó estando presente más allá del incremento de las reservas internacionales en las arcas del Estado y del crecimiento económico. Aunque los líderes del MAS incorporaron en sus discursos la filosofía del "vivir bien", esto no se tradujo en proyectos orientados a la transformación de la matriz productiva del país ni en la disminución de la brecha social. Como se observa en diversos informes publicados por los organismos antes mencionados, la mayor parte de los conflictos desarrollados se originaron por temas económicos: incremento del costo de vida (en particular, en alimentos y transporte), escasez de productos básicos, pugnas por el control de recursos naturales, entre otros.

Las relaciones laborales en el mundo minero

Como se ha explicado en el anterior apartado, la extracción de bienes minerales no renovables sigue teniendo un peso central en la estructura económica del país. A pesar de que en la campaña electoral de 2005 Evo hizo promesas alrededor del renacimiento de la minería estatal bajo la COMIBOL, sus administraciones se caracterizaron por fortalecer al ámbito privado representado tanto por la Federación Nacional de Cooperativas Mineras (FENCOMIN) como por la mediana y gran minería en manos de las transnacionales. Lejos de la promesa de buscar la renacionalización del subsuelo, el interés fue de continuar con la estrategia capitalista neoliberal de fomento a los contratos de riesgo compartido entre cooperativistas y empresas extranjeras.

En ese sentido, las dos presidencias del MAS privilegiaron la relación con el sector cooperativista dentro del mundo de la minería. Desde el inicio de su gobierno, Evo les dio un lugar destacado en su alianza política con el objetivo de atraer a este sector porque, al mismo tiempo que representa un voluminoso número de eventuales votantes, se ha convertido también en el gran creador de empleo para los desempleados provenientes de otros ámbitos laborales. De este modo, el primer ministro que designó para esta área fue un ex presidente de la FENCOMIN. Además, creó el cargo de Viceministro de Cooperativas Mineras, en manos de hombres que previamente habían sido autoridades del área. Asimismo los cooperativistas actuaron como asambleístas durante la Convención Constituyente y, en la actualidad, también se desempeñan como Diputados, Senadores y representantes diplomáticos.

La política favorable hacia los cooperativistas se evidencia no sólo observando las nuevas áreas que adquirieron bajo su gobierno (muchas de ellas alcanzadas tras cortes de rutas, avasallamientos de yacimientos y movilizaciones) sino también en la obtención de ventajas en términos impositivos y en cambios jurídicos que los beneficia frente a otros actores. Sin embargo, hubo un hecho más importante que expresa la solidez de esta alianza: los cooperativistas consiguieron que la administración del MAS no acceda a la principal demanda de los asalariados mineros, como es la nacionalización de los yacimientos y su control por medio de la COMIBOL. Cabe subrayar que todo esto se dio en un escenario signado por la suba de las exportaciones de los bienes del subsuelo, en algunos casos, con la exclusiva participación de los empresarios cooperativistas.

Es conveniente subrayar que a diferencia de lo que se puede creer, el cooperativismo minero en Bolivia no es un sistema solidario. Por el contrario, es un sector capitalista que se desarrolla sobre la base de la explotación de sus trabajadores asalariados. Las cooperativas son empresas privadas que buscan denodadamente aumentar su tasa de ganancia sobre la base de un elevado nivel de expoliación laboral de la fuerza de trabajo que contratan. En el seno de las cooperativas se emplean a trabajadores con diversos convenios laborales. Si bien imperan los contratos por medio de salarios preestablecidos, también es normal que se pague según la producción obtenida, sin ningún compromiso salarial previo. Como el nivel de producción en cada cooperativa tiene un alto grado aleatorio, se producen fuertes diferencias en su interior: mientras algunos miembros no logran beneficios en varios meses, otros pueden obtener ganancias en forma inmediata.

Los mineros de las cooperativas tienen además de ingresos bajos, un empleo inestable; este se modifica de acuerdo con las demandas de los empresarios cooperativistas y con los vaivenes de la cotización de los metales en los mercados. La jornada de trabajo, que puede alcanzar hasta las dieciséis horas diarias, se lleva a cabo en condiciones altamente precarias: se desarrolla en hábitats donde impera el calor y el frío extremo. El trabajo al interior de la mina requiere un gran esfuerzo físico y numerosos mineros sólo cuentan con un equipo básico de protección. La carencia de herramientas y maquinarias, junto con la escasez de elementos de seguridad, hace que el empleo en las cooperativas cause numerosos accidentes de trabajo. Si bien en su mayoría los trabajadores al interior de las minas son varones adultos, también en ese circuito productivo se desempeñan mujeres, adolescentes y niños.

En el sistema de explotación que implementan las cooperativas mineras el Estado prácticamente se encuentra ausente en diversos aspectos: desde su nula intervención en las tareas de planificación, prospección y control de las condiciones laborales, hasta en el magro ingreso que recibe vía aporte impositivo a través del Impuesto Complementario a la Minería. En idéntico sentido, los socios de las cooperativas comercializan los minerales con especuladores evadiendo las contribuciones fiscales.

Conflictos obreros durante la primera presidencia

Si bien al comienzo de su primera gestión los principales reclamos que tuvo que hacer frente Evo fueron los que se originaron en el magisterio, los más significativos y neurálgicos fueron los que se produjeron en el mundo minero. De todos estos conflictos, el más importante fue el protagonizado por los trabajadores del subsuelo en Huanuni.

La ciudad de Huanuni, declarada capital del estaño, se encuentra en la primera sección municipal de la provincia Pantaleón Dalence del departamento de Oruro. En dicha zona se alza el yacimiento minero en el cerro Posokoni, que hasta la Revolución de 1952 había pertenecido a uno de los hombres más poderosos de la "rosca": el magnate Simón Patiño.

Tras la debacle provocada por la aplicación del DS 21060, numerosos trabajadores desocupados se instalaron en el cerro Posokoni con el fin de explotar algunas áreas en la zona. A partir de ahí, durante cerca de quince años se produjeron una serie de incidentes entre diversos sectores. Por un lado, los mineros asalariados permanecieron bregando para que el yacimiento siga estando explotado por la COMIBOL; por otra parte, un grupo de empresas transnacionales abogó (y lo logró en forma momentánea) por su privatización y, finalmente, hubo un sector que terminó formando empresas cooperativas para su propio beneficio.

En el año 2006, en el marco de las alianzas establecidas para alcanzar la presidencia, Evo designó como ministro de Minería a Walter Villarroel, miembro de la cooperativa La Salvadora de Huanuni, decisión que generó un abierto malestar con la FSTMB. A partir de entonces, los empresarios cooperativistas retomaron la ofensiva para explotar los niveles más profundos del cerro, donde se encontraban trabajando los asalariados de la COMIBOL. En esa coyuntura, en los primeros nueve meses del año hubo dieciséis reuniones entre el gobierno y los actores antes mencionados para solucionar la explotación del yacimiento; sin embargo, esto no sirvió para detener los enfrentamientos sangrientos que se sucedieron.

A medida que se desarrollaron las negociaciones, en el mes de septiembre, los cooperativistas agrupados en la FENCOMIN efectuaron una serie de ocupaciones en las minas de Colquiri y de Viloco (ambas del departamento de La Paz) a la vez que bloquearon las principales carreteras del occidente del país exigiendo –entre otras cuestiones– mayores niveles de explotación en Huanuni.

A pesar de que muchas de las demandas solicitadas se cumplieron, en la primera semana de octubre, los cooperativistas incrementaron las presiones sobre la FSTMB y las autoridades nacionales para que se acepten sus reclamos. En ese marco, los socios de las cooperativas que operaban en el cerro determinaron la toma del yacimiento, dando lugar a un enfrentamiento sangriento con los asalariados. Como consecuencia, tras dos días de duros combates, fallecieron dieciséis pobladores y cerca de un centenar de heridos.

Estos hechos derivaron en una grave crisis institucional; en opinión de Evo, este fue uno de los momentos más difíciles de su presidencia. En lo inmediato, Evo solicitó la renuncia del Ministro Villarroel y del director de la COMIBOL, Antonio Rebollo, quienes fueron reemplazados por Guillermo Dalence y Hugo Miranda, respectivamente. A fines de ese mes, el primer mandatario firmó el DS 28901 por el cual se nacionalizó el yacimiento. Además, la empresa estatizada contrató a los empleados mineros que estaban agrupados en las cuatro cooperativas que operaban el cerro; así, ingresaron como asalariados cerca de cuatro mil trabajadores provenientes de las ex cooperativas y de campesinos de la zona (Mokrani, 2006; Fornillo, 2009).

Las protestas de cooperativistas empresarios y mineros sindicalizados continuaron durante los restantes años de la primera presidencia; sin embargo, estas tuvieron una menor relevancia frente a otros problemas que afectaron la gobernabilidad como fue la oposición de los prefectos de los departamentos orientales y el debate de la Asamblea Constituyente. Por entonces, prevaleció un claro antagonismo entre el MAS y el grupo opositor integrado por las fuerzas cívico-regionales de Santa Cruz, Tarija, Beni y Pando. Por otro lado, este bloque estuvo apoyado por partidos como el Poder Democrático y Social (PODEMOS) liderado por el ex presidente Jorge Quiroga. A la par de esas tensiones, prosiguieron las protestas de los docentes (urbanos y rurales), del proletariado fabril, de los trabajadores de la salud y de los mineros de Huanuni.

En ese marco es interesante observar cómo fue cambiando el posicionamiento de la dirigencia de la COB frente al gobierno. Al principio de su mandato los líderes sindicales mantuvieron una actitud de desconfianza hacia el presidente. La central obrera se encontró con una situación novedosa en su larga historia: la presencia de un dignatario indígena con un fuerte respaldo de las organizaciones campesinas. En ese marco, la FSTMB y la COB cuestionaron dos grandes temas. En primer lugar, se criticó que el ministerio de minería estuviese encabezado por un socio cooperativista. En segundo término, se esbozó el temor de que sectores sociales vinculados a Evo buscasen modificar el estatuto de la entidad e impusieran a dirigentes de sindicatos campesinos o a cooperativistas al frente de la misma en el XIV Congreso Orgánico que se iba a efectuar en junio de 2006.

Esto último no sucedió ya que los delegados hicieron prevalecer la tradición minera a la hora de elegir una nueva conducción. De esta forma, el encuentro celebrado en Viacha designó a Pedro Montes en reemplazo de Jaime Solares como Secretario Ejecutivo de la central. A la par de esta designación, el cónclave laboral reafirmó la necesidad de "luchar por las agendas de octubre del 2003 y de mayo – junio de 2005" por lo que se enfatizó "la nacionalización sin indemnización de los hidrocarburos, la recuperación de todos los recursos naturales y la abrogación de los decretos y leyes neoliberales" (CEDLA, 2009, p. 5).

A pesar de estas declaraciones, durante los siguientes años la dirigencia encabezada por Montes se terminó acercando al proyecto de Evo, lo que se expresó en el último semestre del 2008. En ese sentido, la decisión de la COB estuvo enmarcada por una serie de sucesos previos. En primer lugar, esta determinación se aceptó tras una serie de fuertes críticas que recibió la dirigencia cobista por parte un importante sector de mineros de Huanuni tras la muerte de dos trabajadores en una medida de fuerza en el mes de agosto.[1] En segundo lugar, la aproximación al gobierno se encuadró dentro de los distintos realineamientos de fuerzas que se produjeron en esa coyuntura al calor de los tensos enfrentamientos con los prefectos opositores en el marco de los debates de la Asamblea Nacional Constituyente.[2] Paralelo a ello, la disposición del Secretario Ejecutivo de la entidad laboral se inserta en un contexto donde el presidente había sido ampliamente ratificado en las urnas tras el referéndum realizado el 10 agosto.

Toda esta situación condujo a que la dirigencia de la COB, en septiembre de 2008, se integre a la Coordinadora Nacional por el Cambio (CONALCAM), ente que aglutinaba a todos los sectores sociales afines al MAS.[3] Si bien el pacto fue duramente criticado por las centrales obreras departamentales de Oruro y Tarija, el mismo representó la subordinación de la lucha de los asalariados y de la agenda de octubre de 2003 a la defensa del gobierno y su política de conciliación de clase.

A partir de entonces, con muy escasas situaciones excepcionales, se produjo una explícita convivencia entre ambos actores a lo largo del primer mandato de Evo. Sin embargo, en algunas ocasiones, éstas se tensaron cuando emergieron conflictos por fuera de la aprobación de la dirigencia obrera como fueron los casos de las protestas de los docentes paceños, los trabajadores del Servicio de Aeropuertos S.A., los del proletariado fabril y los empleados de la salud pública, por mencionar sólo algunos.

La conflictividad laboral durante el segundo mandato presidencial

La mayoría de los observadores sobre el proceso reciente boliviano coinciden en afirmar que el segundo período presidencial de Evo se inició dentro de una coyuntura más favorable que su primer mandato: logró un amplio triunfo electoral, derrotando a los sectores opositores de la derecha regional. El MAS se convirtió en un movimiento político y social hegemónico sin precedentes. Sin embargo, ese escenario no alcanzó para evitar que se produzcan numerosos conflictos (Schneider, 2014).

El objetivo gubernamental de impulsar un modelo de desarrollo industrial en el marco del denominado "Proceso de Cambio" provocó, desde el inicio del segundo mandato de Evo, una serie de problemas y cuestionamientos distintos a los experimentados en el primer período. A diferencia de esa gestión, los principales sectores que impugnaron las directivas del Poder Ejecutivo no provinieron del bloque regional del oriente boliviano, sino desde sus propias bases electorales.

Asimismo, como un elemento necesario para promover este modelo de desarrollo, Evo privilegió una estrecha alianza con las corporaciones antiguamente dominantes, poseedoras de las principales riquezas del país y del pasado poder político. En este sentido, no sorprende la abierta aceptación de sus medidas por los enemigos de antaño, como los grupos empresariales de Santa Cruz y Tarija. Por otro lado, el amplio control alcanzado en los diversos órganos del Estado condujo al MAS a contar con una notable concentración de poder en todas las instituciones del régimen, lo que en la práctica se tradujo en una clara posición hegemónica sobre las diferentes organizaciones sindicales y comunitarias.

Todo este panorama quedó claramente plasmado en el incremento de las protestas sociales durante el segundo mandato presidencial; en particular, sobresalieron las encabezadas por la clase trabajadora. Según la Fundación UNIR (2012), en el 2010 se desarrollaron 770 conflictos, lo que constituye más del doble de las protestas acaecidas el año anterior, cuando hubo 316, y más del triple de las originadas en 2008. Estos datos cobran una mayor relevancia si se los compara con 2011, cuando se alcanzó la cifra de 1304 conflictos. Por otra parte, si bien en el 2012 y en el 2013 los eventos tendieron a disminuir, en comparación con el 2011, estos nunca alcanzaron los escasos números de la primera gestión de gobierno.

Cabe indicar que el recrudecimiento de la protesta social por parte de la clase obrera se dio en la mayoría de las ocasiones por fuera de la voluntad de la dirigencia sindical. En ese marco, los primeros enfrentamientos en el mes de abril de 2010 fueron encabezados por los docentes y el proletariado fabril de La Paz en oposición al anteproyecto del Código de Trabajo que era impulsando por el MAS en connivencia con la dirigencia laboral.[4]

Este panorama se intensificó al cruzarse con las negociaciones anuales salariales impulsadas por la central obrera; en esa coyuntura, frente a las diversas críticas que recibía la dirección de la COB por su actitud complaciente con Evo, decidió convocar al primer paro general nacional del período. El mismo mostró un masivo apoyo: en los nueve departamentos se realizaron marchas, bloqueos de vías y se instalaron piquetes de huelga de hambre; incluso en La Paz, los obreros fabriles intentaron tomar el Ministerio de Trabajo y fueron reprimidos por la policía, dejando a numerosos trabajadores detenidos.

A pesar de esta masiva demostración de fuerza y que la protesta se intensificaba dentro del magisterio, el proletariado paceño y los empleados de la Caja Nacional de Salud, Montes acordó el aumento dispuesto originalmente por el gobierno. En ese escenario sólo quedaron protestando, en forma aislada durante un par de semanas, los docentes urbanos y los obreros fabriles de La Paz.[5]

Pese a que la COB había intentando cerrar el año con calma, esta meta no se pudo lograr. Un nuevo motivo de disputa se inició a partir del incremento al impuesto a los combustibles en el mes de diciembre. A raíz de este hecho, la respuesta no se hizo esperar: hubo una protesta masiva de toda la población. En pocas horas, diferentes grupos de mineros, maestros rurales y urbanos, juntas vecinales, transportistas, seccionales de sindicatos fabriles y de amas de casa exigieron la derogación del gravamen junto con la renuncia de varios funcionarios de la presidencia, si no se retrocedía con la medida. En ese sentido, cabe subrayar que gran parte de las medidas de fuerza se desplegaron por fuera de la voluntad de la cúpula de la COB, que fue duramente cuestionada por sus bases por la actitud dubitativa en esos días. Al cabo de una semana de enfrentamientos, a pocas horas de que finalice el año, Evo se vio obligado a derogar el decreto, argumentando que debía "gobernar obedeciendo al pueblo".[6]

Durante el año 2011 los enfrentamientos laborales se originaron en demanda de aumento salarial, frente a la suba importante que hubo de precios en los productos de primera necesidad y del transporte público. Entre los meses de febrero y mayo diversos sectores obreros presionaron para que el incremento en los haberes sea del orden del 30%, frente al 7% que estaba dispuesto a dar el gobierno. Las medidas de fuerza se expresaron por medio de paros nacionales y parciales de cerca de cincuenta entidades sindicales, federaciones nacionales y centrales obreras departamentales y regionales, con bloqueos de caminos y marchas en todo el país de docentes, empleados del área de la salud, mineros, jubilados y trabajadores municipales, entre otros. En ese escenario, hubo episodios de enfrentamiento de policías contra mineros y maestros rurales con numerosos heridos y detenidos. Además, de la dura represión de las fuerzas de seguridad, Evo apeló a que distintas organizaciones sociales identificadas con su proyecto (campesinos, interculturales, cocaleros) se movilicen contra los sectores que protestaban. En forma simultánea, él y su vice en reiteradas ocasiones descalificaron a los manifestantes como "instrumentos de la derecha", "traidores" y "golpistas".

En esa coyuntura la dirigencia de la COB convocó, impulsada por sus bases y por algunas Centrales Departamentales como la de Oruro, a varios paros nacionales en el marco de una serie de negociaciones con las autoridades nacionales. Como resultado de las mismas, Montes firmó una mejora salarial del 12% para los empleados de la salud y los docentes junto con la promesa gubernamental de anular el DS 21060 entre otras medidas.[7] Sin embargo, estos acuerdos no fueron cumplidos. El gobierno no derogó la citada norma ni tampoco concedió el incremento pactado; por el contario, continuaron vigentes muchas de las prácticas vinculadas a la mencionada legislación neoliberal a la vez que sólo confirió un 10% de aumento.

Con ese panorama de fondo, se acrecentó el cuestionamiento a la dirección cobista. Los mineros (corazón y alma de la central obrera) reunidos en el XXXI Congreso de la FSTMB criticaron duramente el incumplimiento de Evo; a su vez se demandó la convocatoria a un nuevo Congreso de la COB para renovar el Comité Ejecutivo Nacional junto con el pedido de que Montes sea sometido a un "proceso por el tribunal de honor de la Federación de Trabajadores Mineros".[8]

Como parte de esa coyuntura y en paralelo a los enfrentamientos encuadrados dentro de la COB, los mineros participaron –por distintos motivos– de numerosos choques contra el gobierno. Si bien los empresarios cooperativistas se perjudicaron con la nacionalización del cerro Posokoni en el 2006, el primer mandatario continuó otorgando numerosos beneficios a este sector. En el mismo sentido, el Poder Ejecutivo continuó con su política laboral de no objetar ni castigar a las cooperativas por las pésimas condiciones de empleo que impera en ese espacio laboral (Espinoza, 2010).

En la segunda presidencia de Evo, el sector minero continuó beneficiado por el alza de los precios de las materias primas. En parte, esto explica el aumento de las pugnas entre los asalariados y las cooperativas por el control de los yacimientos. Según la pesquisa efectuada, los mayores enfrentamientos, algunos en forma extremadamente violentos, se sucedieron en la región occidental; sobre todo, en aquellas áreas con mayor concentración de minerales, como en los departamentos de La Paz, Potosí y Oruro. Así, por ejemplo, en el año 2011 se efectuaron varias protestas de empresarios cooperativistas, mineros asalariados y campesinos, por el control y explotación de diversos yacimientos de piedra caliza, estaño, hierro y oro, entre otros minerales (Quiroga *et al.*, 2012).

En el año 2012, además de los conflictos por aumento salarial sobresalieron dos grandes enfrentamientos laborales. Por una parte, se desarrolló la lucha de los médicos, convocada por la Comisión Nacional de Salud. Esta medida de fuerza se hizo impugnando el DS 1126 por el que se dispuso la extensión de la jornada laboral de seis a ocho horas en el sistema de salud pública, sin la correspondiente compensación salarial. Cabe observar que durante todo el reclamo, los trabajadores de la sanidad denunciaron los problemas estructurales en el área, exigiendo una mejora de la infraestructura hospitalaria, de sus equipamientos e insumos. Tras más de cincuenta días de protesta, el Poder Ejecutivo terminó suspendiendo la norma (Leaño, 2012).

Por la otra, se produjo una dura disputa de trabajadores mineros en Colquiri y en Mallku Khota en defensa de la nacionalización del subsuelo. En el primer sitio, el problema se inició en mayo del 2012 cuando un grupo de cooperativistas avasalló la mina ubicada en el departamento de La Paz. Hasta ese momento la empresa era operada bajo la modalidad de riesgo compartido (en acuerdo con la COMIBOL) por la compañía Sinchi Wayra, una filial de la multinacional suiza Glencore. A partir de ese entonces, durante cinco meses, se desarrolló una puja incesante entre los dos grandes interesados del área: la FSTMB y la FENCOMIN. En ese lapso, se desataron varios enfrentamientos con dinamita (que provocaron decenas de heridos y un muerto), capturas de rehenes, paros en centros mineros, bloqueos de rutas y movilizaciones a la sede del gobierno. Frente a estos hechos, Evo decidió nacionalizar parcialmente el yacimiento, pasando su gestión a la COMIBOL; en forma simultánea, dejó que una de las mejores vetas (la denominada Rosario) fuese en un 50% explotada por los cooperativistas.

En la segunda ocasión, el altercado se dio en torno a la producción de la mina Mallku Khota en territorio indígena originario del Norte de Potosí. Desde el año 2003, la zona venía siendo regenteada por un consorcio subsidiario de la firma canadiense South American Silver. A partir de ese momento, la empresa promovió una política de adquisición de concesiones y de cooptación de dirigentes comunitarios por medio de compensaciones sociales y facilitando fuentes de empleo. Sin embargo, esta situación no fue aceptada por la mayoría de la población; esto condujo a que diferentes ayllus del lugar hiciesen numerosas asambleas y cabildos con el objetivo de expulsar a la compañía y exigir al Poder Ejecutivo la reversión de las concesiones otorgadas (Jiménez y Campanini, 2012). Con ese panorama de fondo, se iniciaron en el mes de mayo una serie de protestas a raíz de que una tropel de policías ingresó con violencia en la comunidad, invadiendo las viviendas, gasificando a los pobladores e intentando capturar a una serie de dirigentes locales. Esto derivó en cinco meses de ocupaciones con rehenes, movilizaciones a La Paz y choques con las fuerzas de seguridad que dejaron un saldo de un campesino muerto y de varios heridos. Tras esos hechos, Evo firmó un Decreto Supremo donde se nacionalizó la reserva, asignando a la COMIBOL la administración del yacimiento.[9] No obstante, este fue un pacto provisorio. Los asalariados de la FSTMB insistieron en que en la medida dispuesta no se contemplara la participación de los cooperativistas y que, en la directiva sindical de los trabajadores de la empresa estatal, se incluyera la participación de los ayllus, ingresando los comunarios de la zona de acuerdo con las necesidades laborales de la COMIBOL. De esta forma, hasta mediados de octubre prosiguieron las pugnas violentas con heridos entre comunarios del lugar y ex cooperativistas y campesinos que apoyaban la presencia de la multinacional canadiense; esto condujo a que Evo decidiera otorgar una custodia militar permanente a la reserva.

Por fuera de esos problemas específicos, al igual que en Huanuni durante el 2006, en lo anteriormente expuesto se expresa la política del MAS para el sector minero. Por un lado, los trabajadores asalariados exigieron en todo momento la nacionalización de los yacimientos y su control por medio de la COMIBOL; por el otro, los cooperativistas (junto con el gobierno) postularon el derecho del capital privado a la explotación minera. De esta manera, como consecuencia de la radicalización de la propia lucha en torno a la contienda de Colquiri, cuando los cooperativistas bloquearon durante cuarenta y ocho horas todos los caminos del país, la FENCOMIN logró la firma de un Decreto Supremo suscripto por el presidente que alteró por completo los términos de explotación de la Reserva Fiscal Minera, en detrimento del Estado nacional boliviano.[10]

En cuanto a la central obrera, en enero de 2012 se llevó a cabo en Tarija su XV Congreso Ordinario. Dicho encuentro eligió un nuevo Comité Ejecutivo liderado por el ex minero de Huanuni Juan Carlos Trujillo. Asimismo, el evento declamó y reiteró un conjunto de principios característicos de la historia de la COB centrados en torno al sindicalismo revolucionario. A pesar de que en ese momento se criticó la relación que mantuvo la anterior dirección cobista con el MAS, a los pocos meses de iniciada la nueva gestión se reiteraron similares prácticas negociadoras con el gobierno como se evidenció en los magros acuerdos salariales de ese año.[11]

Una central sindical cada vez más integrada al gobierno

Como hemos mencionado al comienzo del artículo, durante el segundo mandato presidencial se dio el mayor número de protestas laborales. Muchas de estas se originaron en torno a suspensiones, despidos y al cobro de haberes atrasados en el movimiento obrero. Estas ocurrieron tanto en oficinas públicas (municipales, educadores de El Alto, empleados de la gobernación de Tarija, trabajadores de la sanidad, etc.) como en el ámbito privado (en el canal Full TV, en la alimenticia PIL y en diversas fábricas). Asimismo, en ambos sectores, se desarrollaron numerosas medidas de fuerza en demanda de mejoras de las precarias condiciones de empleo; por ejemplo, en los municipios de Oruro, El Alto y Quillacollo, en la Caja Nacional de Salud, en la Empresa de Correos de Bolivia y en distintas plantas fabriles de La Paz, El Alto, Santa Cruz y Cochabamba.

Cabe subrayar que de todos los hechos antes citados, en mayo de 2013 el movimiento obrero mantuvo uno de los principales conflictos del período. El mismo se originó en torno a la Ley de Pensiones Nº 065, por la cual el gobierno se aferró a mantener los lineamientos básicos diseñados por el ex presidente Gonzalo Sánchez de Losada. La exigencia de la COB se inició en demanda de una mejora sustancial de la renta recibida junto con la posibilidad de mejorar algunos artículos de la mencionada norma. En función de ello, la central sindical dispuso un paro general que tuvo una amplia repercusión, como pocas veces había ocurrido en el último lustro.

Durante las dos semanas que se mantuvieron los enfrentamientos, se produjeron cerca de cuarenta puntos de bloqueos en rutas y calles, movilizaciones masivas en cada uno de los departamentos del país, huelgas de docentes, los trabajadores del área de la salud, los mineros y los operarios fabriles. Entre algunas de las acciones efectuadas, se destacó el sitio en torno a la Plaza Murillo, en La Paz, que protagonizaron cuatro mil mineros provenientes de Huanuni.

Ante el desarrollo de estas medidas de fuerza el Poder Ejecutivo declaró ilegal la protesta, dispuso la detención de cerca de cuatrocientos trabajadores, reprimió en la localidad de Parotani a los asalariados fabriles y a los mineros en el punto de bloqueo de Caihuasi. En este último sitio, frente al brutal accionar policial que provocó una decena de obreros heridos de bala y cien detenidos, los trabajadores del subsuelo dinamitaron el puente. Al igual que en otros conflictos, Evo y su vicepresidente descalificaron la puja gremial acusando a los dirigentes sindicales como "golpistas", a la vez que convocaron a algunos de sus grupos afines como la Confederación Nacional de Mujeres Campesinas Indígenas Originarias de Bolivia "Bartolina Sisa" a movilizarse contra los huelguistas y manifestantes obreros.

Tras dieciséis días de paro y luego de varias reuniones mantenidas con emisarios del gobierno, la dirigencia de la COB redujo el monto de los haberes originalmente solicitados a la par que acordó un cuarto intermedio de negociación con las autoridades ministeriales. Por otra parte, como consecuencia de la protesta, Evo mandó a procesar a veintidós mineros de Huanuni acusados por la voladura del puente de Caihuasi, impulsó la revisión de las cuentas de la Empresa Minera Huanuni buscando suspender el control obrero colectivo y sugirió la posibilidad de que esta última compañía pudiese convertirse en una cooperativa.[12]

A partir de ese último conflicto, los líderes de la COB durante el 2013 emprendieron una serie de actitudes cambiantes que sorprendió al conjunto del movimiento obrero y a la izquierda. En breves palabras, a comienzos de ese año habían manifestado en una Conferencia en Cochabamba la intención de crear, a partir de la central sindical, un Instrumento Político de los Trabajadores. En ese sentido, el encuentro con la participación de más de quinientos cincuenta asistentes aprobó—en líneas generales—una declaración de principios, un programa de gobierno y un estatuto de partido. Sin embargo, como lo demostró el comportamiento durante el conflicto antes mencionado, la dirigencia laboral terminó en el mes de noviembre acercándose (si es que alguna vez realmente se había alejado) a Evo. De ese modo, hizo un ampliado nacional de la organización para aprobar una nueva alianza con Evo, respaldando su candidatura para las elecciones del 2014, transfiriendo a un lejano olvido la posibilidad de construir un partido de trabajadores.

Pese a que esta última decisión generó una sinnúmero de cuestionamientos por parte de las centrales obreras departamentales de Chuquisaca, Oruro, Beni, Potosí y la federación de fabriles de La Paz, en el transcurso del 2014, hubo un total realineamiento bajo la égida de Trujillo. Para la cúpula sindical el apoyo a Evo se dio a partir de la "necesidad de lograr mayores espacios de poder en la estructura del Estado" buscando la posibilidad de tener representantes en la nueva Asamblea Legislativa.[13] Este acercamiento se reafirmó a través de diversos hechos. Por ejemplo, se evidenció en el discurso pronunciado por Trujillo durante la celebración del Primero de Mayo cuando destacó que había que defender el denominado proceso de cambio, a la vez que demandó a sus bases garantizar su continuidad.[14]

En contrapartida a este apoyo y como forma de consolidar la alianza con la COB, Evo entregó para esa fecha un hotel con un equipamiento completo para albergar a noventa personas y dieciséis vehículos, por un valor superior al millón de dólares.[15] En idéntico sentido, en señal de agradecimiento, además de llamar a respaldar la candidatura de Evo, la central obrera decidió que cada afiliado de la organización aporte con diez Bolivianos para la campaña electoral. En ese escenario, sin ningún tipo de medida de fuerza que le precediera, la dirigencia sindical acordó un escaso aumento al salario básico del 10% y al Salario Mínimo Nacional del 20%.[16]

Es evidente que la COB cambió tras el proceso de restructuración capitalista que experimentó Bolivia tras la aplicación de las medidas neoliberales en 1985. El impacto que sufrió la clase obrera, en particular con los despidos en la minería estatal, incidió en su accionar y presencia en el conjunto de la sociedad. Sin embargo, la entidad laboral continuó ejerciendo una práctica cercana al sindicalismo de presión y de negociación y, sobre todo, mantuvo su vigencia en cuanto a guiar no sólo a los trabajadores asalariados, sino también a organizaciones que no pertenecen al mundo del trabajo, como las juntas de vecinos, los agrupamientos estudiantiles o juveniles, etcétera. De esta manera, aunque con un efecto societal menor, la central madre siguió planteando la política en las calles a través de asambleas, bloqueos de caminos, manifestaciones al ritmo de palos y de cachorros de dinamitas.

En ese contexto se entiende el comportamiento de la dirigencia gremial durante las presidencias de Evo. Los hombres que conducen la entidad fueron conscientes del nuevo panorama (sobre todo de sus límites) que se abrió bajo la gestión del mandatario indígena. En términos generales, en el 2006 la central continuó teniendo una impronta débil como consecuencia de los cambios en el mundo laboral y, a su vez, por haberse transformado en un actor que se encontró en abierta competencia con otros sectores sociales que venían aumentando su prestigio por las luchas de los inmediatos años anteriores.

Dentro de ese escenario, la dirigencia laboral fue adquiriendo una postura de mayor acercamiento antes que de confrontación; a pesar de que en ciertas ocasiones tuvo posiciones críticas frente a Evo, nunca llegó a romper radicalmente con el gobierno. Más aún, las únicas circunstancias que lo llevaron a enfrentarlo fue cuando las bases obreras salieron a cuestionar duramente al primer mandatario (como ocurrió entre fines del 2010 y el 2013). De ese modo, analizado en una perspectiva general, la COB privilegió la instancia de negociación frente a otros caminos que pudo haber seguido.

Por su parte, si bien el gobierno tuvo (y tiene) el respaldo de otras bases sociales, en todo momento buscó acordar con la dirigencia cobista con el objetivo de hacerlos partícipes en su política de colaboracionismo de clase. A tal fin Evo, al igual que hizo con los otros actores que conformaron la CONALCAM, no dudó en otorgar a sus aliados toda una serie de beneficios materiales por medio de diversas obras y a través de distintos emprendimientos financieros. [17] [18] De esta manera, en el transcurso de esos años se fue tejiendo una relación muy estrecha con la central, más allá de si la entidad estaba liderada por Solares, Montes o Trujillo. En ese sentido, los resultados electorales de diciembre de 2014, que le permitieron un nuevo triunfo a Evo, fue acompañado con el ingreso en la Asamblea Legislativa Plurinacional de doce miembros de la central sindical. Así, con el accionar de estos dirigentes, quedaron muy lejos las Tesis de Pulacayo y demás principios constitutivos de la COB donde se afirmaba la necesidad de defender la "independencia política" de los distintos gobiernos.[19]

Algunas características de los conflictos y su resolución por parte del gobierno

En el presente apartado se intenta observar algunas de las principales características que adoptaron las medidas de fuerza durante estos años. En primera instancia, en gran medida, la mayor parte de las disputas las desplegaron los propios votantes del MAS.

En cuanto al tipo de enfrentamiento desarrollado se caracterizó por paros activos con movilización a las sedes de los gobiernos comunal, departamental y nacional. Algunas protestas, como las disputas por las vetas mineras, se hicieron con ocupación de yacimientos y tomas de rehenes. En varias ocasiones estas pugnas se desarrollaron en forma violenta.

En lo que respecta a los reclamos planteados se pueden calificar, a grandes rasgos, de dos formas. Primero, estos emergieron como consecuencia de problemas locales con las autoridades nacionales (en los centros mineros); en este sentido, las demandas se hicieron contra el Poder Ejecutivo por el incumplimiento de las propias leyes que impulsó, ya sea porque violaron los derechos constitucionales de los indígenas tanto en la preservación de las denominadas áreas ambientales protegidas, como por los acuerdos firmados en torno a las concesiones de yacimientos. Segundo, se originaron por disputas estrictamente económicas, como fueron las protestas contra el alza de los combustibles, el pedido de incrementos salariales, la necesidad de mejorar las condiciones de trabajo y el acceso a los empleos.

Corresponde observar que hubo un significativo número de conflictos que tuvieron como protagonista central a la propia clase trabajadora en demanda de aumentos de haberes. De esta manera, durante los meses de marzo a mayo de cada año se efectuaron reiteradas protestas con masivas movilizaciones callejeras (algunas de ellas, con fuertes enfrentamientos contra las fuerzas de seguridad) que intentaron quebrar y superar el incremento salarial anual ofrecido por el gobierno. En esa puja, el criterio que guió al presidente fue el de preservar el equilibrio de las cuentas públicas fiscales; por ende, siempre quiso que las subas concedidas no superasen los índices inflacionarios.

En la mayoría de los conflictos analizados se observa que estos se iniciaron sin ningún tipo de instancia de previa conversación. Si bien de acuerdo con la lectura de la prensa diaria, se puede advertir la existencia de antecedentes en los reclamos, los sectores afectados optaron por la movilización y el propio enfrentamiento, antes que la búsqueda de un entendimiento con las autoridades. De este modo, se desplegó una lógica donde primó la fuerza de la presión y luego la negociación. Por otro lado, el desenvolvimiento de este accionar les facilitó a los sectores movilizados el posicionamiento en forma rápida de los reclamos en la agenda política y mediática. En cierta manera este comportamiento no es nuevo, sino que hunde sus raíces en una tradición sindical de larga data en Bolivia.

La reacción del gobierno frente a estos reclamos ha transitado por un sendero idéntico en casi todas las ocasiones. A grandes rasgos, sus respuestas se caracterizaron por dejar que las protestas se diluyeran o se resolvieran en el ámbito de las autoridades locales. Cuando superaron esa instancia, se las descalificó y se las hostigó con argumentos de que las mismas fueron originadas por intereses espurios, ajenos a los reales problemas de la sociedad afectada. Se las denunció como una conspiración motorizada por grupos políticos opositores, los departamentos del oriente o por Organizaciones No Gubernamentales, con el fin de derrocar a Evo. Siguiendo esta línea de pensamiento, García Linera, en reiteradas oportunidades, ha estigmatizado a los distintos sectores en conflicto como adversarios del "proceso de cambio", por ende como "conspiradores" y "agentes de derecha".

De manera simultánea, el primer magistrado recurrió al auxilio de sus grupos de apoyo más cercanos y directos, para que efectúen convocatorias paralelas en solidaridad con su gestión. Llegado a ese plano de confrontación, en no pocas ocasiones el gobierno también apeló a la represión provocando varios heridos y muertos. La falta de una instancia previa de negociación, la beligerancia discursiva empleada contra los opositores que se movilizaron y el llamamiento a sectores cercanos del Poder Ejecutivo para que confronten con los manifestantes, condujo a transitar un sendero de violencia. Al respecto, los ejemplos de Huanuni, en el primer mandato, y los de Mallku Khota y Colquiri, en el segundo, son elocuentes. Alcanzada esa instancia, el presidente diluyó la protesta interviniendo en forma personal y, en general, cediendo total o parcialmente en las posturas que motivaban los reclamos. Asimismo, en numerosas ocasiones, intentó integrar a los opositores en el aparato del estado. De esta forma, el gobierno en la mayoría de las circunstancias intervino en forma tardía, modificando sus planes e intereses originales.

A pesar de que muchas medidas de fuerza presentaron un elevado índice de radicalización y que, a través de su propia dinámica, se desarrollaron hechos de violencia, es necesario señalar que esto no significó una impugnación al sistema democrático ni se puso en riesgo la gobernabilidad del país. Por otro lado, tampoco el MAS dejó de ocupar el centro del campo político, sino que continuó controlando la casi totalidad de las instituciones públicas y un gran número de organizaciones sociales.

Finalmente, corresponde observar que el Poder Ejecutivo es consciente de esta coyuntura de descontento social con su gestión; en este sentido, el segundo mandato estuvo cruzado por un fuerte desgaste frente a la población, como lo demostró el permanente cambio de ministros. Por su parte, como una manera de justificar los problemas existentes, García Linera ha mencionado en diversas ocasiones que se estaba transitando por la quinta fase del denominado Proceso de Cambio, la cual era definida por la presencia de "tensiones creativas" en el interior del bloque popular (García Linera, 2011).

Conclusiones

A pesar de ciertas mejoras en algunos indicadores sociales, el desempleo, los bajos salarios y la calidad del empleo se mantuvieron entre los problemas más acuciantes de la sociedad boliviana. En cierta forma, en aras de construir un capitalismo desarrollado, el mandatario indígena siguió privilegiando el interés del gran capital y los equilibrios macroeconómicos, en desmedro de las condiciones de vida de los trabajadores.

Aunque numerosos conflictos se caracterizaron por poseer inusitados niveles de violencia, en particular, por la represión ejercida desde las autoridades, los sectores sociales que se manifestaron lograron acceder a sus objetivos por la fuerza de su movilización y su capacidad de presión. En cierta manera, Evo muestra su pragmatismo como antiguo líder sindical, el cual se acomoda frente a los reclamos de sus bases en el marco de una lógica caracterizada por la tensión, la negociación y la integración al Estado. De este modo, se vio obligado (en reiteradas oportunidades) a aceptar alguna demanda pidiendo como prenda de cambio la finalización de las medidas de fuerza.

Asimismo, corresponde observar que por distintas circunstancias la dirigencia de la COB cada vez más se ha ido alejando de su propia historia. Será tarea de los trabajadores, sobre todo de los mineros y del proletariado fabril, el lograr que la misma vuelva a recuperar su peso e irradiación en la sociedad boliviana.

Notas

1   En esa oportunidad fallecieron dos mineros asalariados de Huanuni como consecuencia del enfrentamiento contra las fuerzas de seguridad del gobierno cuando buscaron levantar el bloqueo de caminos. Este hecho generó una fuerte crisis en el seno del sindicato minero, lo que derivó en la renuncia de algunos de sus dirigentes.

2   Cabe recordar que esa coyuntura estuvo enmarcada por un momento de alta tensión cuando el día 11 de septiembre se produjo la masacre de más de veinte campesinos en Pando ordenada desde la prefectura local (Allende y Boido, 2014).

3   El acuerdo fue suscrito en instalaciones de la máxima entidad con la presencia de Evo, el ministro de Trabajo, Walter Delgadillo; el presidente interino de Yacimientos Petrolíferos Fiscales Bolivianos, Santos Ramírez, el titular del CONALCAM, Fidel Surco; el ejecutivo de la Central Obrera Regional de El Alto, Edgar Patana, entre otros.

4   El cuestionamiento al anteproyecto fundamentalmente se centró en que el mismo limitaba el derecho de huelga, reglamentando los pasos a seguir antes y después de declarada la medida de fuerza.

5   Véase *La Prensa* y *La Razón*, mayo de 2010. Durante la jornada en que se estaba negociando con el gobierno, hubo una agria disputa contra la dirigencia sindical. De acuerdo con un cronista: "la tensión subió porque los dos bandos enfrentados se llegaron a arrojar piedras. Fue en ese instante que Montes y las autoridades del Ejecutivo salieron del aula escoltados por mineros y huyeron en vehículos" (*La Razón*, 12 de mayo de 2010).

6   Testimonio en: *La Razón*, 1 de enero de 2011.

7   Todas las protestas y las negociaciones se encuentran detalladas en *La Razón*, *La Prensa*, *Página Siete* y *Los Tiempos*, febrero a mayo de 2011.

8   *La Prensa*, 12 de septiembre de 2011.

9   Luego de suscribir el acuerdo, el primer mandatario reconoció su "error" por "no convocar" en forma inmediata a los comunarios de la región para resolver el problema, y por ello, ofreció sus disculpas (*La Razón* y *Página Siete*, 11 de julio de 2012).

10   Hasta ese entonces, el Estado boliviano era el único propietario de los recursos mineralógicos de la Reserva Fiscal Minera. Esta norma legal, desde sus orígenes, había sido duramente cuestionada por los cooperativistas y los empresarios privados, nacionales y extranjeros. Con la nueva disposición legal, Evo acalló estas críticas.

11   Esta negociación se dio a pesar de las numerosas protestas que se dieron a favor de un importante incremento salarial. Información extraída de *La Razón*, *La Prensa*, *Página Siete* y *Los Tiempos*, mayo de 2012.

12   Una crónica detallada en *La Razón*, *La Prensa*, *Página Siete* y *Los Tiempos*, mayo a septiembre de 2013.

13   *Página Siete*, 30 de noviembre y 3 de diciembre de 2013.

14   En dicha ocasión el referente sindical expresó "esto es unidad, tiene que seguir, no es coyuntural, esto es de carácter indefinido porque es el reencuentro de las clases sociales" (*La Razón*, 1 de mayo de 2014).

15   En la entrada del hotel se puso un busto del primer mandatario (*La Razón*, 2 de mayo de 2014).

16   *Página Siete*, 1 de mayo de 2014.

17   Evo entregó vehículos a la Confederación Indígena del Oriente Boliviano, a la Confederación Sindical de Campesinos, a las Comunidades Interculturales, a la Confederación de Mujeres Campesinas, al Consejo Nacional de Ayllus y Markas del Qollasuyo y a las seis Federaciones del Trópico Cochabambino. En el 2011, las federaciones campesinas Túpac Katari y Bartolina Sisa, del departamento de La Paz, recibieron una sede sindical. Hasta el 2011, Evo informó que se habían otorgado setenta sedes a diferentes organizaciones sociales (*Página Siete*, 3 de mayo de 2014).

18   Entre estos últimos se puede mencionar el acuerdo que estableció la dirigencia laboral con el gobierno para que la futura Gestora Pública (GP) de Seguridad Social a Largo Plazo preste una parte de los aportes previsionales de los trabajadores a diversas corporaciones, bancos, empresas y países extranjeros (*El País*, 21 de abril de 2014).

19   También pasó al olvido lo resuelto en el IV Congreso de la COB en mayo de 1970 donde se planteó que la "misión histórica de los trabajadores [...] es aplastar al imperialismo y luchar por el socialismo".

Referencias

Allende, Santiago y Boido, Federico. (2014). La Bolivia de Evo Morales. Conflictos, tensiones y ambivalencias durante el primer gobierno del MAS (2006-2009). En A. Schneider (Comp.), *América Latina hoy. Integración, procesos políticos y conflictividad en su historia reciente.* Buenos Aires: Imago Mundi.

CEDLA. (2009). *Alerta Laboral,* 59. La Paz

CEDLA. (2012 a). *Alerta Laboral,* 70. La Paz.

CEDLA. (2012 b). *Informe, Junio.* La Paz.

CEDLA. (2013). *Alerta Laboral,* 71. La Paz.

CEDLA. (2011). *Informe, Junio.*La Paz.

Espinoza, Jorge. (2010). *Minería boliviana. Su realidad.* La Paz: Plural.

Fornillo, Bruno. (2009). Proletariado minero, nacionalización económica y el posicionamiento actual de la Central Obrera Boliviana. *Polis,* 24.

Fundación UNIR. (2012). *La conflictividad en Bolivia. Estado de Situación.* La Paz.

García Linera, Álvaro. (2006). El 'capitalismo andino amazónico'. *Le Monde Diplomatique.*

García Linera, Álvaro. (2011). *El "oenegismo", enfermedad infantil del derechismo (o cómo la "reconducción" del Proceso de Cambio es la restauración neoliberal).* La Paz: Vicepresidencia del Estado Plurinacional. Presidencia de la Asamblea Legislativa Plurinacional.

Instituto Nacional de Estadísticas. (2011). *Estadísticas económicas.* La Paz.

Jiménez, Georgina y Campanini, Jorge. (2012). *Minería, tierra y territorio. Mallku Khota.* Cochabamba: CEDIB.

Leaño, Eduardo. (2012). Movilidad social y conflictos en Bolivia. *Andamios,* 6, 52-58.

Mokrani, Dunia. (2006). Pensar la política en Bolivia desde Huanuni. *Pensamiento de los confines,* 19.

PNUD. (2010). *Informe nacional sobre desarrollo humano en Bolivia.* Naciones Unidas.

Quiroga, María Soledad et al. (2012). *Perfiles de la conflictividad social en Bolivia (2009–2011) Análisis multifactorial y perspectivas.* La Paz: Fundación UNIR.

Schneider, Alejandro. (2014). Dificultades políticas y tensiones sociales durante la segunda presidencia de Evo Morales. En Schneider, A. (Comp.) *América Latina hoy. Integración, procesos políticos y conflic-*

tividad en su historia reciente. (pp. 169-187). Buenos Aires: Imago Mundi.

Prensa nacional, regional y partidaria

El País (Tarija)
La Prensa
La Razón
Los Tiempos (Cochabamba)
Página Siete

Rolando Álvarez Vallejos (Chile) es historiador. Se especializa en la historia de Chile en el siglo XX. Ha investigado en el papel de diversos actores sociales y estatales, como los partidos de izquierda, las organizaciones sindicales y los gremios patronales y en las políticas sociales de la dictadura militar. Entre sus principales publicaciones se encuentran *Desde las sombras. Una historia de la clandestinidad comunista, Chile 1973-1980* (2003) y *Arriba los pobres del mundo. Cultura e identidad política del Partido Comunista de Chile entre democracia y dictadura, 1965-1990* (2011).

Hernán Camarero (Argentina) es doctor de la Universidad de Buenos Aires (Área Historia), magíster en Historia por la Universidad Torcuato Di Tella y profesor en Historia por la Facultad de Filosofía y Letras (UBA). Investigador Independiente del CONICET en el Instituto de Historia Argentina y Americana "Dr. Emilio Ravignani" (FFyLUBA). Profesor Regular Asociado de Historia Argentina III en la Facultad de Filosofía y Letras, UBA. Posee un centenar de publicaciones, entre libros, capítulos de libros y artículos en revistas especializadas del país y del exterior, en especial, acerca de la historia del movimiento obrero y de las izquierdas. Algunos de sus libros son: *A la conquista de la clase obrera. Los comunistas y el mundo del trabajo en la Argentina, 1920-1935* (Siglo XXI, 2007) y, en coedición, *El Partido Socialista en Argentina. Sociedad, política e ideas a través de un siglo* (Prometeo, 2005) y *De la Revolución Libertadora al menemismo. Historia social y política argentina* (Imago Mundi, 2000). Director de la revista académica *Archivos de historia del movimiento obrero y la izquierda.*

Renán Vega Cantor (Colombia) es doctor de la Universidad de París 8. Autor de libros y ensayos sobre historia de Colombia y crítica social. En la actualidad es profesor titular del Departamento de Ciencias Sociales de la Universidad Pedagógica Nacional en Bogotá (Colombia). Autor y compilador de los libros *Marx y el siglo XXI* (2 volúmenes); *El caos planetario*; *Neoliberalismo: mito y realidad*. Entre sus obras recientes sobre la historia de Colombia se destacan: *Gente muy rebelde* (4 volúmenes), *Petróleo y protesta obrera* (2 volúmenes) y *Sangre y cemento*.

Barry Carr (Inglaterra) cursó la licenciatura y doctorado en la Universidad de Oxford. A partir de 1972, forma parte del profesorado de La Trobe University en Melbourne, Australia, donde fundó y dirigió el Institute of Latin American Studies. Es autor y coeditor de varos libros además de autor de muchos artículos y capítulos de libros sobre historia moderna y contemporánea de México y Cuba. Entre sus libros se encuentran *El movimiento obrero y la política en México, 1910-1929* (1979); *La izquierda mexicana a través del siglo XX* (1996); *The Cuba Reader* (2004); y *The New Latin American Left: Cracks in the Empire* (2012).

Diego Ceruso (Argentina) es profesor, licenciado y doctor en Historia egresado de la Facultad de Filosofía y Letras de la Universidad de Buenos Aires. Forma parte del comité editor de la revista Archivos de historia del movimiento obrero y la izquierda. Autor de los libros *Comisiones internas de fábrica: desde la huelga de la construcción de 1935 hasta el golpe de estado de 1943* (2010) y *La izquierda en la fábrica* (2015). Publicó numerosos artículos sobre el sindicalismo, la organización de los obreros en el lugar de trabajo y su relación con las corrientes políticas de izquierda en las décadas de 1920 y 1930 en Argentina. Es becario posdoctoral del Consejo Nacional de Investigaciones Científicas y Técnicas (CONICET).

Valeria Coronel (Ecuador) obtuvo un Ph.D. en Historia por New York University (2011). Actualmente es profesora-investigadora titular en FLACSO, sede Quito en el Departamento de Sociología y Estudios de Genero. Su especialización es la sociología histórica y comparativa, La formación de los estados en América Latina y la Teoría Critica. Entre sus publicaciones cuenta con estudios sobre religión y capitalismo, lo nacional popular en la región andina, y estudios críticos sobre política, teoría y cultura en el neoliberalismo. Ha sido investigadora invitada de la Universidad de Colonia, Alemania por la Kompetenznetz Lateinamerika red de investigación sobre enticidad, ciudadanía y pertenencia.

Kauan Willian Dos Santos (Brasil) es licenciado y maestrando en Historia por el Programa de Posgrado en Historia de la Escuela de Filosofía, Letras y Ciencias Humanas de la Universidad de Federal de São Paulo (EFLCH - UNIFESP). Becario por el Consejo Nacional de Desarrollo Científico y Tecnológico y miembro del grupo de investigación "História, Memória e Patrimônio do Trabalho" por la Universidad Federal de São Paulo. Ha publicado diversos artículos sobre anarquismo, sindicalismo y movimientos sociales durante la Primera República de Brasil.

Carlos Figueroa Ibarra (Guatemala) es doctor en Sociología. profesor investigador del Posgrado de Sociología en el Instituto de Ciencias Sociales y Humanidades de la Benemérita Universidad Autónoma de Puebla y autor de *El proletariado rural en el agro guatemalteco* (Editorial Universitaria, 1980). Se especializa en estudios sobre violencia política y es autor de varios libros sobre el tema. Entre sus publicaciones se encuentran *Paz Tejada. Militar y Revolucionario* (2001); *Los que siempre estarán en ninguna parte. La desaparición forzada en Guatemala* (1999); *El Recurso del miedo. Ensayo sobre Estado y Terror en Guatemala* (1991); ¿En el umbral del posneoliberalismo? Izquierda y gobierno en América Latina (2010).

Juan Luis Hernández (Argentina)es licenciado en Historia y doctorando de la Universidad de Buenos Aires. Docente de Problemas Latinoamericanos Contemporáneos (Facultad de Filosofía y Letras – UBA). Compilador, con Ariel Salcito, de *La Revolución Boliviana. Documentos fundamentales,* (Newen Mapu, 2007) y coordinador, con Marisa Gabriela Armida y Augusto Alberto Bartolini de *Bolivia. Conflicto y cambio social (1985-2009),* (Newen Mapu, 2010). Autor de artículos y capítulos de libros sobre historia contemporánea de la región andina.

Patricio Herrera González (Chile) es doctor en Historia por El Colegio de Michoacán, México. Es profesor-investigador en la Facultad de Ciencias Económicas y Administrativas y en el programa de Doctorado en Estudios Interdisciplinarios sobre Pensamiento, Cultura y Sociedad en la Universidad de Valparaíso (Chile). Sus áreas de investigación son: historia laboral y obrera de América Latina y El Caribe; historia transnacional y organizaciones internacionales, particularmente la OIT, y su impacto en la institucionalidad laboral de América Latina. Es autor de numerosos artículos y capítulos en libros.

Martín Mangiantini (Argentina) es profesor (ISP Joaquín V. González), magíster (Universidad Torcuato Di Tella) y doctorando en Historia (Universidad de Buenos Aires). Es autor del libro *El trotskismo y el debate en torno a la lucha armada. Moreno, Santucho y la ruptura del PRT* de la Editorial El Topo Blindado y de numerosos artículos sobre la militancia revolucionaria de los años sesenta y setenta publicados en diversas revistas académicas. Se desempeña como docente en diversas instituciones de nivel superior y medio (entre ellas, el ISP Joaquín V. González y UBA). Es miembro del Comité Editor de la Revista *Archivos de Historia del Movimiento Obrero y la Izquierda.*

Es becario del Consejo Nacional de Investigaciones Científicas y Técnicas (CONICET).

Luz Ángela Núñez Espinel (Colombia) es licenciada en Ciencias Sociales de la Universidad Pedagógica Nacional (Bogotá, Colombia), magíster en Historia y estudiante de Doctorado en Historia de la Universidad de los Andes (Bogotá, Colombia). Miembro del grupo de investigación Historia del tiempo presente. Autora de *El obrero ilustrado. Prensa obrera y popular en Colombia. 1909-1929* (2006) y coautora de *Petróleo y protesta obrera. La USO y los trabajadores petroleros en Colombia,* 2 vols. (2009).

Rodolfo Porrini (Uruguay) es doctor en Historia por la Universidad de Buenos Aires, magíster en Estudios Latinoamericanos y Licenciado en Historia por la Facultad de Humanidades y Ciencias de la Educación (FHCE), Universidad de la República, Uruguay. Director del Departamento de Historia Americana, Instituto Ciencias Históricas de la Facultad de la FHCE. Especialista en temas de historia del trabajo y las clases trabajadoras. Autor del libro *La nueva clase trabajadora uruguaya (1940-1950)*, y de la Tesis de Doctorado "Izquierdas uruguayas y culturas obreras en el tiempo libre. Montevideo 1920-1950" (primer premio en categoría "Ensayo de Historia" en los Premios Anuales de Literatura 2014 del Ministerio de Educación y Cultura, Uruguay).

Eduardo Rey Tristán (España) es doctor en Historia; profesor de Historia de América de la Universidad de Santiago de Compostela (España). Ha publicado monografías en Uruguay y España, y numerosos artículos y capítulos de libros en diversos países europeos y americanos, entre los que destacan: *La Izquierda Revolucionaria Uruguaya, 1955-1973* (Sevilla 2005 y Montevideo 2006); *Memorias de la violencia en Uruguay y Argentina. Golpes, dictaduras, exilios (1973-2006)* (Santiago 2007); *Conflicto. Memoria y pasados traumáticos: El Salvador contemporáneo* (Santiago, 2011, con P. Cagiao Vila); *El estudio de las luchas revolucionarias en América Latina (1959-1996). Estado de la cuestión* (México-España, 2014, coordinado con V. Oikión y M. López).

Marco Aurélio Santana (Brasil) es profesor del Departamento de Sociología del Programa de Posgrado en Sociología y Antropología de la Universidad Federal de Río de Janeiro (UFRJ) donde también coordina el Núcleo de Estudios *Trabajo y Sociedad* (NETS). Es autor de números artículos y de libros como *Homens Partidos: comunistas e sindicatos no Brasil y Bravos companheiros: comunistas e metalúrgicos no Rio de Janeiro* (1945-1964).

Alejandro Schneider (Argentina) es doctor en Historia (Universidad Nacional de La Plata). Licenciado y profesor en Historia (Universidad de Buenos Aires). Profesor titular en UNLP, UBA e ISP Joaquín V. González.

Dictó clases de Posgrado en la Universidad de Puerto Rico, Instituto Mora (México), Escuela Nacional de Antropología e Historia (México), Universidad del Norte (Colombia), entre otras. Miembro del Instituto de Historia Argentina y Americana "Dr. Emilio Ravignani" (UBA) y del Instituto de Investigaciones en Humanidades y Ciencias Sociales (UNLP). Es autor de *Los compañeros. Trabajadores, izquierda y peronismo (1955-1973)*; coautor de *Los Setentistas. Izquierda y clase obrera: 1969-1976*; compilador de: *Entre el Orden y la Revolución. América Latina en el siglo XX*; *Trabajadores. Un análisis del accionar de la clase obrera argentina en la segunda mitad del siglo XX* y *América Latina hoy. Integración, procesos políticos y conflictividad en su historia reciente*. Entre sus publicaciones se encuentran numerosos artículos en revistas nacionales e internacionales sobre problemáticas que refieren a la historia argentina y latinoamericana contemporánea.

Sergio Grez Toso (Chile) es doctor en Historia de la Escuela de Ciencias Sociales y académico de la Universidad de Chile. Su obra está centrada en el estudio de la "cuestión social" y del movimiento obrero y popular en Chile. Publicó los libros *Historia del Comunismo en Chile. La era de Recabarren (1912-1924)*; *Los anarquistas y el movimiento obrero. La alborada de "la Idea" en Chile., 1893-1915*; *De la "regeneración del pueblo" a la huelga general. Génesis y evolución histórica del movimiento popular en Chile (1810-1910)*; y *La "cuestión social" en Chile. Ideas y debates precursores (1804-1902)*.

Miguel Ángel Urrego (Colombia) es historiador de la Universidad Nacional de Colombia, doctor en Historia de la Universidad de Puerto Rico y de El Colegio de México, investigador del Instituto de Investigaciones Históricas de la Universidad Michoacana de San Nicolás de Hidalgo (UMSNH) (Morelia, México), y miembro del núcleo básico del Doctorado en Historia y del Doctorado en Filosofía de la misma institución. Especialista en historia cultural y política de América Latina del siglo XX. Desde el año 2006 es coordinador general de la Red para el Estudio de las Izquierdas en América Latina (REIAL).

www.ingramcontent.com/pod-product-compliance
Lightning Source LLC
Chambersburg PA
CBHW051436250726
48655CB00001B/90